连锁经营管理专业规划教材

孙前进 主编

连锁企业门店管理

(第2版)

隆意 尚珂 顾丽萍 / 编著

中国发展出版社
CHINA DEVELOPMENT PRESS

图书在版编目（CIP）数据

连锁企业门店管理（第2版）/孙前进主编；隆意，尚珂，顾丽萍编著．—北京：中国发展出版社，2015.7

（连锁经营管理专业规划教材）

ISBN 978－7－5177－0344－0

Ⅰ.①连…　Ⅱ.①孙…　②隆…　③尚…　④顾…　Ⅲ.①连锁店—商业管理—教材　Ⅳ.①F717.6

中国版本图书馆CIP数据核字（2015）第133488号

书　　名：连锁企业门店管理（第2版）
主　　编：孙前进
著作责任者：隆　意　尚　珂　顾丽萍
出版发行：中国发展出版社
（北京市西城区百万庄大街16号8层　100037）
标准书号：ISBN 978－7－5177－0344－0
经 销 者：各地新华书店
印 刷 者：北京明恒达印务有限公司
开　　本：787mm×980mm　1/16
印　　张：17.5
字　　数：335千字
版　　次：2015年7月第2版
印　　次：2015年7月第1次印刷
定　　价：32.00元
联系电话：（010）68990642　68990692
购书热线：（010）68990682　68990686
网络订购：http：//zgfzcbs.tmall.com//
网购电话：（010）68990639　88333349
本社网址：http：//www.develpress.com.cn
电子邮件：fazhanreader@163.com

总序
PREFACE

本套教材紧贴我国现代流通业、连锁经营的发展方向与企业动态，具有将现代流通理论、国际先进的经营理念、企业实践案例等融为一体的鲜明特色，是一套较为完整、自成体系的连锁企业经营管理教材。其主要供连锁经营管理专业师生使用，同时也可作为物流专业师生的教学用书以及从事连锁企业相关工作的人员的参考书。

呈现在读者面前的是本套教材的第2版。这套教材出版5年来，我国的流通业发生了巨大变化，连锁经营企业得到长足发展，流通环境更加完善。因此，为了适应新的发展环境与行业实践要求，在保留上一版教材基本框架与风格的基础上，对其内容进行了增删修订，补充了一些最新的研究成果及实践案例、数据，以使教材更具有时代性和实用性。

1. 满足与适应行业发展的需求

自20世纪90年代以来，连锁经营在我国显示出了强大的生命力和发展潜力。2002年10月10日，原国家经贸委办公厅制定印发的《全国连锁经营“十五”发展规划》中明确指出，“推进连锁经营是我国流通领域带有方向性的一项改革”；2007年3月9日，国务院下发的《国务院关于加快发展服务业的若干意见》中明确指出，“提升改造商贸流通业，推广连锁经营、特许经营等现代经营方式和新型业态”。至今，联华超市、全聚德、如家酒店、7-11、宝岛眼镜等内外资连锁企业的发展风起云涌。所以，培养一批掌握连锁经营管理基本理论知识和职业技能，面向现代服务业，能在生产、建设、管理、服务第一线上胜任连锁经营管理工作的高素质、高技能的优秀管理人才成为该行业的迫切需要。

2. 与国际接轨与并行

本套教材结合我国连锁经营的综合环境及具体经营现状，并汲取了国际特别是日本连锁经营的最新动态及发展经验。日本是一个流通产业非常发达的国家，是全球零售业发达国家之一，其流通产业在战后经济发展过程中重建、发展、成熟和体系化，并成为现代日本经济发展的重要支柱。这对我国零售连锁企业的经营管理有很好的指导与借鉴作用。

3. 实践性与应用性并重

本套教材力求突出实践性与应用性，除介绍连锁经营管理的基本原理和方法外，重点介绍了连锁企业经营管理所涉及的具体内容。编者充分考虑到高等教育对实训教学以及学生实践能力培养的要求，结合行业特点，提炼出了连锁经营的知识和技能点。

此外，本套教材的各模块根据教学内容和要求，设计编写了相关案例及思考题、开拓视野等内容，强调实用性和针对性，较好地体现高等教育改革对课程教学内容和教材的要求。通过本套教材的学习，为学生从事连锁企业实际管理工作打下基础。

4. 结构合理，内容丰富

本套教材设计新颖，结构合理，内容丰富。《连锁企业经营管理》《连锁门店开发与选址》《连锁企业信息系统与管理》《连锁企业采购与配送管理》和《连锁企业门店管理》自成体系，又相互支撑，从不同的角度讲述了任何一个从事连锁企业经营的管理者都必须要了解和掌握的重要环节。

本套教材在编写过程中，参考、引用了大量国内外专家学者的宝贵学术成果和资料，浏览了许多国内流通及零售业的门户网站，从而得到了丰富、翔实的资料，在此向各位原作者表示深深地敬意和感谢。

本套教材自2010年10月出版发行以来，深受广大读者、使用者的喜爱与认可，使我们感到非常欣慰，更使我们那忐忑不安的心情得到了暂时的平静。但由于编者水平有限，加上时间仓促，教材中难免存在遗憾和不足的地方，恳请广大读者批评指正，欢迎交流切磋。

联系邮箱：bw1047@ hotmail. com

北京物资学院教授　孙前进

2015年7月

前言
FOREWORD

连锁经营已成为我国最富有活力、发展最迅速的一种经营方式，超市、便利店、专卖店、快餐店等连锁店比比皆是。连锁作为一种现代经营模式，对零售业的发展起到了巨大的推动作用，零售企业连锁化经营已经成为普遍趋势。连锁企业门店是直接面对消费者的终端销售环节，其合理的运营与管理是实现连锁经营规模效益的先决条件。

本书以门店管理实务为主，按照门店经营环节，从商品进货、陈列、销售、现场服务、收银、投诉、安全管理以及员工、客户关系管理等方面，全面阐述了连锁零售企业门店运营的流程、作业标准、管理规范等，在保持知识的完整性和系统性的同时，重点突出了对实践的指导和应用。

本书具有以下几个特点。

1. 框架结构新颖，强调应用。本书采取知识模块的形式，各模块采取“案例—理论—案例”的写作思路，以案例导读作为知识背景，引入将要阐述的理论知识，最后以案例分析结尾，体现了理论对实践的回归。

2. 注重基础理论知识的系统性。本书以连锁企业门店的管理流程为主线进行理论知识阐述，知识体系清晰，便于读者系统地学习。

3. 引用案例翔实、鲜活。书中大量的案例均选自现实生活，尤其选取了近年来多个知名连锁企业门店发生的典型事件，案例生动、鲜活，具有强烈的时代气息。

4. 写作形式灵活、多样。书中语言陈述力求做到清晰、简练，还配有大量图形和表格，并设计了开拓视野、开动脑筋、阅读案例等生动活泼的知识呈现形式，增强了可读性。

5. 参考资料具体、丰富。书中广泛参阅了国内外同行的理论和实证研究资料，并列举了政府、行业协会等相关网站及参考文献，提供了丰富的信息，拓展了学习的途径。

在编写中，作者力求做到内容结构严谨，概念准确，语言表达简洁、深入浅出。本书既可供高等院校连锁经营管理专业师生使用，也可作为连锁企业员工的培训教材，具有广泛的适用性。由于时间和水平有限，书中的疏漏与不足在所难免，真诚地期待广大教师、学生和其他读者的批评指正。

编者

2015 年 6 月

目录
CONTENTS

模块五 门店员工管理

模块六 门店现场服务管理

模块七 门店客户关系管理

模块八 门店商品损耗管理

模块九 门店投诉管理

模块十　门店安全管理

模块一

连锁企业门店管理概述

>>学习目标

1. 掌握连锁经营的形式和特征
2. 掌握连锁企业门店的概念和类型
3. 了解连锁企业总部对不同类型连锁门店的管理
4. 掌握连锁企业门店管理的基本原则和核心要求
5. 了解连锁企业门店日常经营的主要内容

【案例导读】

商场关门便利店处处开花　两种业态冰火两重天

近日，华堂商场北京右安门店贴出“闭店感恩”的标语，宣布将于2015年4月1日起停止营业。据媒体报道，宣布闭店甩卖货品之际，该店人流与销售额反而激增到正常营业时达不到的水平。

据公开资料，华堂商场北京右安门店于2007年9月28日开业，至今已营业7年半，而这已经是继望京店、北苑店、西直门店之后，华堂商场在北京关闭的第四家门店。

百货商场纷纷撤退　2014年以来38家明确关店

华堂关店的现象并非个例。RET睿意德中国商业地产研究中心的最新数据显示，2014年以来，大型百货已明确将要关店的数量达到38家。其中，关店数量最多的百货品牌为百盛百货、马莎百货，各为5家；华堂关店数目为4家；王府井、中都、NOVO、宝莱、尚泰等百货品牌也均有关店。值得注意的是，关店现象最严重的城市分别为北京、杭州、常州和青岛，表明百货关店的现象在一、二、三线城市都是非常明显的现象。

业内人士指出，百货业态在华发展的缩水，主要因素是其提供的商品和服务与当今消费者的需求之间有差距。目前消费品市场整体涨幅趋缓，经营各项成本上升，电子商务的发展又使得百货商场货品丰富的优势不再，经营者若不在定位和服务上花心思，“千店一面”的状态很难抓住消费者的心。

服务至上　便利店在华发展顺风顺水

相比百货商场的萧条，外资占据绝对优势的便利店业态却展现了逆市增长的姿态。便利店，缘起于美国，通常指规模较小但货物种类多元、销售民生相关物资或食物的商店，其中也包含加油站附设商店，通常位于交通较为便捷之处，有时被当作小型超市。

中国连锁经营协会和野村综研咨询有限公司联合在北京发布的《中国便利店发展报告》指出，2013年经营便利店的15家主要代表性企业销售额增速达18.2%，远高出百货店9.6%、大型综超和超市7.8%的整体增速。笔者认为，在网购和上门服务能够满足消费者绝大多数需求的情况下，线下零售业所能兜售的只有方便、愉悦的消费空间和体验，像代收快递、快捷廉价安全的餐饮……这些看似细小的服务，才是便利店业态逆市增长的最大优势。

以每百万人拥有便利店店铺数量统计，日本是388家，中国台湾地区是425家，中国内地城市平均为54家，而且中国内地城市便利店单店平均销售水平也远远落后于日本和中国台湾地区。更需探讨的是，在与便利店相关政策的支持上还有很多亟须解决的问题，包括食品安全的政策规定在便利店行业的适用性，以及便利店服务项目拓展所需的行政审批的效率问题，等等。

对于两种业态不同的发展势头，笔者认为这两者并非此消彼长的关系，以至于将视角扩展到传统零售业与电商之间的关系皆是如此，关键在于充分发挥自己的优势。传统百货即时性、休闲性的消费体验，便利店的方便、廉价和快捷，都是其本身鲜明而难以取代的特色。

资料来源：中国经济网，2015 年 3 月 18 日。

自 20 世纪 80 年代中期连锁经营进入中国市场，精明而睿智的中国商人很快发现了它带来的便捷和高速的盈利模式，短短十几年的时间，连锁经营便在国内遍地开花，并逐步从大城市渗透到中等城市和乡镇，在各个行业和领域形成了不可抵挡之势，连锁经营在我国取得了超乎想象的发展。在当今市场化与产品同质化程度越来越高、竞争异常激烈的环境下，连锁门店作为销售的终端，其发挥的作用已远远超过了“销售额”这一简单的数字所承载的意义。因此，不断加强和优化连锁门店的管理已成为连锁企业经营的重要内容。

项目一

连锁经营概述

一、连锁经营的概念

连锁经营是一种商业组织形式和经营制度，是指经营同类商品或服务的若干个企业，以一定的形式组成一个联合体，在整体规划下进行专业化分工，并在分工基础上实施集中化管理，把独立的经营活动组合成整体的规模经营，从而实现规模效益。

近代连锁经营起源于美国，至今已有 130 多年的历史。它也是当今世界上被采用的最为普遍的一种商业组织形式和经营制度。连锁经营的本质是把独立的、分散的商店联合起来，形成覆盖面广泛的大规模销售体系。以连锁形式经营的企业叫做连锁企业，它实行规范化管理，统一采购，集中合理化配送，统一结算，实行采购与销售职能分离。连锁企业是连锁经营的存在形式和载体。

二、连锁经营的形式

连锁经营包括三种形式：直营连锁、特许经营和自愿连锁。见图 1－1。

图 1－1　连锁企业经营的形式

1. 直营连锁（Regular Chain，RC）

直营连锁又叫正规连锁，是指总部直接经营的连锁店，即由总部直接经营投资管理各个零售点的经营形态。此连锁形态并无加盟店的存在，总部采取纵深式的管理方式，直接掌管所有的零售网点，零售网点必须完全接受总部的指挥。直营连锁的主要任务在于“渠道经营”，即透过经营渠道的拓展从消费者手中获取利润。直营连锁实际上是一种“管理产业”，其特点见表 1－1。

表 1－1　　直营连锁店的特点

总部与直营连锁店的关系	总部的职能
· 总部与直营连锁店是同一资本	· 统一调动资金
· 总部对直营连锁店有人事权和直接经营权	· 统一经营战略
· 直营连锁店对总部无资金投入	· 统一开发和运用整体性事业
· 直营连锁店的意见、建议对总部无影响	· 大量统一计划进货，对生产厂家形成影响力
· 直营连锁店的自主性小或没有	· 统一培训、使用人才
· 直营连锁店不需向总部上交经营指导费	· 统一新技术产品开发推广
· 直营连锁店的一切行为按公司总部规定行事	· 统一商业票据和设施容器
· 总部与直营连锁店之间无合同规定	· 统一服务标识等
· 总部机构中无直营连锁店人员参加	
· 总部对直营连锁店实行高度的集中、统一经营管理，直营连锁店只从事销售	
· 直营连锁店不具独立的企业法人资格	

2. 特许连锁（Franchise Chain，FC）

特许连锁指拥有技术和管理经验的总部，指导传授加盟店各项经营的技术经验，并收取一定比例的权利金及指导费，此种契约关系即为特许加盟。特许加盟的总部必须拥有一套完整有效的运作技术优势，指导加盟店的运作，从中获取利益。经营技术如何传承是特许经营的关键所在，其特点见表1－2。

表1－2　**特许加盟连锁店的特点**

总部与特许加盟连锁店的关系	总部的职能
·总部与特许加盟连锁店是不同资本关系 ·总部对特许加盟连锁店无人事权和直接经营权 ·在总部的资金构成中，特许加盟连锁店持有部分股份 ·特许加盟连锁店的意见、建议对总部的影响小 ·特许加盟连锁店的经营自主性小 ·特许加盟连锁店向总部上交的经营指导费占销售额的5%以上 ·总部与特许加盟连锁店的合同约束力为强硬型 ·总部与特许加盟连锁店之间合同规定的加盟时间多为5年以上 ·总部机构人员全部由专业人员组成 ·各特许加盟连锁店保持独立的企业法人地位	·按合同规定向特许加盟连锁店提供特许经营权和传授经营技巧 ·审查特许加盟连锁店资格 ·选择批准特许加盟连锁店 ·制定经营方针计划 ·统一进货配送 ·统一资金管理 ·统一核算 ·统一业务指导 ·统一培训 ·统一促销 ·统一标志及店堂设计等

3. 自愿连锁（Voluntary Chain，VC）

自愿连锁是指自愿加入连锁体系形成的连锁形式。加入连锁的企业原已存在，在自愿加盟体系中，并非加盟店的开店伊始就由连锁总公司辅导创立。企业所有权属于加盟主所有，而运作技术及商店品牌则归总部持有，自愿连锁的特点见表1－3。

表1－3　**自愿加盟连锁店的特点**

总部与自愿加盟连锁店的关系	总部的职能
·总部与自愿加盟连锁店是不同资本关系 ·总部对自愿加盟连锁店无人事权和直接经营权 ·总部的资金全部由自愿加盟连锁店出资构成 ·自愿加盟连锁店的意见、建议对总部非常有影响 ·自愿加盟连锁店的经营自主性大	·确定组织大规模销售计划 ·实行共同进货 ·联合开展广告等促销活动 ·开展业务指导，包括店堂装修、陈列等 ·组织物流，开展合理的商品配送业务

续表

总部与自愿加盟连锁店的关系	总部的职能
·自愿加盟连锁店向总部上交的经营指导费占销售额的5%以下（一般是1.5%～5%之间） ·总部与自愿加盟连锁店的合同约束力为松散型 ·总部机构人员中有自愿加盟连锁店代表 ·自由连锁总部和每个成员加盟连锁店都是独立的企业法人	·组织教育培训 ·共同利用信息 ·开展资金融通 ·开发扩大商店数 ·指导财务和劳务管理等

【开动脑筋】

分别列举三种不同连锁经营形式的连锁店，想想它们在服务过程中有什么不一样？结合自己的亲身经历，谈谈不同连锁店在服务上的优点和不足。

三、连锁经营的特征

第一，连锁经营的前提条件是组织形式的联合化与标准化。连锁经营是整体性、稳定性、全方位的联合，所有连锁店都使用同一店名、具有统一店貌，提供标准化的服务和商品。

第二，连锁经营的核心是经营方式的一体化和专业化。把相互独立的各种商业职能有机地组合在统一的经营体系中，实现了采购、配送、批发、零售的一体化，形成了产销一体、批零一体化的流通格局，提供了流通领域的组织化程度。

第三，连锁经营规模效益的根本保障是管理方式的规范化和现代化。连锁经营必须有一套规范化的管理，建立专业化的职能部门、规范化的管理制度和调控体系，采取现代化管理手段。

第四，连锁经营的本质特征是“进货与销售职能的分离”。

四、连锁经营的本质

连锁经营的本质在于将现代化大生产原理应用到流通领域，把复杂的商业活动分解得如同工业生产流水线上的每一个环节那样简单，以提高经营效率，实现规模效益；它是机械化大生产方式在流通领域的组织反应和组织创新，是一种经营群体的组织形式。

【开拓视野】

连锁经营的8个“统一”

(1) 统一采购	(2) 统一配送	(3) 统一管理
(4) 统一核算	(5) 统一店名店貌	(6) 统一价格
(7) 统一服务规范	(8) 统一广告宣传	

项目二 连锁企业门店的概念和类型

一、连锁企业门店的概念

门店又名店铺、商铺。狭义而言，门店是零售业进行商品销售的场所。它包括大型百货公司、超市以及其他各种类型的综合、专业商店等。

广义而言，门店是直接面对消费者进行有形商品销售或进行复合商品（有形、无形商品兼有）经营的场所。其概念范畴还包括零售商业之外的娱乐业、餐饮业、旅游业所使用的房地产，营利性的展览馆厅、体育场所，以及银行、证券等营业性的有建筑物实物存在的经营交易场所。

二、连锁企业门店的类型

连锁企业门店的类型是由企业的经营战略和目标市场定位决定的。目前，在连锁经营企业所开设的门店中，主要有超级市场、大型综合超级市场、便利店、折扣店、仓储式商店、百货店、专业店及专卖店等类型，见图1-2所示。

1. 标准超市门店

标准超市门店初步实现满足消费者“一站式”购买生活必需品的需要。例如，标准食品超市门店以经营生鲜食品和生活日用品为主，将商品品类细分成果蔬、鲜肉、活鱼与冰鲜、熟食、一般食品、日用百货、杂品等，按营业面积分块设定商品经营区，并实行统一标准化管理和一次性集中付款。

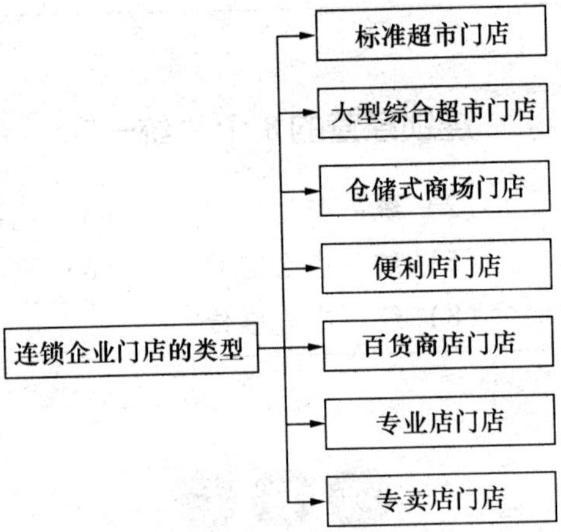

图 1－2　连锁企业门店的类型

2. 大型综合超市门店

大型综合超市门店由于其经营内容的综合化，能够真正满足“一站式”购买所需商品的需要，按营业面积分块设定商品经营区域，采取统一标准化管理和一次性集中付款运营方式。

3. 仓储式商场门店

仓储式商场门店是自我服务式、以满足消费者对基本生活用品一次性购足需要的大型零售业态。与大型综合超市相比，其经营方式多采取批发配售方式，目标顾客多为小杂货店主、小酒店主等，顾客多实行会员制。

从业态类型和商品定位看，我国目前存在的仓储式商场大体有两种类型：一种以麦德龙为代表，主要经营的商品为食品；一种以山姆价格俱乐部为代表，主要经营的商品为非食品。但两类商场经营的商品都主要集中于消费者购买频率高、价格优惠且品质优良的品牌商品，商品组合的广度和深度低于大型综合超市，即经营商品的种类和品项都相对较少。

【开拓视野】

仓储式超市是一种带有批发性质的批售式商店，在我国又称为仓储式商场或货仓式商场。日本和中国港台地区经常提到的量贩店，即批量贩卖的商店，指的就是仓储式超市。

4. 便利店门店

便利店门店的基本经营宗旨是为消费者创造并提供便利。除了时间上便利、地点上便利、一次消费的便利外，也包括经营商品的便利。针对其主要目标顾客——学生、单身职员等年轻人，主要经营即食、即饮、即用商品，如碗面、饮料、香烟、娱乐杂志和便利性服务项目等，它是一种商品定位很有特色的业态。

5. 百货商店门店

百货商店门店是以中高档消费者、追求时尚的年轻人和流动人口为目标顾客，商品以时尚日常生活用品为主，采取柜台销售与自选销售相结合的方式。该类门店服务功能较齐全，商品价格一般较高，经营面积较大，商品品种丰富，选址为城市繁华区和交通要道。

6. 专业店门店

专业店门店是从百货商店中分化出来的，专门经营一类商品或几类相关联商品的商店。其目标市场定位在某一类商品上做到了品种齐全，或在某一种商品上做到了款式多样、花色齐全。由于其经营商品种类的有限性和专业化，使得门店经营与管理相对简单、门店运营效率很高。门店能够提供完善、专业的商品销售服务，营业员不但要了解商品的基本性能、功能和对顾客的吸引力所在，还要掌握商品的原料特性、工艺流程、使用与保养等各个方面的知识。完善的顾问式咨询和无后顾之忧的售后服务，是专营门店服务的典型特征。

7. 专卖店门店

专卖店门店是指专门经营或者授权经营某制造商品牌或中间商品牌，以适应消费者对品牌需求的一种零售业态。专卖店门店经营商品的品牌具有排他性，而且只经营同一品牌的不同种类商品，具有品牌经营的个性化特点。专卖店的服务要求比一般零售店的要高，强调周到、灵活的服务，因为专卖店的服务对象往往是比较固定的，眼光通常也比较挑剔，而且还掌握了一定的专门知识。专卖店的营业员和导购员应当是该商品的行家，具有相当丰富的商品专业知识，能用令人信服的理由来引导顾客购买相应的商品。

专卖店门店另一个显著特点是实行特许经营。

三、连锁企业门店的组织结构

连锁零售企业总部与门店进行了专业分工，门店完成现场销售、服务等日常经营管理任务，并根据业务实行岗位化专业分工。门店的规模和业态不同，卖场管理的业务不同，工作岗位也有很大的区别。一般大型综合超市设置店长、副店长、值班经理、主管、柜长、理货员、收银员、仓管员、寄包员等岗位人员。

连锁门店的组织结构由于门店的规模和业态不同，组织结构也不同。小规模的门店，如超级市场、便利店，其管理层仅一层，店长负责全面管理；中等规模的门店，如中型超市、专业店等，组织结构一般为二级：店长、部门主管；大型规模的门店，如百货店或大型综合超市，其管理结构一般是三级组织，如图 1－3 所示。

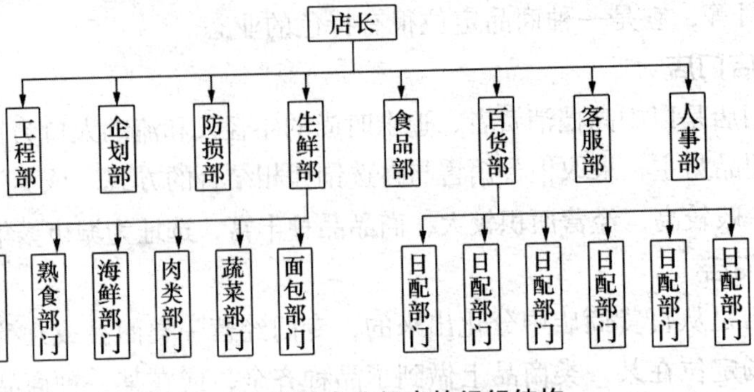

图 1－3　连锁企业门店的组织结构

客服部：负责收货、退货、收银、顾客服务、信息处理等工作。

百货部：负责百货类商品的经营管理。

食品部：负责干货商品的经营管理。

生鲜部：负责生鲜食品的加工和经营管理。

企划部：负责 POP 广告制作、促销人员的管理、广告活动的策划、DM 快讯的制作和分发等。

工程部：负责店内设备的维修、设施的保养、电力线路的改造等。

人事部：负责门店工资统计与发放、工衣和衣柜领取，以及食堂、车辆、办公用具采购的管理。

防损部：负责门店各类安全和损耗控制。

项目三

连锁企业总部对门店的管理方法

在连锁企业门店中，不管是直营店还是加盟店，都要接受来自总部的指导和管理。直营店是由总部直接经营的连锁店，即由公司总部直接经营、投资、管理各个门店的经营形态。总部采取纵深式的管理方式，直接下令掌管所有的门店，门店也必须完全接受总部指挥。加盟店是厂家招募的利益共同体，连锁企业总部将自己的技术和经验传授给加盟主，并根据不同的加盟性质向加盟主收取加盟金、保证金以及权利金，以实现双方的共赢。基于直营店和加盟店与总部的不同关系，总部对门店的管理方式也会有所区别。

【开拓视野】

连锁企业直属店与加盟店的比率存在一定的规律性。一个正常经营的连锁企业，加盟店所占比率越高，说明该企业越成熟。从发展全过程来看，连锁企业直营店与加盟店的比率，初期以8:2为宜；中间阶段以5:5为宜；最后目标是2:8。

一、连锁企业总部对直营店的管理

连锁企业总部对直营店的管理内容见图1-4所示。

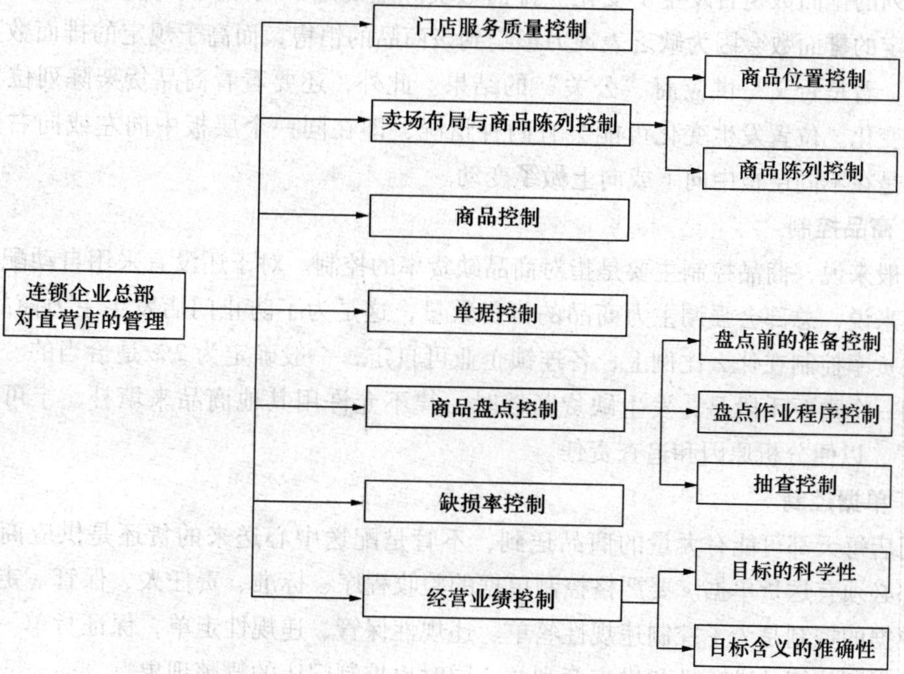

图1-4 连锁企业总部对直营店的管理内容

1. 门店服务质量控制

连锁企业门店的服务质量直接关系到连锁企业的信誉和市场影响力，其控制的手段有两个：第一，进行服务意识和能力的教育与培训活动。通过教育，把总部的服务理念强化给员工，从而内化到员工的行为规范中。教育是控制服务质量的重要手段。第二，实行明察和暗访相结合的控制方法。通过严格的服务质量控制，提高门店的竞争力。

2. 卖场布局与商品陈列的控制

连锁企业门店的卖场布局与商品陈列是根据总部的商品布局图与配置表来实施的，反映了连锁企业的商品经营思想与营业目标。如果对总部所确定的商品布局与陈列门店做了很大的变动，就无法实现连锁企业统一的营业目标。所以，要把控制卖场布局与商品陈列同实现营业目标联系起来，这一般从以下两个方面加强控制。

（1）商品位置控制。在门店检查时，根据各类商品的布局位置图，核对位置是否有变化。一般来说，要注意特别展示区、端架上的商品是否已作了位移，大多数位移是供应商“公关”的结果。

（2）商品陈列控制。根据商品配置表能容易地发现商品陈列的改动，其重点是：商品陈列的排面数是否发生了变化。排面数实际上确定了商品的最高陈列量和出样面，地域规定的排面数会因为缺乏表现力影响到该商品的销售，而高于规定的排面数更应该查一下，看是否又是供应商“公关”的结果。此外，还要看看商品货架陈列位置是否发生了变化。位置发生变化可能会有两种情况，即在同一个层板中向左或向右做了移动，或是在不同层板中向下或向上做了变动。

3. 商品控制

一般来说，商品控制主要是指对商品缺货率的控制。对于还没有采用自动配货的连锁企业来说，总部会强调主力商品的订货数量，这是为了防止门店发生主力商品缺货。商品缺货率控制在什么比例上，各连锁企业可自定，一般确定为2%是恰当的。缺货率控制的一个重要手段是，发生缺货断档时一律不允许用其他商品来填补，宁可让其开“天窗”，以便分析原因和追查责任。

4. 单据控制

门店每天都可能有大量的商品送到，不管是配送中心送来的货还是供应商送来的货，都必须有送货单据。要严格控制单据的验收程序、标准、责任人、保管、走单期限等。单据的控制是为了控制违规性签单、违规性保管、违规性走单，保证货单一致的准确性，保证核算的准确性和供应商利益，同时也控制门店的舞弊现象。

5. 商品盘点控制

盘点是最后检查连锁企业门店经营成果的控制手段。对盘点控制的手段包括三点。

（1）盘点前的准备控制。检查盘点前的准备是否充分，但要防止在盘点开始的前几天普遍发生的门店配送中心要货量较大幅度下降的状况，这种要货量下降一般会影响门店销售量的10% ~30%。

（2）盘点作业程序控制。检查盘点作业程序是否符合标准，是否实行了交叉盘点和复盘制度。

（3）抽查控制。实行总部对门店的临时性抽查制度，如成立专业的盘点队伍，专职进行门店盘点和抽查工作，以确保盘查的真实性和准确性。

6. 缺损率控制

缺损率是失窃率和损耗率的统称，缺损率失去控制就会直接减少门店的赢利率水平。缺损率一般控制在5‰是恰当的。目前，国内大部分连锁超市实行缺损率承包责任制的方法。今后的方向是在加强责任制的同时，注重设备的保养和先进技术的应用。

【开动脑筋】

小张在卖场负责的商品之一是属于易碎的玻璃器皿类，对于缺损率的控制，有什么好办法？

7. 经营业绩控制

对门店经营业绩的控制主要是按完成目标销售额，采取月销售额含工资与奖金的方法来控制。这个方法控制要注意以下两点。

（1）目标的科学性。月销售额目标要根据不同类型门店的实际情况加以确定，体现目标的科学性。

（2）目标含义的明确性。要明确月销售额目标的确切含义：一是销售额；二是去掉门店费用的准利润；三是去掉门店费用和总部摊销费用的净利润。

实际上，每一个目标都可以作为考核的指标，连锁企业可以把这些指标综合起来考核，或者根据自己的实际情况和业态模式的特征来确定。

【开拓视野】

日本店员脖子上的“小黑板”

近几年，在日本一些商店到处可见挂有一个“小黑板”的售货员，店员不时用笔在上面划来划去。实际上，“小黑板”是一个使用电池的电子显示器，它也是一个和全店电脑联网的终端机，售货员用的笔也不是普通的笔，它就像电脑的鼠标，需要进哪些商品、商品的型号、进货数量等，只要用这支“笔”在显示屏幕上点出来，就可以把信息传到总部，再由总部传给工厂。使用这种叫做“GOT”的订货终端机有很多好处，因为商店总部与各店铺之间采用了电脑管理，每一个店铺也同样用电脑对商品销售情况进行统计。因此，在这个终端机上，只需几秒钟就能查出某个柜台某种商品昨天的销售情况，这个情况同样可以及时反馈到总部。

二、连锁企业总部对加盟店的管理

与直营店相比，加盟店是独立的法人，所有权归属加盟商，在人事和财务关系上都独立于连锁企业总部，与总部不存在从属关系。但连锁企业总部通常也会有一些加盟的约束措施，来对其进行管理，以保证品牌声誉，扩大连锁品牌的市场份额和影响力。

在契约存续期间，总部必须继续给加盟店经营协助，而加盟店通常需要遵守总部的各种规章制度。特许经营合同应包括以下内容：特许经营权许可的内容、范围、期限、地域；双方的基本权利和义务；对被特许者的培训指导；各种费用和支付方式；保密条款；违约责任；合同的期限、变更、续约、终止及纠纷的处理方式。具体来说，总部对加盟店管理的内容见图 1－5 所示。

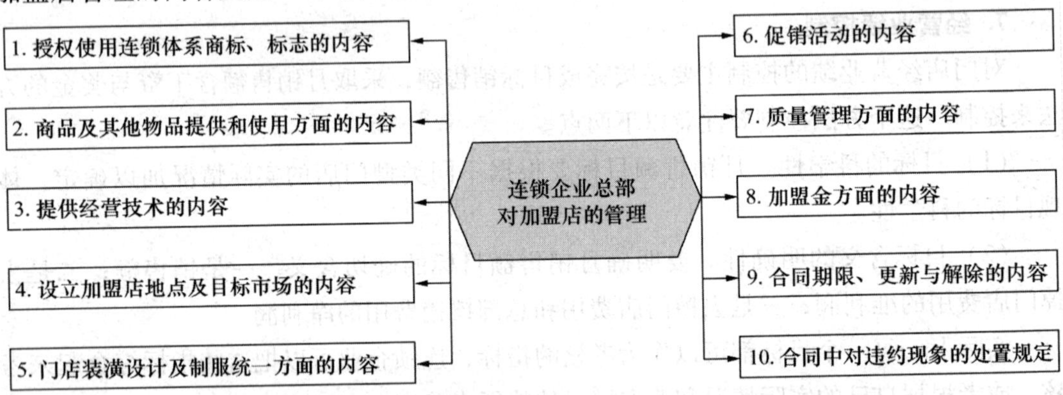

图 1－5　连锁企业总部对加盟店的管理内容

1. 授权使用连锁体系商标、标志的内容

商标是商品的标志，是商品的生产者、经营者在其生产、制造、加工、拣选及经销的商品上或者服务的提供者在其提供的服务上采用的，用于区别商品或者服务来源的，由文字、图形、字母、数字、三维标志、颜色组合，或者上述要素的组合，具有显著特征的标志。如麦当劳门前的“M”标志，肯德基家乡鸡门面灯箱上的山德士（Sanders）上校头像标志，日本“不二家”连锁使用的花朵组成的“F”标志，日本伊藤洋华堂集团使用的格子标志等，均属此类。

2. 商品及其他物品提供和使用方面的内容

在销售食品及其他商品的加盟连锁体系中，要求加盟店必须使用总部提供的招牌，销售公司统一采购的商品、材料、包装物等物品；在服务业加盟连锁中，虽无商品销售，但也要使用统一的原材料、设备、工具、包装物和其他消耗品。因此，在契约中，必须明确这些物品的种类、数量、购买方式、支付时间和方法等有关内容。

3. 提供经营技术的内容

加盟总部对加盟店有传授经营技术的义务。这种传授通常通过经营手册、技术培训、经营指导等形式实现。例如，营业过程中持续地进行经营指导；对加盟店经营选址、商店开设和创业准备等活动，总部给予全面的指导帮助，协助加盟店做好开业准备。

4. 设立加盟店地点及目标市场的内容

位置理论始终是开店的第一要素。加盟店的经营成败，在相当程度上取决于有无有利的地理位置。在加盟连锁中，双方必须明确位置和市场范围的划分。

5. 门店装潢设计及制服统一方面的内容

连锁企业门店对外应当是一种形象，这是总部追求的效果，也是消费者的一般观念。在加盟合同中，需要对统一的门店装潢设计、门店布局、着装等方面做出明确的规定，以达到统一形象的目的。如总部统一规定加盟店的装潢设计风格，统一规定制服款式，由加盟店承担所需费用。

6. 促销活动的内容

总部为了谋求整个加盟体系的发展，要承担共同的广告宣传促销活动；有时也为部分加盟店从事专项促销活动，也有时统一决定促销方式，由各加盟店分别进行。至于广告费用的支付，需分别以不同的方式在合同中明确规定。

7. 质量管理方面的内容

加盟店经营的商品或者服务，是加盟连锁独特的商品或服务，必须保持一致，不允许发生质量下降和特色改变的情况。因此，加盟合同中需要明确规定质量标准、保持特色方法、质量检验和控制等方面的内容。这些要求在总部发给加盟店的营业手册中均有详细的说明。

8. 加盟金方面的内容

加盟店得到总部的有关经营其独特商品—服务系列的授权，需要以等价交换的原则支付一定的费用。这主要有两种：一是加盟金，即在缔结加盟契约时一次性支付的金额。它是一次性取得特许经营权的费用。二是附加费，即加盟金之外用于为加盟店服务的费用，契约中一般均有具体的说明。

9. 合同的期限、更新与解除的内容

任何合同均有期限，加盟合同也不例外。加盟合同往往通过先确定一定的期限，待期满后再决定是否续约。合同期限一般为 3~8 年，自生效日起规定年限内有效。在合同期满 3 个月前，如果双方未提出任何有关终止合同的意向，合同自动延长一年，以后依此类推。如超市发便利店加盟期为 5 年；环球雅思的特许期限为 3 年；上海华联特许的合同期限为 2～8 年；马兰拉面、上海仙踪林、重庆小天鹅特许期限为 3 年。一般情况是，技术难度大的，合同期限相对长一些。

10. 合同中对违约现象的处置规定

在合同有效期内，由任何一方导致出现下述事项的，对方均可提出书面通知，主动解除合同：票据或者支票未按期支付，被银行列为拒绝受理户时；总部解散或者加盟者死亡；出现明显伤害对方信用的行为；破产、公司改组、被封查等。

【开动脑筋】

如果你想加盟某一家连锁企业，在选择加盟店总部时应注意哪些事项？主要风险来自哪里？广泛查阅资料，提出应对主要风险的措施。

项目四

连锁企业门店管理的基本原则

一、连锁企业门店管理的原则

连锁企业门店管理的原则主要有以下四点，见图 1－6 所示。

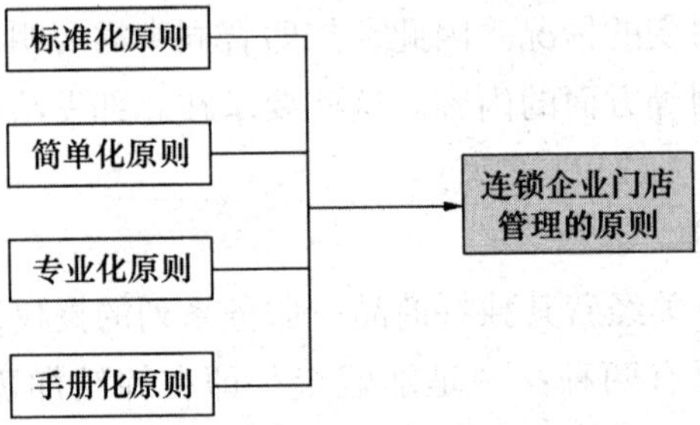

图 1－6　连锁门店管理的原则

1. 标准化（Standardization）原则

这是门店管理最基本、最重要的原则，是连锁企业的经营特色之一。标准化主要体现在企业形象的标准化、作业的标准化和企业理念的标准化。如共同的经营目标、策略、文化，统一的采购广告，标准化的店面招牌、外观、陈列、售价、制服及服务程序环节等。

2. 简单化（Simplification）原则

这是指作业流程和作业操作尽量简单化，免去不必要的流程，这样就容易实现对员工业绩的考核，而且可以聘用临时工、计时工，降低人工成本。

3. 专业化（Specialization）原则

这是指专业化人才管理、专业化人员操作、专业的管理制度、专业的岗位设计、专业的考评机构。

以上三项原则统称为连锁店的“3S”原则。

4. 手册化原则

要完成“3S”原则，必须将“3S”原则的流程作业制成手册，并以此为依据进行操作，这也是店铺考核的依据。手册的内容主要有：

- 作业流程：订货、进货、收验货、上货、退货。
- 销售管理：营业状况、各种绩效分析、促销活动。
- 店铺管理：人员、商品、安全、票据处理、管理。
- 财会管理：融资、投资等资本运作，会计表格等。
- 顾客管理：顾客反馈管理、顾客需求管理、顾客服务强化管理。

二、连锁企业门店管理的核心要求

连锁企业门店管理的核心要求主要有以下几点。

1. 为顾客提供良好的购物环境

这需要总部进行部分提供安排，分店落实。

2. 提供高质量的服务

这里包括：充足的商品，科学的商品陈列，物美价廉和便利购买的状态，不断创新的经营手段。

3. 数量管理和品质管理

数量管理要求达到“单品”管理程度，即具体到顾客无法再分辨，但店铺计算机可分辨品种的那种程度。品质管理主要的要求是按照不同种类商品的理化性质，给予相应的温度、湿度控制，保证在商品的保鲜期、保质期内提供给顾客。

4. 降低运营费用

连锁门店在运营中降低各方面费用，以降低成本。其目的是为了获得更多的利润和降低商品售价。

5. 培养人才

如果是直营店，连锁门店则承担着为企业培养连锁经营管理人才的使命。

项目五

连锁企业门店日常管理的主要内容

根据连锁企业业务种类，将连锁门店的管理内容分为订货与商品陈列管理、日常销售业务、商品品质管理、销售管理、服务管理、安全管理、保洁管理、作业分工与人员安排、促销活动等。从上述分类可以看出，连锁企业门店日常管理主要围绕三个方面进行：员工、商品和客户。连锁企业门店日常管理的主要内容见图 1－7 所示。

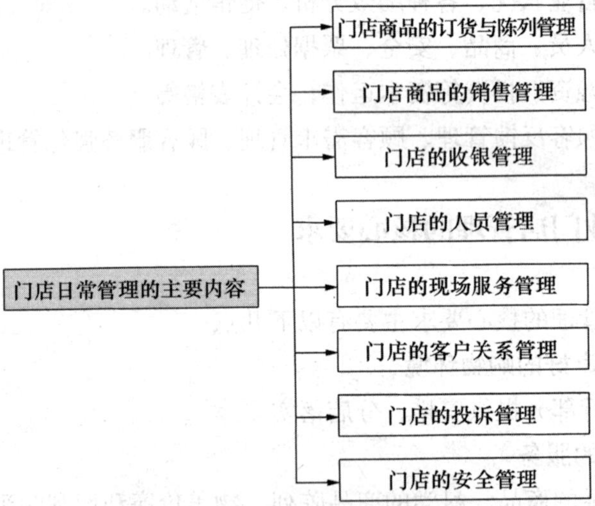

图 1－7　门店日常管理的主要内容

1. 门店商品的订货与陈列管理

门店订货是商品经营销售的前提，只有保证企业有充足的、高质量的货源，才能保证门店的正常运转。门店在采购管理中，如何选择一家优秀的供应商，如何确定订货品种，在什么时候以什么样的方式采购，采购的数量是多少，采购流程如何，等等，这些问题都是连锁店日程管理环节中的重要内容。

此外，门店是连锁企业的经营场所，为了增加门店对顾客的吸引力，门店的商品陈列显得尤为重要。在门店管理中，要根据不同经营类型门店的特点做好商品的陈列管理，达到刺激顾客购买、扩大销售的目的。

2. 门店商品的销售管理

商品销售是门店经营管理的中心环节，销售管理的好坏直接影响门店的销售业绩和顾客满意度。因此，应做好门店的商品管理工作，做好商品的组合分类、促销策划，实施好商品的促销策略。

3. 门店的收银管理

收银管理作为门店管理的核心环节之一，对门店的收益保障有着重要的影响。随着信息化水平的提升，收银员对 POS 机的全面认识和熟练操作成了收银员岗位的必备要求。同时，门店需要制定相关的收银员操作规范并严格执行，以此来保证收银工作的准确无误。

4. 门店的人员管理

人力资源是企业的重要资源之一。将现代人力资源管理理论和技术运用于门店的岗位配置、员工选聘、培训和绩效考核等方面，能极大地提高门店经营管理的效率，在管理优化的条件下，销售业绩也将随之提升。

5. 门店的现场服务管理

现场服务管理是连锁企业门店管理的一项重要内容。现场管理包括营业员、收银员、理货员及其他服务人员的仪容仪表、服务用语、言谈举止等。此项管理工作直接关系到连锁企业的形象和社会声誉。

6. 门店的客户关系管理

进行客户关系管理的目的是形成以客户为中心的营销机制，从而达到吸引顾客、留住顾客，并且与客户建立长期稳定关系的目的。在企业参与市场竞争的资源中，客户资源是至关重要的资源，客户资源的有效管理与维护应该是整个连锁企业的核心内容之一。在门店管理中，建立客户关系管理制度，引入规范的客户关系管理流程，将极大地提升门店经营管理的业绩。在客户关系管理中，门店通常需要建立顾客档案、对顾客意见进行访问、为顾客提供日常的生活信息、举办公益活动等。

7. 门店的投诉管理

顾客与连锁企业接触的唯一场所就是门店，门店的销售现场就等于连锁企业的总部，门店服务不好，将使整个连锁企业的形象受损。投诉是每个提供产品和服务的组织都会遇到的问题，即使声称确保“100% 满意”的世界头号商业企业沃尔玛也不例外，投诉虽然不是影响顾客满意的唯一因素，但绝对是最重要的因素。因此，处理好顾客投诉也是门店日常管理的重要一环。门店必须建立多方式的投诉体系，设立顾客投诉处理程序，建立顾客投诉管理制度。

8. 门店的安全管理

连锁企业门店作为社会服务的窗口、企业经营的场所、顾客参观购物的地点，安全问题十分重要。因此，必须加强日常营业现场的管理。门店现场管理的主要内容包括人员安全、商品安全、设备与设施安全等。因此，要严格遵守企业的安全管理制度，做好日常防火、防盗等工作，为顾客提供安全、优雅、舒适的购物环境，为门店员工提供有生命保障和健康安全的工作环境。

>> 本模块小结

连锁企业门店的运营和管理是在总部的统一决策和支持下实施的。门店运营管理的成败直接影响着连锁企业经营计划和目标的实现。基于门店管理的重要意义，本章主要介绍了连锁经营企业的含义和本质及其与连锁门店之间的关系，连锁总部对不同类型连锁店的管理内容和方法，并着重介绍了连锁企业门店的类型、特点、管理原则和管理内容。

>> 本模块参考

1. 浏览网址

[1] http：//www. chaoshi168. com

[2] http：//www. usachina. org

2. 参考文献

[1] 王吉方. 连锁经营管理教程. 北京：中国经济出版社，2005

[2] 胡启亮，霍文智. 连锁企业门店营运与管理. 北京：科学出版社，2008

[3] 马瑞光. 复制连锁帝国. 北京：东方出版社，2006

[4] 陈声廉. 连锁门店运营管理. 北京：中国经济出版社，2014

>> 思考题

1. 在新的竞争形势下，我国连锁门店如何应对市场竞争？

2. 连锁企业的经营形式有哪些？各有何特点？

3. 连锁企业总部对连锁门店的管理办法有哪些？
4. 连锁企业门店有哪些类型？
5. 连锁企业门店管理的基本原则有哪些？
6. 连锁企业门店日常管理的内容涉及哪些方面？

>> 案例分析题

“一致药店”的连锁效应

深圳是一个出新闻的地方。3 年前还是资不抵债严重亏损的深圳市医药生产供应总公司，如今却成了占深圳药品市场份额 70% 的业内老大。而其属下的“一致药店”连锁门店遍及大街小巷的同时，也造就了“一致”这个品牌。

经常往来于香港和深圳两地的黄先生，由于健康原因需要隔三差五地看病吃药。但是黄先生也有一个规律，那就是先在香港看病，然后到深圳的“一致药店”买药。黄先生这样做的理由是：“一致药店”的药品货真价低，服务周到。

而作为深圳数万名打工者之一的宋先生，也是“一致药店”的常客。因为刚刚结婚的关系，他要经常购买计生用品。“一致药店”将计生用品摆放到店内较隐蔽的地方，并开架出售，这便于他轻松自如地选购。

像香港的黄先生和深圳的宋先生一样，许多人对深圳街头“一致药店”随处可见的招牌已经很熟悉了，因为“一致药店”给他们带来了真正的方便、实惠和健康。

一致连锁——识时务的抉择

几年前，只有 100 多万人口的深圳市有大大小小 2000 多家个体诊所和药店出售药品。其中 50% 以上证照不全或无证经营，内中又有 80% 以上店铺出售假冒伪劣药品。恶性竞争使当时 4000 多名员工、73 家零售门店的深圳市医药生产供应总公司年销售额仅为 6000 多万元。国有药店的职责和全体员工的生存问题使他们认识到，出路只有一条，那就是尽快适应市场变化进行改制。

1995 年 9 月，他们首先把二级公司的采购统一起来，成立了总公司采购供应部，规范了购销渠道。1997 年初，他们又将原属 18 个二级公司的 70 多家药店全部分离出来，成立一致医药连锁有限公司，并首批推出 25 家“一致药店”。从此，“一致药店”招牌的数目在市内不断增加。

“一致药店”连锁经营以“五个一致”和“三项承诺”为理念。“五个一致”包括：一致的品牌、一致的价格、一致的配送、一致的经营管理和一致的服务规范；而

“三项承诺”则是：绝不出售假劣药品，严格执行国家物价政策，热情接待每一位顾客。

“一致药店”面积大小不等，但是店内一律辟出1/5作为药品超市开架售卖，其余部分作为中药专柜专人服务。大门店的药品种类达到5000多种，小门店也有2000多种。

随着店铺数目的不断增多，一致连锁公司在连锁门店达到百家之际，与广州药业股份有限公司、南京医药股份有限公司、重庆医药股份公司、沈阳医药股份有限公司签订了关于强强联盟的合作意向书；与山东兖州矿业（集团）有限责任公司合资组建了一致兖矿医药有限公司；与香港企业合资组建深圳市制药厂头孢原料分厂。并在此基础上，他们建成目前华南最大的医药配送中心，区域联手配送功能，使“一致配送中心”为众多生产企业、连锁药店、集团消费群体提供一系列服务。

以直营连锁为主、特许连锁为辅，并探索与大型超市联营，使“一致药店”迅速低成本扩张。目前，门店总数已达到120家。2009年“一致药店”的效益比上年翻番，销售额将达2.5亿元。

一致品牌——从零售向生产延伸

“一致药店”的门店招牌饰以白底蓝字，药店的标志是一枚变体蓝十字。它意味着健康和安宁，又象征着“一致药店”是医药行业的新星和希望之星。而“一致”除了经营中的“五个一致”外，还与“医治”是谐音。

从“一致药店”的门店装饰看，它并不豪华，但庄重、平实的格调却让人产生信任感。为了形成品牌效应，在开店过程中，他们拨出近千万元专款对早期的51家门店进行改造和装修。统一外表后的“一致药店”，在市民中起到了意想不到的示范宣传作用。除此之外，他们还设立了“一致药店”便民服务项目，包括“24小时全天候服务窗口”“电话购物”“家庭药箱”等；而新园路分店引进专业设备免费为顾客测血压和心律，此举吸引着附近居民定期前来。

其实，一致品牌的内涵远非止此。从最初推出连锁店时起，他们不断总结和深化自有品牌内涵。1997年，他们举办了“一致现象研讨会”；1998年3月又举办了“一致三联（集团强强联盟、区域配送联手、终端市场联动）研讨会”；1998年11月又举办了“一致名牌、战略研讨会”。这些逐步深入、层层递进的研讨活动经专家学者、政府主管部门和新闻媒体的有力支持，使“一致”品牌的文化内涵越来越完善和丰富。

可以说，“一致”品牌已经在消费者心中扎下了深根，深圳市场70%的占有率足以说明这点。但是，“一致”品牌的发展战略是，从医药产业下游即流通业开始做起，实现“借市场培育品牌，借品牌成长培育产品，借产品销售建立起生产制造体系”。完整的“一致”品牌是从零售向生产一直延伸的。

为了实现“一致”品牌向“一致”名牌的飞跃，他们正在不断营造经营优势。首先，在现有连锁门店布局基础上，将宝安、龙岗、盐田三区以及其他新建住宅小区和农村边远住宅区作为发展重点，同时积极探索“一致”走出去的路子，广州和香港的加盟店正在筹划之中。其次，他们推进以“一致”命名的高科技医药和医疗器械产品，将“一致”头孢作为拳头产品，并组建一致医药集团，实现“一致”品牌先商号、后产品、最后企业名牌的延伸。

一致效应——他山之石，可以攻玉

“一致药店”的连锁实践，使他们在较短的时间内实现了“政府满意、市民高兴、企业赢利”的初衷，从而使深圳市“百业经药”的混乱局面得以改变。医药零售业连锁经营的风气由此迅速波及开来。在“一致药店”的示范带动作用下，深圳目前还有中联广深、海王星辰、万泽等连锁药店。这些连锁药店以良好的购物环境、周到的服务和稳定的药品质量，成为医药零售市场的主体力量。上述四家连锁店的药品销售约占深圳市场的85%。至此，一个合理、有序的医药零售市场新格局基本形成。

“一致药店”在经营形式上，首先选择了直营连锁形式。即使在今天名声大噪时，他们对发展加盟店也很是“保守”。对此，有人建议利用企业现有名气，先赚上一大笔加盟费再说。而“一致药店”发起人、深圳市医药生产供应总公司总经理刘晓勇说：“‘一致’成名后，前来考察和谋求加盟的企业很多，但是作为公司的长远发展战略，目前我们更注重企业自身积累和品牌塑造，这个战略是切合医药市场实际的。更重要的一点是，品牌的身价要靠其内在品质要素来提高，而不是单靠规模扩张。”

这一点固然是由医药市场的特殊性决定的。但是，“一致药店”的连锁实践，不仅对现行医疗体制改革提供了某种借鉴，更是对国内众多连锁企业经营运作的示范。与传统零售业相比，深圳市医药生产供应总公司在改制时，没有将“连锁”停留在表面和形式上。“一致药店”门店也没有冠以“连锁”字样，但以企业文化和内在管理为保障的扩张，保证了其店店赢利、个个成功。特别是当门店达到一定数量后，他们立即着手建起配送中心，使“一致药店”连锁真正连起来，也真正实现低成本扩张。

值得一提的是，当今世界上15家大医药生产商中已有13家以各种形式进入了中国，而且投资额均以亿元计。而1998年1~10月份全国药品行业的平均利润率只有0.23%。这就使国有医药生产和供应企业面临巨大的市场压力。因此，医疗改革势在必行，医药流通改制迫在眉睫。

“一致药店”给自己描述的蓝图是：由滚动式积累到跳跃式资本营运，组建成集团上市，并通过兼并、收购、联合实现专业化规模发展。无疑，届时“一致”将成为一个更响亮的品牌。

思考：

1. 结合案例，谈谈什么是直营连锁？什么是加盟连锁？二者有何区别？
2. “一致药店”为什么选择直营连锁为主、特许连锁为辅的策略？
3. “一致药店”成功的主要原因是什么？

模块二

门店进货与商品陈列管理

>>学习目标

1. 了解门店进货的流程
2. 理解商品陈列的原则
3. 熟练运用商品陈列的方法
4. 了解生鲜商品陈列的方法和技巧

【案例导读】

家乐福商品进货与存货管理

在我国制造业的物料管理中，尚存在着许多有待解决的问题。但是，大型流通零售企业在近几年的发展中却积累了很好的物流经验，特别是沃尔玛、家乐福等国际零售企业在发展中形成了良好的存货控制、仓储管理、信息管理的系统。这些经验为我国制造业物料管理提供了很好的借鉴。物料管理分为需求估算、购料订货、仓储作业以及账务处理四个阶段，下面结合零售业家乐福的做法进行具体地阐述。

一、需求估算阶段

第一个环节是计划环节（Plan）。预先周全的计划，可以防止各种可能的缺失，也可以使人力、设备、资金、时机等各项资源得到有效充分的运用，又可以规避各类可能的大风险。制订一个良好的库存计划，可以减少公司不良库存的产生，又能最大效率地保证生产的顺利进行。

在库存商品的管理模式上，家乐福实行品类管理（Category Management），优化商品结构。一个商品进入之后，会有 POS 机实时收集库存、销售等数据进行统一的汇总和分析，根据汇总分析的结果对库存的商品进行分类。然后，根据不同的商品分类拟订相应适合的库存计划模式，对于各类型的不同商品，根据分类制订不同的订货公式的参数。根据安全库存量的方法，当可得到的仓库存储水平下降到确定的安全库存量或以下的时候，该系统就会启动自动订货程序。

二、购料订货阶段

计划层面的下一个层面即为实施层面（Do），也就是购料订货阶段。在选用合理的存货管理模式后，就根据需求估算的结果来实施订货的动作，以确保购入的货物能够按时、按量的到达，保证以后生产或销售的顺利进行。

在家乐福有一个特有的部门——OP（Order Pool），也就是订货部门，是整个家乐福的物流系统核心，控制了整个企业的物流运转。在家乐福，采购与订货是分开的，由专门的采购部门选择供应商，议定合约和订购价格。OP 则负责对仓库库存量的控制；生成正常订单与临时订单，保证所有的订单发送给供应商；同时进行库存异动的分析。作为一个核心控制部门，它的控制动作将它的资料联系到其他各个部门。对于仓储部门，它控制实际的和系统中所显示的库存量，并控制存货的异动情况；对于财务部门，它提供相关的入账资料和信息；对于各个营业部门，它提供存量信息给各个部门，提醒各部门根据销售情况及时更改订货参数，或增加临时订量。

三、仓储作业阶段

仓储作业方面，家乐福的做法是将仓库、财务、OP、营业部门的功能和供应商的数据整合在一起，从统一的视角来考虑订货、收货、销售过程中的各种影响因素。因此，看家乐福仓储作业的管理，就必须联系它的OP、财务、营业部门来看，这是一个严密的有机体。仓库在每日的收货、发货之外会根据每日存货异动的资料、存量资料的数据传输给OP部门，OP则根据累计和新传输的资料生成各类分析报表。同时，家乐福已逐步用周期盘点（Cycle Count）代替传统一年两次的“实地盘点”。在实行了周期盘点后，家乐福发现，最大的功效是节省了一定的人力、物力、财力，没有必要在两次实地盘点的时候大规模的兴师动众了；同时，盘点的效率得到了提高。

四、账务管理阶段

账务管理是物料管理循环的最后一个环节，但同时也是下一个循环的开始。它包含两部分内容：一是指仓储管理人员的收发料账；另一部分则是财务部门的材料账。对于这两类账的日常登记、定期的检查汇总，称之为物料的账务管理。账务管理最主要的目标是保证料、账准确，真实反映库存物料的情况。

家乐福的做法是从整体的角度出发，考虑仓库、财务、采购各个部门的职责和功能，减少不必要的流程，最大限度地提高效率和减少工作周期。在家乐福，账务管理的基本结构包括三个部分：一是库存管制，由仓管制订；二是异动管理，由OP部门负责入库、出库、物料增减情况的登录；三是库存资讯，包括库存量查询在内，OP提供有关管理需求的账面报表，财务提供有关财务需求的报表。

项目一 门店进货作业管理

商品是门店的生命体，商品的进、销、存循环，犹如人体的新陈代谢，新陈代谢循环正常，身体就健康。同样的，商品的进、销、存循环顺畅，门店的生意自然兴旺。

门店的进货作业管理主要包括订货、进货、收货、退换货和调拨等。

一、订货作业

1. 订货作业流程

门店的订货作业是指门店依据订货计划向总部配送中心或总部所指定的供应商及自行采购单位进行要货的活动。正确订货是门店营运中重要的环节，连锁门店必须根据店内库存和实际销售情况及公司总部促销档期合理安排向总部要货，或自行向由总部统一规定的供货商订货。订货流程见图2－1。

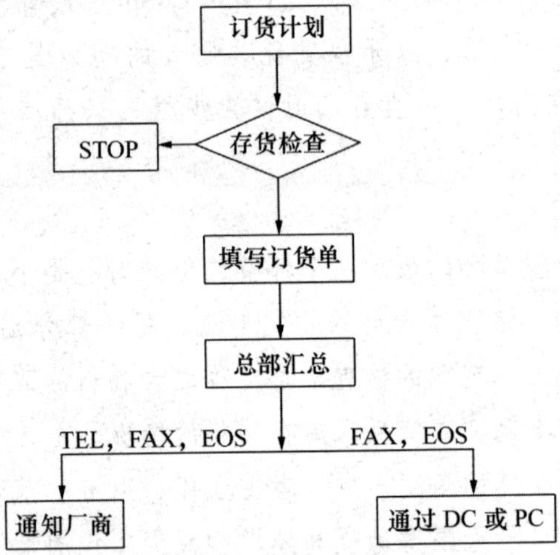

图2－1　连锁门店订货作业流程

一般来说，连锁总部会统一规定各个门店每天的订货时间，以保证订货作业的计划性。可采用的人工、电话、传真、电子订货系统等多种订货方式。随着我国连锁经营规范化的发展，最终将采用EOS订货系统。订货信息汇总总部或传达厂商后，由总部来配送商品或由厂商直接配送。

【开拓视野】

EOS 订货系统

EOS是指企业间利用通讯网络和终端设备以在线联结（On-line）方式进行订货作业和订货信息交换的系统。EOS按应用范围可分为企业内的EOS（如连锁店经营中各个连锁分店与总部之间建立的EOS系统）、零售商与批发商之间的EOS系统以及零售商、批发商和生产商之间的EOS系统。

2. 订货作业流程中应注意的事项

门店在订货作业流程中应注意以下事项。

（1）存货检查。店长应随时注意检查卖场和门店仓库的存货，若存货低于安全存量或遇到门店做促销活动、节假日之前，都应考虑订货。在检查存货时，还应注意检查现有存货的有效期和商品品质。

（2）适时订货。门店订货必须注意时效性。因为在每天营业销售时不可能进行随时订货，而且供应商也不可能随时接受订单，随时发货。一般连锁企业总部都规定了门店每天的订货时间范围，只要过了这一时间范围，就视为逾期，将作次日订单。

（3）适量订货。订货量的决定非常复杂，须考虑的因素主要包括：商品每日的销售量、订货至送达门店的前置时间、商品的最低安全存量、商品的规定订货单位等（最低安全库存见图2－2）。而在实际操作时，还要根据不同门店的实际情况来订货。现在国内一些连锁企业已尝试进行单品的进、销、存管理，即每日电脑会自动列出订货建议单，门店参考之后再决定订货量。

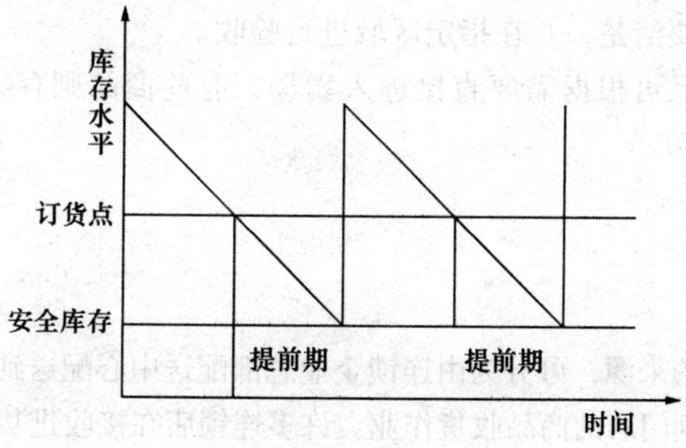

图2－2　安全库存示意

二、进货作业

1. 进货作业流程

进货作业是依照订货作业由供应商或配送中心将商品送达门店的作业。进货作业对供应商或配送中心来说就是“配送”，而对门店来说，其作业的重点就是验收。进货作业流程见图2－3。

2. 进货作业流程中应注意的事项

进货作业流程中应注意以下事项。

● 严格遵守时间。进货时间的确定应考虑供应商的作业时间、交通状况、营业需

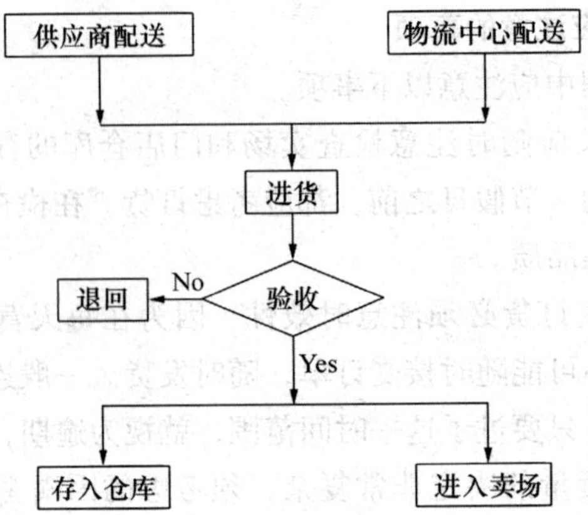

图2－3　连锁门店进货作业流程

要等。

- 先办退货再办进货，以免退换商品占用门店的仓位。
- 验收单、发票要齐备。
- 商品整理分类要清楚，并在指定区域进行验收。
- 验收后有些商品可根据需要直接进入卖场，有些商品则存入内仓或进行再加工后，再送入卖场。

三、收货作业

收货作业按进货的来源，可分为由连锁企业总部配送中心配送到门店的商品收货作业和由供应商直接配送到门店的商品收货作业。许多连锁店在接收进货过程中都出现过被欺骗而遭受很大损失的情况，所以无论商品是由连锁企业总部配送中心配送到门店，还是由供应商直接配送到门店，收货工作都需要一些受过良好训练、熟悉整个门店运营的员工。

收货作业时应注意：适当安排供应商的送货时间，避免在营业高峰时间进货；不要一次同时验收几家供应商的货物；不可直接送至仓库；不允许由供货商独自清点商品。具体有如下几点。

1. 由总部配送中心配送商品的收货作业

在连锁经营初期，某些连锁企业商品供应计划体系还不完善，那么各连锁门店在收到配送中心分批分类的商品时，还应该按规定的质量标准和验收项目验收，确保没有假冒伪劣、过保质期的或不符合要求的商品，从而保证售出商品的品质和数量。

对于相关商品开发、供货系统构建和管理技术水平等方面达到一定程度的连锁企业，则可不当场清点，仅由门店验收员盖店章及签收即可，以提高配送效率。事后店内自行清点，若发现数量、品项、规格与订货不一致时，可通知总部再补送。这种办法相对较简便，但可能会产生一些实际问题。

2. 由供应商直接配送到门店的商品收货作业

建立并公布一个既方便供应商也方便门店的收货进程表（按天和小时）是非常重要的，其中，应规定所有供应商直送商品必须由门店指定的出入口进入。

在收货验收时，不能同时验收几家厂家的商品，要求进货单位和货物必须有规律地排列，以便验收人员能比较系统有序地核查所有订购的货物。

要核对进货单据与订货单上所开列的商品品名、规格、金额是否相符；核对进货单据与实物是否相符，检查是否有赠品搭配；如果订货单上该商品的数量在20箱以上，可以抽查，一般开箱检查率为30%。发现有拆箱或其他异常情况时，应予全部清查。验收合格后，方可在进货单据上签字、盖章。

四、退换货作业

退换货作业可与供应商或配送中心进货作业相配合，利用进货回程顺便将退换货带回。退换货作业一般定期办理，以提高其作业效率。

1. 退换货的原因

退换货的原因有：商品品质不良、门店订错货、供货商送错货、过期商品、顾客申请退换的商品和总部明确规定的滞销品等。

2. 办理退换货作业的注意事项

- 供应商确认，即先查明待退换商品所属供应商或送货单位。
- 清点整理退调商品，妥善保存，一般整齐摆放在商品存放区的一个指定地点，而且这些商品应按供应商或送货单位分别摆放。
- 填写退换货申请单，注明其数量、品名及退货原因。
- 迅速联络供应商或送货单位办理退换货。
- 退货时确认扣款方式、时间及金额。

五、调拨作业

调拨作业是连锁企业门店之间的作业，它是某门店发生临时缺货，且供应商或配送中心无法及时供货，而向其他门店调借商品的作业。

1. 调拨发生的原因

发生调拨的原因有，门店销售急剧扩大而存货不足、供应商送货量明显不足和顾客临时下大量订单等。

2. 调拨的作业流程

调拨作业的流程如图 2－4 所示。

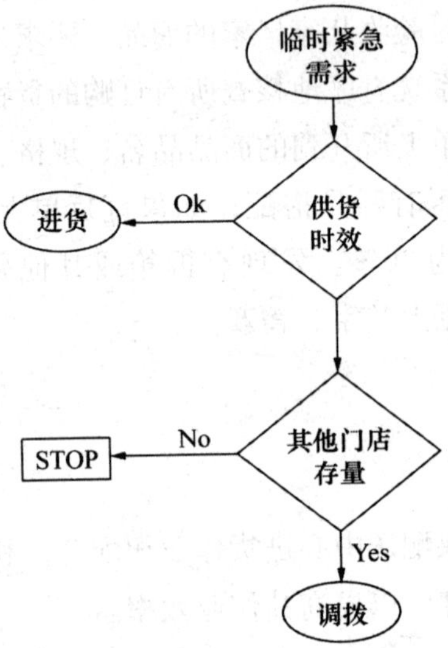

图 2－4　连锁门店调拨作业流程图

3. 调拨前注意的事项

- 若是临时大量订单，门店在接单前最好先联系一下其他的门店，确认可调拨数量是否足够，不要任意接单，而影响连锁企业的商誉。
- 门店之间的商品调入与调出，必须在双方店长同意下才能进行。
- 调拨车辆安排、工作人员与时间安排。

4. 调拨时注意的事项

- 必须填写调拨单，拨入、拨出门店均须在其上签名确认。
- 拨出或拨入时均须由双方门店验收检查并确认。
- 调拨单一式两联，第一联由拨出门店保管，第二联由拨入门店保管。
- 调拨单须定期汇总送至总部会计部门，以配合账务处理。

5. 调拨后注意的事项

- 拨入、拨出门店均须检查存货账与应付账是否正确。
- 拨入门店应重新考虑所拨入商品的最低安全存量、每次订货量以及货源的稳定性，尽量避免重复发生类似事件。

项目二

商品陈列管理

商品陈列是指把具有促进销售技能的商品摆放到适当的地方，其目的是创造更多的销售机会，从而提高门店的销售业绩。陈列是一种综合性艺术，是广告性、艺术性、思想性、真实性的集合，是消费者最能感受到的时尚艺术。在陈列展示的过程中，陈列设计不仅要展示商品，更要陈列生活的方式。

科学的商品陈列可以起到如下的作用：增加销售利润；陈列美观、突出企业形象；改善商品库存；促进消费者的购买欲望；充分利用卖场空间。

连锁企业门店的商品陈列已改变了传统商店的陈列方式。传统商店以简单悬挂和摆放为主，较少运用各种展示设施艺术地进行商品陈列。而现代连锁企业不仅重视商品陈列的艺术性和科学性，而且讲求商品陈列的统一模式，其科学的、统一的商品陈列，会给顾客留下深刻的印象和美好的感觉。现代连锁门店成为家庭主妇、儿童、学生、单身汉等乐于光顾的场所。据统计，国内的连锁企业如能正确运用好商品的配置管理和陈列技术，其销售额在原有的基础上至少能提高10%。因此，商品配置管理与陈列技术可以说是提高连锁企业销售业绩的利器。

【开拓视野】

30瓶酸奶为何销售一空

一位女高中生在7－11的店铺中打工，由于粗心大意，在进行酸奶订货时多打了一个零，使原本每天清晨只需3瓶酸奶变成了30瓶。按规矩，应由那位女高中生自己承担损失——意味着她一周的打工收入将付之东流，这就逼着她想方设法地争取将这些酸奶赶快卖出去。冥思苦想的高中生灵机一动，把装酸奶的冷饮柜移到盒饭销售柜旁边，并制作了一个POP，写上“酸奶有助于健康”的字样。

令她喜出望外的是，第二天早晨，30瓶酸奶不仅全部销售一空，而且出现了断货。谁也没有想到这个小女孩的戏剧性的实践带来了7－11的新的销售增长点。从此，在7－11店铺中酸奶的冷藏柜便同盒饭销售柜摆在了一起。由此可见，商品陈列对于商品销售的促进作用是十分明显的。

一、商品配置

基本统一的商品陈列模式是连锁企业确立统一企业形象的一部分。在进行商品陈列之前，首先必须确定各类商品按什么样的结构比例进行配置，每种商品应配置在卖场中什么位置。简单地说，首先应解决商品配置问题，它直接关系到连锁企业经营的成败。因此，商品配置不当，会使顾客感觉到找不到或根本没有所需要的商品，而不想要的商品却太多，这样，不仅商品白白占据了陈列货架，也积压了资金，导致连锁经营的最终失利。

1. 商品的归类

连锁企业首先应对所经营的商品进行归类，将其划分为若干个商品群，也可考虑把几种归类方法结合起来，对商品配置与陈列进行整体规划。这是连锁企业总部对门店内进行统一商品配置的前提。

（1）按商品的最终用途归类。许多连锁企业根据商品的特性和一般最终用途进行归类，并加以有效的选择和组合进行商品陈列，从而显示出商品的魅力和价值感。例如，男子服饰连锁门店可以将商品归类为：衬衫——领带——领带夹；T恤衫——休闲裤——薄型袜子；运动装——休闲装，皮鞋——鞋油等。

（2）按细分市场归类。即按商品的具体目标市场来归类。例如，商圈范围较大的大型女性服饰连锁门店可分为婴儿部、少女部、淑女部和中老年部等部门。

（3）按存放要求归类。即根据商品所必需的存放条件进行分类。例如，连锁经营的西饼屋可分为室温存放部分、冷藏部分、冷冻部分等。

（4）按消费者的购买习惯和选择条件归类。这种归类方法根据顾客购买频率和愿意花费的购买时间进行分类。

第一类为方便性商品。这类商品大多属于人们日常必需的功能性商品，如香烟、糖果、化妆品之类的商品，大多数消费者都希望成交快捷、方便，而不会花费太长时间进行研究比较。

第二类为选购性商品。这类商品大多属于能使消费者产生快感或美感的商品，如服装、佩件、饰品等商品，消费者对于这类商品的选购多属于冲动性购买，往往比较注重其款式、设计、品质等方面的心理效用，通常把商品的属性与自身的欲望综合考虑后，最后作出购买决定。

第三类为特殊性商品。这类商品通常是消费者花费较长时间进行周密考虑或与家人、朋友协商后，才采取购买行动的商品，如彩电、空调器、电脑、古董等物品，因此这类商品往往是功能独特的名贵商品。

2. 商品配置的面积分配

连锁企业的商品规模巨大，门店经营的商品品种多、门类多，如在连锁超级市场中，食品类就囊括了传统的食品店、南北货店、水果店等商品，而工业品则包括百货、家用电器、各类服装等商品。分配各类商品的配置面积有两种方法，即陈列需要法和利润率法，现代连锁企业往往结合这两种方法进行商品的面积分配。

（1）陈列需要法。这是一种传统的面积分配法，即连锁门店根据某类商品所必需的面积来定。服装店和鞋店比较适宜采用此法。

（2）利润率法。就是商店根据消费者的购买比例及某类商品的单位面积利润率来定，连锁超市和书店比较适宜采用此法。

表 2－1 是某连锁超市的商品面积分配情况。

表 2－1　某连锁超市的商品面积分配

商品部门	面积比例	商品部门	面积比例
水果蔬菜	10%～15%	糖果饼干	10%
肉食品	15%～20%	调味品与南北货	15%
日配品	15%	小百货与洗涤用品	15%
一般食品	10%	其他用品	10%

表 2－1 的面积配置考虑到了我国居民消费支出的大致比例，也考虑了在恩格尔系数降低的情况下，我国居民食品消费质量的提高在主副食品结构调整上的变化。当然，这个面积配置不是绝对的，中国幅员辽阔，每个地区的消费水平差异较大，消费习惯也不尽相同，因而每个经营者必须根据自己所处商圈的特点及竞争的状况，作出商品面积配置的抉择。

3. 商品的位置配置

针对各业态连锁门店商品种类繁多的特性，商品位置的配置按消费者的购买习惯来确定较好，并且相对地固定下来，方便消费者的寻找。对于所有连锁门店，则可以保持基本统一，这样不仅方便连锁店总部的标准化管理，而且能以此加强消费者记忆，增强整个连锁体系在消费者心目中的地位。对于多层建筑的连锁门店来说，商品位置的配置包括确定各楼面经营内容和进行每一层的布局，而单层门店仅需考虑后者。

（1）各楼层经营内容的安排。各楼层经营内容的安排一般应遵循自下而上客流量依次减少的原则。这样的安排可以依次分散客流量，减少不必要的拥挤。例如，一个大型的连锁经营百货商店可按表 2－2 所示安排各楼层经营商品的类别。

表 2-2　　大型连锁门店各层商品配置

层数	配置原则	经营商品类别
1	宜布置购买频率高、选择商品时间相对短的商品	化妆品、针织品、灯具、羊毛衫等
2~3	宜布置商品选择时间较长、价格稍高一些的商品	服装、鞋帽、纺织品、眼镜、钟表等
4~5	运用综合配套陈列方法来布置多种专业性的商品	床上用品、照相器材、家具、餐具等
6	宜布置购买频率相对低、存放面积较大的商品	彩电、组合音响、电脑、运动器材等

（2）门店每一层商品位置的配置。长期的行走习惯使消费者在购物时也不自觉地沿着逆时针方向行走，因此在一个有许多支道的门店里，根据一般日用品挑选性弱和男性购买商品求速求便、不愿花时间进行研究比较的心理要求，日用品和一些男性用品通常应摆放在卖场的各个逆时针方向的入口处；而根据某些商品挑选性强和女性购买商品较挑剔、一般花较多时间的特点，这类商品和妇女用品通常应摆放在距离逆时针入口处较远的地方；而玩具商品一般陈列在儿童易见易动的地方；畅销或有特色的商品陈列在卖场显眼的地方。在西方，也有些连锁门店把热门商品放在一般的货架上，而把那些一般商品放在顾客最容易看到的地方。试验证明，销路差的商品移到同顾客眼睛平行的货架上，销量可以增加 20%。当然，如果为了加速资金周转和获得更多利润，则需要把那些价格贵、利润高的商品放在卖场中最显眼的地方。

对于连锁门店商品位置的配置，应该按照消费者每日所需商品的顺序作出规划，也就是说，按照消费者的购买习惯来分配各种商品的摆放位置。一般来说，每个人一天的消费总是从“食”开始，所以连锁门店可以考虑以菜篮子为中心设计商品位置的配置。

通常消费者到超级市场购物的顺序是这样的：蔬菜水果——日配品——畜产、水产类——冷冻食品类——调味品类——饮料类——速食品类——糖果饼干类——日用杂品类。商品位置的配置见图 2-5 所示。

为了配置好卖场内的商品，可以将经营的商品划分为以下七个商品部。

①面包及果菜品部。这一部门常常是卖场的高利润部门。由于顾客在购买面包时也会购买部分蔬菜、水果，所以，面包和果菜品可以采用岛式陈列，也可以沿着超级市场的内墙设置。

②肉食品部。购买肉食品是大多数顾客光顾超级市场的主要目的之一，肉食品一般应沿着超级市场的内墙摆放，方便顾客一边浏览一边选购。

③冷冻食品部。冷冻食品主要用冷柜进行陈列，它们的摆放既可以靠近蔬菜，也可以放置在购物通道的最后段，这样冷冻食品解冻的时间就最短，给顾客的携带提供了一定的便利性。

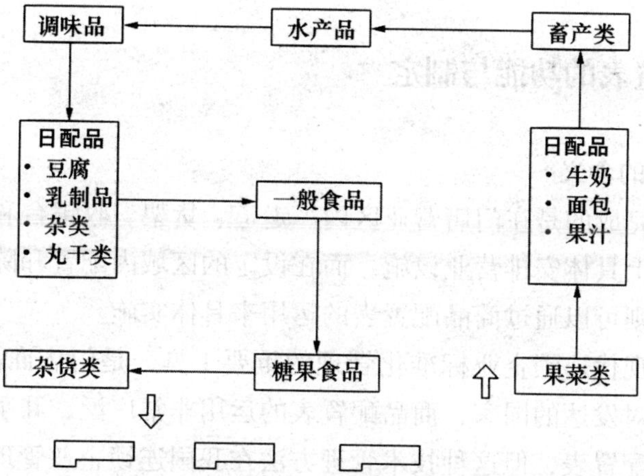

图 2－5　连锁门店商品位置配置

④膨化食品部。膨化食品包括各种饼干、方便面等。这类食品的存放时间较长，只要在保质期内都可以销售。它们多被摆放在超级市场卖场的中央，用落地式的货架陈列。具体布局以纵向为主，突出不同的品牌，满足顾客求新求异的偏好。

⑤饮料部。饮料与膨化食品有相似之处，但消费者更加注重饮料的品牌。饮料的摆放也应该以落地式货架为主，货位要紧靠膨化食品。

⑥奶制品部。超级市场中的顾客一般在其购买过程的最后阶段才购买容易变质的奶制品。奶制品一般摆放在蔬菜水果部的对面。

⑦日用品部。日用品包括洗涤用品、卫生用品和其他日用杂品，一般摆放在超市卖场的最后部分，采用落地式货架，以纵向陈列为主。顾客对这些商品有较高的品牌忠诚度，他们往往习惯于认牌购物。这类商品的各种价格方面的促销活动，会使顾客增加购买次数和购买量。

采用敞开式销售方式的连锁门店，在进行商品陈列前，首先应该对商品的排列位置进行科学分配，即如何在有限的营业面积上陈列较多的商品，从而提高货架的使用率。这就需要有商品配置表，把商品陈列的排面在货架上作最有效的分配，并以书面表格形式画出来。

【开动脑筋】

大卖场和一般小超市在生鲜食品的摆放位置上有什么不同？摆放生鲜食品时要考虑什么因素？

二、商品配置表的功能与制定

1. 商品配置表的含义

卖场布局主要完成的是在门店营业区内、走道、货架、收银台和大类商品的区域位置设定，在此基础上具体安排营业设施，而在设定的区域内配置和陈列什么商品，怎样配置和陈列商品，则可以通过商品配置表的运用来具体实施。

商品配置表是现代连锁企业标准化管理的重要工具，是门店商品陈列的基本标准。在美、日零售业相对发达的国家，商品配置表的运用非常广泛，几乎每家连锁企业的每一个门店都有商品配置表，但这种技术管理方法在我国连锁企业管理中运用的普遍性较低，这将直接影响现代连锁企业门店卖场中的商品管理。

商品配置表的英文书写是 facing，日文名称是棚割表。英文 facing 的意思是指对商品货架陈列排面作恰当的管理；日文棚割表中，棚是指陈列用的货架，割是指适当的分割配置，也就是商品在货架上适当配置的意思。因此，商品配置表的含义，是把商品陈列的排面在货架上作最有效的分配，以书面表格形式画出来。在当今信息时代，商品配置表可以通过电脑来制作和不断修改。

2. 商品配置表的管理功能

（1）有效控制商品品项。每一个连锁企业门店的卖场面积都是有限的，所能陈列的商品品项也是有限的，为此就要有效地控制商品的品项数。使用商品配置表，就能获得有效控制商品品项的效果，使卖场效率得以正常发挥。

（2）商品定位管理。卖场内的商品定位，就是要确定商品在卖场中的陈列方位、在货架上的陈列位置以及所占的陈列空间。定位管理是卖场管理非常重要的工作，为了使陈列面积（即货架容量）能得到有效利用。如不事先画好商品配置表，无规则地进行商品陈列，就无法保证商品持续一致、有序、有效的定位陈列。

（3）商品陈列排面管理。这是指提出商品配备和陈列的方案，从而规划好商品陈列的有效货架空间范围。在连锁企业门店所销售的商品中，有的商品销售量很大，有的销售量则很小，因此可用商品配置表来安排商品的排面数。通常，畅销商品给予多的排面数，也就是占的陈列空间大，而销售量较少的商品则给予较少的排面数，即其所占的陈列空间也较小。对滞销商品则不给排面，可将其淘汰出去。商品陈列的排面管理对于连锁门店提高卖场的商品销售效率，具有相当大的作用。

（4）畅销商品保护管理。在连锁企业门店中，畅销商品的销售速度往往很快，若没有商品配置表对畅销商品排面进行保护管理，常常会发生这种现象：当畅销商品卖完了，又得不到及时补充时，就易导致较不畅销商品甚至滞销品占据畅销商品的排面，逐步形成了滞销品驱逐畅销品的状况。这种状况会降低门店对顾客的吸引力，在没有商品配置表管理的连锁超市、便利店中，这种状况时常发生。实施商品配置表管理后，畅销商品的排面会得到保护，滞销品驱逐畅销品的现象会得到有效控制和避免。同时，畅销商品排面的空缺和不足是连锁企业总部检查门店商品补货与商品陈列质量的重点，成为连锁企业不断发现和分析畅销商品断档原因并加以改进的“关注点”。

（5）商品利润的控制管理。连锁企业门店销售的商品中，还有高利润商品和低利润商品之分，利润高的商品的销售量提高了，连锁企业的整体赢利水平就会上升。每一个经营者总是希望把利润高的商品放在好的陈列位置，而把利润低的商品配置在差一点的位置，来控制商品销售品种结构，从而既保证了企业的利润又保证商品供应的齐全性和消费者对商品的选择性。这种商品利润控制的管理法，需要依靠商品配置表来给予各种商品妥当贴切的配置陈列，保证所有类似门店货架分配的基本统一，最终达到提高连锁企业整体利润水平的目的。

（6）连锁经营标准化管理的工具。连锁企业有众多的门店，达到各门店的商品陈列基本一致，促进连锁经营工作的高效化，是连锁企业标准化管理的重要内容。有了一套或几套标准化的商品配置表，就能使整个连锁体系内的陈列管理比较易于开展；同时，商品陈列的调整和新产品的增设，以及滞销品的淘汰等管理工作的统一执行，就会有计划、有蓝本、高效率地开展。

3. 制作商品配置表的准备工作

（1）商品陈列货架的标准化。商品配置表主要适用于其所有门店采用标准化陈列货架的连锁企业。而货架的标准视连锁企业门店的场地和经营者的理念而定。使用标准统一的陈列货架，在对所有门店每一分类的商品进行配置与陈列管理时，就不需要对每一个门店都作一种配置或一种陈列。

各种业态模式的连锁企业应该使用符合各自业态的标准货架。例如，传统食品超市和标准食品超市通常使用的是小型平板式货架（高度为1.6米左右），大型综合超市使用的是大型平板式货架（高度为1.8~2.0米左右），仓储式商场使用的则是高达6~8米的仓储式货架，便利店使用的是高度仅1.3米的货架，专卖店使用的货架视卖场的区域不同而发生相应的变化。降低高度是当前连锁企业货架标准化的一个世界性趋势，其目的是为了增加消费者的可视度和伸手可取度。

（2）商圈与消费者调查。商圈调查主要是弄清连锁企业各门店所属地区的市场容量、潜力和竞争者状况。消费者调查主要是掌握商圈内消费者的收入水平、家庭规模结构、购买习惯、对商品与服务的需求内容等。经营者可根据这些调查所得的资料，构思该店要经营什么样的商品。尤其是欲在激烈的市场竞争中脱颖而出的连锁企业，注意同业的差异性尤为重要。例如，连锁超级市场就必须确立其门店的目的地品种，即优势品，这些品种针对的是最有消费潜力的目标消费者，这对于提高其连锁门店的竞争实力是极其重要的。

（3）单品项商品资料卡的设立。在连锁企业的信息系统中，要设立每一个单品项商品的信息资料卡，如该商品的品名、规格、尺寸、重量、包装材料、进价、售价、供货量等相关信息。这些信息资料对制作样品配置表是相当重要的，经常会被调用，因而一般将这些信息资料分门别类地建立在电子档案内。从这些资料中，可以分析确定商品周转率的高低、商品毛利的高低，以及高单价、高毛利的商品。

（4）配备商品配置实验架。商品配置表的制作必须要有一个实验阶段，即采购部人员（许多连锁企业已设置了专门负责此项工作的货架管理员）在制作商品配置表时，应先在实验货架上进行试验性陈列，从排面上来观察商品的颜色、高低或某些商品容器的形状是否协调，是否对消费者具有一定的吸引力。如果缺乏吸引力，则可立即进行调整，直至协调和满意为止。

4. 商品配置表的制作程序

商品配置表的制作始于市场调查研究，终于门店卖场销售效果评估。其程序基本如下。

（1）分类陈列尺寸的决定。首先，由采购部会同门店人员共同讨论决定制作出大类商品配置图，即每一个商品大类在连锁企业门店卖场中所占的营业面积及配置位置。当商品经营的大类配置完成后，采购人员就将每一个中分类商品安置到各自归属的大类商品配置图中去。也就是每一个中分类商品所占的营业面积和占据陈列货架的数量首先要决定下来，这样才能进行单品项商品配置。例如：在连锁超级市场中，膨化类食品要配置高 165 厘米、长 90 厘米、宽 35 厘米的单面货架三座。这样决定后，才能知道具体可配置多少量的单品项商品。完成了商品大类和中分类的商品配置图之后，才能进入制作商品配置表的实际工作阶段，即决定单品项商品如何进人卖场。

（2）单品项商品陈列量的确定。单品项商品陈列量应与订货单位结合考虑。例如，一般来说由配送中心送配货的连锁门店，其卖场和内仓的商品量是日销售量的 1.5 倍或其倍数，对每一个单品项商品来说也是如此，即一个商品平均日销售量是 12 个，则商品量为 30 个。但每一个商品的陈列量还须与该商品的订货单位一起进行考虑，其目的是减少内仓的库存量，加速商品的周转，每个商品的陈列量最好是 1.5 倍的订货单位。例如，一个商品的最低订货单位是 12 个，则其陈列量设定在 18 个，该商品第一次进货为 2 个单位计 24 个，18 个上货架，6 个进内仓，当全部商品最后只剩下货架的 6 个时，再进一个订货单位 12 个，则商品可以全部上货架，而无须再放进内仓，做到内仓的零库存。一个连锁门店的商品需要量与日销售额的比例关系是该店销售的安全保有量，而单品项商品的陈列量与订货单位的比例关系，则是在保证每天能及时送货的条件下的一种零库存配置法。

（3）根据商品的陈列量和陈列面积确定相应的货架数量。商品的陈列量和陈列面积是和商圈调查相联系的，例如，热销商品、流行性商品、常用商品、应季商品可适当加大其陈列面积。同时，根据每个商品包装的要求和外形尺寸来具体确定每个货架层面板之间的间距、陈列商品的货架位置和商品数量以及其他配件的数量及位置。

（4）商品的陈列位置与陈列排面数的安排。决定单品项商品具体陈列位置和在货架上的排面数，这一工作必须遵循有关商品陈列的基本原则，运用好商品陈列的多种技术。如商品配置在货架的上段、黄金段、中段还是下段等，同时还须考虑到经营企业的采购能力、配送能力、供应厂商的合作以及连锁企业自我形象的塑造等诸多因素，只有这样，才能将商品配置好。例如，品种目标货位的确定，就比较多地考虑到这类商品消费者的购买习惯，一般在卖场显眼处设专柜和专架陈列。

除了商品位置配置合理外，第一排的商品数目要适当。要根据每种商品销售个数来确定面朝顾客一排商品的个数。一般来说，第一排的商品个数不宜过多，如个数过多，一个商品所占用的陈列面积就会过大，相应的商品的陈列品种率就会下降，在客观上也会使顾客产生卖场在极力推销该商品的心理压力，造成顾客对该商品的销售抵抗，但促销商品除外。

（5）特殊商品用特殊陈列工具。对需要特殊陈列的商品，不能一味强调货架的标准化而忽视了特殊商品特定的展示效果。例如，在连锁超级市场的经营中发现，消费者对整齐划一和标准的陈列普遍感到有些乏味，因此，在卖场的适当位置，运用特殊的陈列工具配置特殊商品，可以调节卖场的气氛，从而改变商品配置和陈列的单调感。有些商品供应商因促销的目的，而将商品附上赠品包装在一起，使其产生了尺寸的变化，因而这些商品应尽量避免陈列在正常的货架中。如果这些商品属于畅销品，可用展示陈列或端架陈列进行销售；如果不是很畅销，则不必进行特殊陈列，可以将原来的陈列面缩小，比如原来是两个陈列面，改为一个陈列面。

（6）商品配置表的设计。一般在制作商品配置表时，先作货架的实验配置，达到满意效果后才最后制作商品配置表。商品配置表是以一座货架为基础制作的，有一个货架就应有一张商品配置表。商品配置表格式的设计，只要确定货架的标准，再把商品的品名、规格、编码、排面数、售价表现在表格上即可。也有的把商品的形状画到表格上，但这些必须借助于电脑来设计，这就对货架管理人员提出了更高的技术要求。

表 2 - 3 是一个连锁超市商品配置表的设计示例，其货架的标准是：高 180 厘米，宽 90 厘米，五层陈列面。

表 2-3　　经常项目变化情况

商品分类 No.　　洗衣粉（1）	
货架 No. 12　　制作人：	

<table>
<tr><td rowspan="6">货架高（厘米）
180
170
160
150
140
130
120
110
100
90
80
70
60
50
40
30
20
10</td><td colspan="2">白猫无泡洗衣粉
1000 克
4F　12001　12.2</td><td colspan="2">奥妙浓缩洗衣粉
750 克
4F　12005　12.2</td><td colspan="2">奥妙浓缩洗衣粉
500 克
4F　12006　8.5</td></tr>
<tr><td colspan="3">白猫无泡洗衣粉
500 克
2F　12002　6.5</td><td colspan="3">奥妙超浓缩洗衣粉
500 克
3F　12007　12.5</td></tr>
<tr><td colspan="3">白猫无泡洗衣粉
450 克
2F　12003　2.5</td><td colspan="3">奥妙手洗洗衣粉
180 克
6F　12008　2.5</td></tr>
<tr><td colspan="3">佳美两用洗衣粉
450 克
4F　12004　2.5</td><td colspan="3">碧浪洗衣粉
200 克
6F　12009　2.8</td></tr>
<tr><td colspan="3">奇强洗衣粉
500 克
4F　12011　12.8</td><td colspan="3">汰渍洗衣粉
450 克
4F　12010　4.9</td></tr>
</table>

货架宽（厘米）　10　20　30　40　50　60　70　80　90

商品代码	品名	规格	售价	单位	位置	排面	最小库存	最大库存	供应商
12001		1000	12.2	桶	E1	4	3	8	
12002		500	6.5	袋	D1	2	15	30	
12003		450	2.5	袋	C1	2	20	32	
12004		450	2.5	袋	B1	4	32	50	
12005		750	18.5	盒	E2	4	12	40	
12006		500	8.5	盒	E3	4	8	20	
12007		500	12.5	袋	D2	3	15	45	
12008		180	2.5	袋	C2	3	25	90	
12009		200	2.8	袋	B2	6	35	90	
12010		450	4.9	袋	A2	4	4	40	
12011		500	12.9	袋	A1	4	12	42	

5. 商品配置表的修正

连锁企业总部一旦制定了标准化的商品配置表后，下属各门店就必须严格执行。但是，商品的配置并不是永久不变的，必须根据市场的变化、所销售商品的变化以及连锁企业本身的经营状况作相应的调整。商品配置表的修正一般按固定的时间来进行，可以是一个月、一个季度修正一次，一年大变动一次，同时也要考虑连锁企业不同的业态模式以及不同的季节、时令、促销等因素，并作为修正商品配置表的依据，但是不宜随意进行修正。因为随意地修正会造成商品配置凌乱和不易控制的现象。

商品配置表的修正可按如下程序进行。

（1）统计商品的销售情况。连锁企业必须对下属门店每月的商品销售情况进行统计分析，现代连锁企业门店都配有 POS 系统，它会根据商品的进货量和库存量很快统计出商品的销售情况。统计的目的是要找出哪些商品是畅销品，哪些商品是滞销品。

（2）滞销商品的淘汰。经销售统计可确定出滞销商品，但商品滞销的原因很多，可能是商品质量问题，也可能是商品的定价不当、商品陈列的位置不理想，或是受销售淡季的影响，更有可能是某些供应商的促销配合不好等。当弄清楚商品滞销的真正原因以后，要确定该滞销的状况是否可能改善，如无法改善就必须坚决淘汰，不能让滞销品占据货架而产生不出效益来。

（3）畅销商品的调整和新商品的导入。对畅销商品的调整，一是适当增加其陈列的排面，二是调整其卖场位置及在货架上的段位。对由于淘汰滞销商品而空出的货架排面，门店应导入新商品，以保证货架陈列的充实量。

（4）商品配置表的最后修正。在确定了滞销商品的淘汰、畅销商品的调整和新商品的导入之后，这些修正必须以新的商品配置表的制定来完成。修改一个品项有时可能会牵动整个货架陈列的修改，但为了优化连锁企业的商品结构，虽然烦琐也要做，这是不可避免的。

三、商品陈列的基本原则

有效的商品陈列可以引起消费者的购买欲，并促使其采取购买行动，从而创造更多的销售机会，提高销售业绩。在商品的销售中，不仅要让顾客清楚地了解什么样的商品在什么地方，更重要的是要让商品的陈列达到商品自己向顾客充分地展示自己，起到最充分地促销自己的效果。所以，连锁门店在做商品陈列时必须遵循一些基本的原则。

1. 安全性原则

排除非安全性商品（如超过保质期的、鲜度低劣的、有伤疤的、味道恶化的商品），保证陈列的稳定性，保证商品不易掉落，应适当地使用盛装器皿、备品。

2. 易见、易取原则

易见，就是商品陈列容易让顾客看见，一般以水平视线下方20度点为中心的上10度、下20度范围，为容易看见的部分。因为超级市场出售的商品绝大部分是包装商品，包装物上都附有商品的品名、成分、重量、价格等说明资料，商品在货架上的易见是销售达成的首要条件。所以，要使贴有价格标签的商品的正面面向顾客。在使用了POS系统的超级市场中，一般不直接在商品上贴价格标签，所以该商品价格牌必须准确制作并把位置摆放好。每一种商品都不能被其他商品挡住视线。货架下端不易看清的陈列商品，可以倾斜式陈列。

易取，就是商品陈列容易让顾客触摸、拿取和挑选，这就对陈列商品的货架高度提出了要求。货架的高度可分为五段：中段为手最容易拿到的高度，男性为70～160厘米，女性为60～150厘米，这个高度被称为“黄金位置”，一般用于陈列主力商品或超级市场有意推广的商品。次上端为手可以拿到的高度，男性为160～180厘米，女性为150～170厘米，一般陈列次主力商品。次下端同样为手可以拿到的高度，男性为40～70厘米，女性为30～60厘米，主要陈列次主力商品，一般都是顾客需屈膝弯腰才能拿到的商品，所以位置比次上端稍差。上端为手不易拿到的高度，男性为180厘米以上，女性为170厘米以上，一般用于陈列低毛利、补充性和体现量感的商品，还可以有一些色彩调节和装饰陈列，常用于陈列成箱包装的商品。下端男性为40厘米以下，女性为30厘米以下，其所陈列的商品基本与上端相同。

另外，要符合易取的原则，还要做到陈列的商品与上隔板保持一定的间距。货架上商品的陈列要放满，但不是说不留一点空隙，如不留空隙，顾客在选择商品时就会感到不方便。所以，应该在陈列商品时与上隔板之间留有3～5厘米的空隙，让顾客的手容易进入。

【开拓视野】

商品的最佳摆放位置

通常情况下，人们无意识的观望高度为0.7～1.7米，上下幅度为1米，而且最容易引人注意的是与视线大约成30度角的范围内的物品。销售人员可根据顾客的观望高度与视角，在有限的空间里把商品陈列在最佳的位置上。

有些商品在仰视角度更能吸引人，如工艺礼品、时装等。有些商品在俯视角度更能吸引人，如化妆品、金银首饰等。而有些商品尤其是儿童玩具，如果陈列位置过高，无法引起儿童的足够兴趣，应该低一点，没有遮挡物，儿童可一览无遗，才能激起儿童对它的拥有欲望，促使家长实施购买行为。

3. 分区定位原则

所谓分区定位，就是要求每一类、每一项商品都必须有一个相对固定的陈列位置，商品一经配置后，商品陈列的位置和陈列面就很少变动，除非因某种营销目的而修正配置图表。这既是为了使商品陈列标准化，也是为了便于顾客选购商品。

分区定位时应注意：要向顾客公布货位布置图，并按商品大类或商品群设置商品标示牌，使顾客一进门就能初步了解自己所要购买的商品的大概位置；为便于消费者购买日常生活小商品，可在开架陈列区外设立便民服务柜，实施面对面销售；相关商品的货位布置要邻近或对面，以便于顾客相互比较，促进连带购买，如果蔬、肉禽蛋、调味品与鲜肉制品等可放在邻近的区域；要把相互影响大的商品货位适当隔开，如串味食品，熟食制品与生鲜食品，化妆品与烟酒、茶叶、糖果饼干等；要把同类商品纵向陈列，即从上而下垂直陈列，使同类商品平均享受到货架上各段位的销售利益；商品货位要勤调整，分区定位并不是一成不变的，要根据时间、商品流行期的变化，随时调整，但调整幅度不宜过大，除了根据季节以及重大的促销活动进行整体布局调整外，大多数情况下不做大的变动，以便利老顾客凭印象找到商品的位置。

4. 前进陈列和立体陈列的原则

前进陈列和立体陈列是商品陈列的两种形式。所谓前进陈列，就是指要按照先进先出的原则来补货。营业高峰过后，货架陈列的前层商品被买走，会使商品凹进货架的里层，这时超市管理人员就必须把凹进里层的商品往外移，从后面开始补充陈列商品，即按照先进先出的原则补货，这个动作叫做前进陈列。如果暂无补充货源，也应进行前进陈列，以保持陈列丰满、保证商品不过期积压。在做前进陈列时应注意做好商品的收集、整理和清洁工作，商品要干干净净地呈现在顾客的眼前。

所谓立体陈列，就是要求陈列商品的排列应前低后高，成阶梯状，使商品陈列既有立体感和丰富感，又不会使顾客有被商品压迫的感觉。

一般说来，过分强调丰满陈列和连续性，被商品压迫的感觉就增强，所以采取倾斜、阶梯、突出、凹进、悬挂、吊篮等多种方法，适当破坏商品陈列的连续性，反而能使顾客产生舒适感和亲切感。

【开拓视野】

大型超市商品陈列的法则

业内人士总结了大型超市商品陈列的十八条法则，按初级、中级、高级分类。初级指导法则是陈列最基本的要求。

初级指导法则：保持整洁、及时调换破损商品、商标朝外、上小下大与上轻下重、先进先出。

中级指导法则：价格醒目、陈列饱满、色彩对比鲜明、适得其所、陈列面积最大化、紧邻主要竞争品牌。

高级指导法则：集中陈列、突出陈列、垂直陈列、位置最佳、陈列动感、多点陈列、全品项统一性法则。

四、商品陈列的基本方法

连锁企业门店商品陈列的基本方法可分为集中陈列法和特殊陈列法。

1. 集中陈列法

这种方法把同一种商品集中陈列于卖场的同一个地方，是最适合周转快的商品陈列，也是连锁门店商品陈列中最常用和使用范围最广的方法。但在使用时要特别注意以下几点。

（1）商品集团按纵向原则陈列。我们可以把商品集团理解成商品类别的中分类，而中分类的商品不管有多少小分类和单品项，都可认同是一种商品。如蔬菜是一个大分类，芹菜是一个中分类，西芹、药芹和水芹则是它的小分类。在实施集中陈列时应按纵向原则陈列，纵向陈列要比横向陈列效果好。因为如果是横向陈列，顾客要全部看清楚一个货架或一组货架上的各商品集团，就必须要在陈列架前往返好几次，一次通过就会漏掉某些商品；而如果是纵向陈列，顾客就会在一次性通过时，同时看清各集团的商品，这样就会起到好的销售效果。根据美国的一家超市调查表明，若将横向陈列改为纵向陈列，销售额可提高42%左右。

（2）明确商品集团的轮廓。相邻商品之间的轮廓不明确，顾客在选购商品时就难以判断具体商品的位置，从而给挑选带来障碍。排除这种障碍，除了在商品陈列上可以把各商品群区分出来之外，对一些造型、包装、色彩相似的不同商品群，可采用在不同商品群货架上粘上不同颜色的不干胶纸，通过色彩跳跃帮助顾客区分不同的商品，或者采取按商品颜色的色差进行陈列的方法。

（3）注意促销商品的配置布局与商品的陈列。一般大卖场促销比小超市容易得多，原因在于大卖场的空间大，促销商品的配置、布局和陈列容易调整；而小超市的空间小，连堆头也做不了。但是，如果小超市能够灵活、充分地利用价格标签的颜色和店头广告，创造出良好的购物氛围，那么也能够做好促销活动。

例如，北京某便利店在春节期间，将许多红色的小气球布置成多个非常美观的结构，给卖场增添了喜庆、欢快的购物氛围。又如，武汉的家乐福超级市场在开业前装修时，特意将场地中原有的精美、气派的大理石装饰全部拆掉，改成普通的瓷砖，其原因就在于原来的大理石装饰会令消费者产生商品价格昂贵的想法，不利于吸引人流，而改装后的瓷砖会令消费者觉得朴实、自然、亲近、价格便宜，因而有利于吸引顾客进门。上门的消费者多了，销售额和利润额自然就有了上升的基础。

（4）要给周转快的商品安排好的位置。对于周转快的商品或商品集团，要给予好的陈列位置，这是一种极其有效的促进连锁企业门店销售额提高的手段。在超市中所谓好的陈列位置是指“上段”，即与顾客的视线高度相平的地方，其高度一般为130～145厘米，其次是“中段”，即与腰的高度齐平的地方，高度一般为80～90厘米。最不利的位置则是处于接近地面的地方，即下段。

根据美国的一项调查资料显示，商品在陈列中的位置进行上、中、下三个位置的调换过程中，商品的销售额发生以很大的变化，见表2－4。

表2－4　陈列位置改变与销售额变化

变化范围	销售额变化情况
从“中段”上升到“上段”	+63%左右
从“中段”下降到“下段”	－40%左右
从“下段”上升到“中段”	+34%左右
从“下段”上升到“上段”	+78%左右
从“上段”下降到“下段”	－32%左右
从“上段”下降到“中段”	－20%左右

虽然美国的这份调查资料不是以同一种商品来进行试验的，所以不能将该结论作为普遍的真理来运用，但与顾客视线高度平齐的陈列位置的优越性是显而易见的。

2. 特殊陈列法

在连锁门店中，商品按类别集中式的陈列是最基本的陈列方法，它也构成了超市陈列的基础。在采用集中陈列的基础上，还可以运用一些变化性的陈列方法，即特殊陈列法。

打破陈列架的单调感，活跃卖场气氛。尤其是对不在主通道上的中央陈列货架更显重要，因为它能够把顾客吸引进去。变化性的陈列是打动顾客、刺激其购物欲的利器。超市经营者必须多动脑筋，合理地运用陈列技巧，才能创造利润。这里介绍几种常用的陈列方法。

（1）不规则陈列法。在现代的连锁企业门店中，中央陈列货架能整齐地配置，这样商品就可以秩序井然地陈列了。但这种整齐的配置和有秩序的陈列，时间久了会使顾客产生单调乏味感。因此，为了打破这种单调乏味感，超市应该使用每层隔板都能够自由调节的陈列货架，通过将中央陈列货架隔板间距灵活地调节变化，使副通道内的各个中央陈列货架的隔板形成错位安排，而事实上各个货架上陈列的商品并没有发生变化。这对顾客来说却有一种新鲜感，他们往往会产生一种错觉，认为中间陈列货架内的商品又有了新的变化，从而吸引顾客走入副通道内选购商品。这种方法看似简单，却是行之有效的，是每一个超级市场都不容忽视的陈列法。

（2）整齐陈列法。整齐陈列法是将单个商品整齐地堆积起来的方法。只要按货架的尺寸确定商品长、宽、高的排面数，将商品整齐地排列就可以完成。整齐排列法突出了商品的量感，从而给顾客一种刺激的印象，所以整齐陈列的商品往往是连锁企业欲大量售卖给顾客的商品、折扣率高的商品或因季节性顾客购买量大、购买频率高的商品，如夏季的清凉饮料等。整齐陈列的货架一般可配置在中央陈列货架的尾端，即靠超市里面的中央陈列货架的一端，但要注意高度的适宜，便于顾客拿取。

适合此种陈列方法的商品有：特价商品，季节性商品，节庆商品，新上市商品，媒体正大量宣传的商品。

其陈列效果是：量感突出，价格低廉的形象，可进行单品突出介绍。

（3）随机陈列法。随机陈列法是将商品随机堆积的方法。与整齐陈列法不同的是，该陈列方法只要在确定的货架上随意地将商品堆积上去即可。随机陈列法所占的陈列作业时间很少，这种方法主要是陈列“特价商品”，它的表现手法是为了给顾客一种“特卖品就是便宜品”的印象。采用随机陈列法所使用的陈列用具，一般是一种圆形或四角形的网状筐，另外还要带有表示特价销售的牌子。随机陈列的网筐配置位置基本上与整齐陈列一样，既可配置在中央陈列架的走道内，也可根据需要配置在其他需要吸引顾客的地方，其目的是带动这些地方周围陈列商品的销售。

适合此种陈列方法的商品有：中、小型一个一个进行陈列处理很费工夫的商品，商品本身及其价格已广为人知的商品，低价格、低毛利的商品，不易变形损伤的商品。

其陈列效果是：价格低廉的形象以及价格容易被传扬出去；即使陈列较少也易给人留下深刻印象；可成为整个卖场或某类商品销售区的焦点；操作简便，陈列与补货的时间短；陈列位置易变更，商品易撤销。

（4）盘式陈列法。把非透明包装商品（如整箱的饮料、啤酒、调味品等）的包装箱的上部切除（可用斜切方式），或将包装箱的底部切下来作为商品陈列的托盘，以显示商品包装的促销效果。盘式陈列实际上是一种整齐陈列的变化陈列法。它表现的也是商品的量感，与整齐陈列所不同的是，盘式陈列不是将商品从纸箱中取出来一个一个整齐地堆积上去，而是将装商品的纸箱底部盘状切开后留下来，然后以盘状为单位堆积上去，甚至就是整箱地堆积上去。这样可以加快商品陈列的速度，同时也提示顾客可以整箱购买。有些盘式陈列，只在上面一层作盘式陈列，而下面的则不打开包装箱陈列上去。盘式陈列的位置可与整齐陈列架一致，也可陈列在进出口处或特别展示区。

适合这种陈列方法的商品有：广为人知，深受消费者欢迎的品牌；预计可薄利多销的商品；中、大型商品；用裸露陈列难以堆高的商品，整箱的饮料、啤酒、调味品等常用这种方法陈列。

其陈列效果：价格低廉的形象以及价格容易被传扬出去；给顾客一种亲切感、易接近感；量感突出；节省陈列操作的人力、物力；易补货和撤销商品；可布置成多种形式（直线型、V 型、U 型等）。

（5）兼用随机陈列法。这是将整齐陈列和随机陈列两种陈列方法同时使用的陈列方法，其功能也同时体现以上两种方法的优点，但是兼用随机陈列架占地面积相对大些，因此其所配置的位置应与整齐陈列一致，而不能像随机陈列架那样有时也要配置在中央陈列架的过道内或其他地方。

（6）端头陈列法。端头是指双面的中央陈列架的两端，这是销售力极强的位置。中央陈列架的两端是顾客流量最大、往返频率最高的地方，从视角上说，顾客可以从三个方向看见陈列在这一位置的商品。同时，端头陈列架还能起到接力棒的作用，吸引和引导顾客按店铺设计安排不停地向前走。引导、提示、诉求可以说是其主要功能。所以，端头一般用来陈列特价品，或者门店要推荐给顾客的新商品以及利润高的商品。

端头陈列法可以是单一商品的大量陈列，也可以是几种商品的组合陈列，以后者效果为最佳。正因为中央陈列架的端头是非常引人注目的场所，所以如果将几种商品组合陈列，就能够将更多的顾客注意力引向更多的商品。美国的一项调查资料显示，将单一的商品陈列改为复合商品组合陈列，销售额就会有很大的提高。尽管销售额的提高会因商品的不同而有差异，但销售额在任何情况下都会有相当大的增加。

采用端头组合陈列法时应注意：

- 商品陈列要引人注目，品种不宜太多，一般以 5 个为限；时间不宜太长，以一周为宜，否则顾客会反感。
- 商品之间要有关联性，绝对不可将无关联的商品陈列在同一端架内。

- 在几个组合商品中可选择一个商品品种作为牺牲品，以低廉价格出售，目的是带动其他商品的销售。
- 要方便购买，表现出多量感，如堆积式陈列。
- 商品的摆放要美观，色彩要协调，主题突出。

（7）岛式陈列法。运用陈列柜、平台、货柜等陈列工具，在卖场的适当位置展示陈列商品的方法叫作岛式陈列法。如果说端头陈列架使顾客可以从三个方向观看的话，那么岛式陈列则可以从四个方向看到，因此，岛式陈列的效果也是相当好的。岛式陈列的用具一般有冰柜、平台或大型的货柜和网状货筐。需要注意的是，岛式陈列的用具不能太高，如果太高，就会影响整个超市卖场的视野，也会影响顾客从四个方向对岛式陈列商品的透视度。为了使消费者能够环绕岛式陈列台（架、柜、筐）选购商品，应给予岛式陈列以较大的空间。

相对于岛式陈列要求的较大空间来说，在空间不大的通道中间也可以进行随机的、活动式的岛式陈列。这种陈列能强调季节感、时鲜和丰富感。

应用岛式陈列时还应注意：

- 陈列工具应与商品特征相配合。
- 陈列工具一般适宜于放置在卖场的前部和中部，这样就能向顾客充分展示岛型陈列的商品，如果陈列在后部往往会被货架挡住视线。
- 陈列工具最好装有滑轮和隔板，以便根据需要而调整。

（8）窄缝陈列法。在中央陈列架上撤去几层隔板，只留下底部的隔板形成一个窄长的空间进行特殊陈列，这种陈列方法就叫窄缝陈列。窄缝陈列的商品只能是1个或2个单品项商品，它所要表现的是商品的量感，因而其陈列量是平常的4～5倍。窄缝陈列能打破中央陈列架定位陈列的单调感，易吸引顾客的注意力。窄缝陈列的商品最好是要介绍给顾客的新商品或利润高的商品，这样就能起到较好的促销效果。窄缝陈列可使门店卖场的商品陈列显得活泼，但不宜在整个卖场上出现太多的窄缝陈列，那样反而会影响该类商品的销售。

适于此种陈列方法的商品有：新上市的商品、高利润商品。

其陈列效果：量感陈列，摆脱单调。

（9）突出陈列法。该法将商品放在篮子、车子、箱子、存物筐或突出延伸板（货架底部可自由抽动的隔板）内，陈列在相关商品的旁边销售，是超过通常的陈列线、面向通道突出的方法。其主要目的是打破单调感，诱导和招揽顾客。突出陈列的位置一般在中央陈列架的前面，将特殊陈列突出安置，希望特别引起顾客注意、提高其回转率。

适合此种陈列方法的商品有：新商品、促销过程中的商品、廉价商品。

其陈列效果：这种陈列方法能提高商品的突出性，增加商品出现在顾客视野中的频率；突出了商品的廉价性、丰富感，并使门店给顾客一种非常热闹的感觉；可进行单品突出介绍。

应用突出陈列法时应注意以下问题：

- 突出陈列的高度要适宜，既要能引起顾客的注意，又不能太高，以免影响货架上商品的销售效果。
- 突出陈列不宜太多，以免影响顾客正常的视线。
- 不宜在窄小的通道内作突出陈列，即使比较宽敞的通道，也不要配置占地面积较大的突出陈列商品，以免影响通道顺畅。
- 冷藏商品应尽量避免选用此种陈列方法。

（10）悬挂陈列法。将无立体感、扁平或细长型的商品悬挂在固定的或可以转动的装有挂钩的陈列架上，就叫悬挂式陈列。悬挂式陈列能使这些无立体感的商品产生很好的立体感效果，并且能增添其他特殊陈列方法所没有的变化。一般适用于日用小商品，采用悬挂式陈列的有孔型包装，如糖果、剃须刀、铅笔、玩具、小五金工具、头饰、袜子、手套、电池、头饰等。如图 2－6。

图 2－6　悬挂陈列

应用悬挂式陈列要注意以下问题：

- 是否一触摸商品就掉落，器材就倒塌。
- 垂吊的商品，从顾客的角度看是否高度适当，是否伸手可取得的高度。
- 商品悬挂是否太多、太低，有碍店内的透明度。
- 在通道上悬挂陈列，是否妨碍通向店内。
- 是否常留意灰尘和褪色。

（11）比较性陈列法。把相同商品，按不同规格、不同数量予以分类，然后陈列在一起，这种陈列法叫做比较陈列法。比较陈列法的意图是，促使顾客理解店铺薄利多销的特点，从而更多地购买。例如，一袋450克某牌号洗衣粉售价为4.5元，而旁边陈列的1000克装和2000克装同牌号洗衣粉售价分别为9元和17.2元，这样的陈列可使顾客比较出买得越多就越便宜，刺激顾客购买包装量较多的该洗衣粉，达到促销的目的。值得注意的是，在进行比较陈列的作业时，陈列量上要多陈列包装量大的该商品，而包装量小和单品量相应地少一些，以明确为顾客指出购买方向。一般来说，比较陈列必须事先计划好商品的价格、包装量和商品的投放量，这样才能既达到促销的目的，又保证连锁企业的整体赢利水平。

【开动脑筋】

假设现在超市销售的柚子已不多了，新商品还没有到货，采取什么样的陈列方法，才能让顾客感到商品丰满？

五、商品陈列的检查事项

连锁企业的督导员、连锁店的店长和组长等对商品陈列负有检查、指导和督促的任务。一般来说，检查的主要项目有：

- 是否按商品配置标准来陈列。
- 商品陈列是否随季节、节庆等的变化而随时更换。
- 是否注意到商品的关联性。
- 陈列商品是否整齐有条理。
- 商品的形状、色彩与灯光照明是否能有效的组合。
- 商品的价格标签是否完整、符合要求。
- 陈列的商品是否便于顾客选购。
- 陈列的商品是否让人有容易接近的感觉。
- 陈列的方式是否能突出丰富感及商品的特色。
- 商品是否有灰尘。
- 是否能显示出商店所经营的主要商品。
- 促销商品能否吸引顾客的兴趣。
- 商品陈列的位置是否在店员视线所及的范围之内。
- 货架上的商品出售以后，补货是否方便。
- 是否有效地利用墙壁和柱子来陈列商品。

- 商品的广告海报是否已破旧。
- 各部门陈列的商品，其指示标志是否明显。
- 引导顾客的标志是否易见易懂。
- 陈列设备是否与商品相称。
- 陈列设备是否安全可靠。
- 破旧的陈列设备是否仍然在使用。
- 店员对陈列设备的使用方法是否已详细了解。

六、商品展示的技巧

1. 商品展示

商品可视化推销或商品推销展示，是一种能从实质上扩大生意和销售额的有效手段。通过展示，把顾客带引至商品前，透过实物的观看、操作，让顾客充分地了解产品的外观、操作的方法、具有的功能以及能给顾客带来的利益，以达成销售的目的。商品展示可以通过展示架展示、橱窗展示、销售人员展示、人体模特展示等多种方式。展示过程是顾客了解与体验产品利益的过程，也是导购员诉求商品利益的最好时机。顾客愿意花一段时间专注地倾听导购员的说明，导购员能有顺序地、有逻辑地、有重点地、完整地说明及证明商品的特性及利益。

2. 商品展示注意事项

商品展示说明是销售诉求中最重要的一环，没有其他的活动更能加深顾客对商品的印象。展示常犯的错误是：只做产品功能的示范操作及说明，而不让顾客真正感受商品本身的魅力。介绍和展示商品时要注意以下几个方面。

（1）引用动人实例。在进行商品展示时可利用一些动人的实例来增强产品的感染力和说服力，如报纸、电视曾报道过的实例，都可穿插于展示说明中。

（2）让顾客听得懂。展示时要用顾客听得懂的话语，切忌使用过多的“专有名词”。过多的技术专有名词会让客户觉得过于复杂，客户不能充分理解你所要表达的意思。

（3）让顾客参与。在做商品展示时，不仅要将商品知识解释给顾客听，拿样品给他看，更要鼓励顾客触摸商品、试用商品，充分调动顾客的多种感官，以达到刺激其购买欲望的目的。

（4）了解顾客的关注点。要了解顾客的关注点，并证明能满足他的需要。例如，同样一部车，每位买主购买的理由不一样，有的是因为车子安全性好而购买，有的是因为驾驶起来很舒适顺手而购买，有的是因为车的外形能代表他的风格而购买。掌握顾客关心的重点，证明能完全满足他的需要，是展示说明时的关键。

3. 样品展示的要求

- 样品要选择新的（款式、功能）商品。
- 样品展示要求品种、款式、颜色齐全。作为样品展示的商品，如电器、床用、模特服务等，应经常更换品种、款式、颜色等，给顾客以新鲜感。
- 新品种必须陈列在最显眼的位置，同时配置“最新到货”的促销牌。促销牌摆放的位置要求既能准确指示商品，又不遮挡商品。
- 每种商品必须配置标价签，要求标价签与商品对应摆放。同一种商品多处陈列时各处均应配置标价签。
- 应灵活采用各种陈列方式，合理利用空间，尽可能多地展示更多的商品品种，但不应造成拥挤不堪的效果。
- 鞋类应把同一款式的各种颜色全部陈列在货架上，通常应选用小码鞋作为展示品。高档鞋必须使用鞋座作为衬托，展示品应经常更换，经常上鞋油，保持亮泽。
- 箱包的展示要求外形丰满，必要时可用纸团填充。

商品展示前，一定要有充分的准备，否则展示的效果必将大打折扣，容易仅止于做商品特性的说明。如果平时积累了商品的专业知识，加上有创意地展示说明，会让销售变得事半功倍。

>> 本模块小结

本模块主要介绍了门店进货的流程，门店商品陈列的原则和主要方法以及商品陈列展示应该注意的事项。重点介绍了商品陈列的方法以及特殊商品陈列的基本方法与技巧。

>> 本模块参考

1. 浏览网址

[1] http：//www. linkshop. com. cn

[2] http：//www. emkt. com. cn

2. 参考文献

[1] 曹泽洲. 连锁企业门店运营与管理. 北京：清华大学出版社，北京交通大学出版社，2008

[2] 陆影. 连锁门店营运与管理实务. 大连：东北财经大学出版社，2009

[3] 胡启亮，霍文智. 连锁企业门店营运与管理. 北京：科学出版社，2008

[4] 付玮琼，杨晓磊. 商场超市布局与商品陈列技巧. 北京：化学工业出版社，2014

>> 思考题

1. 门店进货作业包含哪几个方面？
2. 商品品种配置的步骤是什么？
3. 商品陈列的基本原则有哪些？
4. 连锁门店卖场商品陈列的主要方法有哪些？
5. 商品陈列有哪些检查事项？

>> 案例分析题

屈臣氏的商品陈列哲学

2009 年 11 月 24 日，屈臣氏全国第 500 家店在上海开业。据最新数据表明，屈臣氏的捕捉率平均在 15% 左右，即走过它的每 100 位目标消费者大概有 15 人走进他的店铺买东西……屈臣氏创造了化妆品零售业的一个奇迹，成为个人护理用品店的标杆。

发现式店铺布局

屈臣氏在中国平均的租赁成本是每天 10～20 元/平方米，而现在日益增长的租金成本成为困扰很多专营店的难题。如何利用好有限的店铺空间，使之发挥最大能量，屈臣氏的发现式店铺布局是一个值得借鉴的成功案例。

首先是清晰的店铺布局。屈臣氏把店铺划分为四个大的区域，即“想要区域”“服务区域”“必要区域”和“冲动与推动”区域。屈臣氏店铺是敞开式设计，没有门和橱窗，这样能把有限的店铺空间利用至最大。最靠近入口的地方是“想要区域”，陈列的是顾客最想要的商品，通过顾客最想要的商品把他们吸引进店；接下来往里走是“冲动与推动”区域，主要通过花样翻新的各式促销活动，如“SALE 周年庆”“加 1 元多一件”等，调动顾客的消费情绪；再往里走就是“必要区域”了，即一些生活必需品，也就是只要顾客需要就会有购买的商品。

收银台是顾客付款交易的地方，也是顾客在商店最后停留的地方，对于任何一家零售卖场来说，收银台的重要性都是不言而喻的。很多专卖店习惯于把收银台设置在店铺门口或店铺入口靠墙的地方，但这会给顾客造成压力或对客流造成阻碍。屈臣氏把收银台放在店铺的中间，这样就避免了以上两种做法的弊端。

此外，屈臣氏还通过颜色分割店铺，一个个的色彩代码犹如隐形的导购，告诉顾客各类商品的位置。屈臣氏最常用的颜色是代表健康的粉色、绿色、蓝色和黄色。

独特的货架陈列方式

为方便顾客，以女性为目标客户的屈臣氏将货架的高度从1.65米降低到1.40米，并且主销产品在货架的陈列高度一般为1.3～1.5米，同时货架设计也很人性化。在商品的陈列方面，屈臣氏注重其内在的联系和逻辑性，按化妆品—护肤品—美容用品—护发用品—时尚用品—药品—饰品化妆工具—女性日用品的分类顺序摆放。据统计，在屈臣氏销售的产品中，药品占15%，化妆品及护肤用品占35%，个人护理品占30%，剩余的20%是食品、美容产品以及衣饰品等。

屈臣氏对店铺的商品陈列有非常严格的要求，每个固定货架上的商品陈列都是按总部的要求来执行的。屈臣氏一般选定正常货架的顶层，用于陈列当期促销货品或租给供应商作促销；靠墙的货架，规定顶上的一层必须统一从上面第6孔开始放第一层货架层板，同样用于陈列促销商品，但必须是体积较大、顾客容易看见、有吸引力的商品。

屈臣氏收银台的货架陈列也颇有学问。在收银台旁边摆放有三类商品，一是顾客付款时收银员可在适当时候向顾客推介促销的商品；二是一些轻便货品，如口香糖、电池等一些可以刺激顾客即时购买的商品；三是在收银台的背后靠墙位置，主要陈列一些贵重、高价值的商品，或者是销售排名前10名的商品。

思考：

请用本章所学的商品陈列知识分析屈臣氏商品陈列的特点。

模块三

门店销售管理

>>学习目标

1. 掌握制定销售计划的步骤和方法
2. 了解控制商品价格的方法和策略
3. 了解商品促销的方式和手段
4. 掌握促销业绩评估的方法

【案例导读】

屈臣氏的多样促销手段

能让都市时尚白领一族以逛屈臣氏商店为乐趣，并在购物后仍然津津乐道，有种“淘宝”后莫名喜悦的感觉，这可谓达到了商家经营的最高境界。经常可以听到“最近比较忙，好久没有去逛屈臣氏了，不知最近又出了什么新玩意……”，逛屈臣氏淘宝，竟然在不知不觉中成了时尚消费者一族的必修课。作为城市高收入代表的白领丽人，她们并不吝惜花钱，物质需求向精神享受的过渡，使她们往往陶醉于某种获得小利后成功的喜悦，祈望精神上获得满足。屈臣氏正是捕捉了这个微妙的心理细节，成功地策划了一次又一次的促销活动。

屈臣氏的促销活动每次都能让顾客获得惊喜，在白领丽人的一片“好优惠呦”“好得意呦”“好可爱啊”声中，商品被“洗劫”一空，积累了屈臣氏单店平均年营业额高达2000万元的战绩。在屈臣氏工作过的人应该都知道，屈臣氏的促销活动算得上是零售界最复杂的，不但次数频繁，而且流程复杂，内容繁多，每进行一次促销活动更是需要花很多的时间去策划与准备。策划部门、采购部门、行政部门、配送部门、营运部门都围绕着这个主题运作。为超越顾客期望，屈臣氏所有员工都乐此不疲。

2004年6月16日，屈臣氏中国区提出“我敢发誓，保证低价”承诺，并开始了以此为主题的促销活动，每15天一期。屈臣氏的促销活动大致分为三个阶段：2004年6月以前为第一阶段，在这段时间里，屈臣氏主要以传统节日促销活动为主，屈臣氏非常重视情人节、万圣节、圣诞节、春节等节日，促销主题多式多样，例如“说吧说你爱我吧”的情人节促销，“圣诞全攻略”“真情圣诞真低价”的圣诞节促销，“劲爆礼闹新春”的春节促销，还有以“春之缤纷”“秋之野性”“冬日减价”“10元促销”“SALE周年庆”“加1元多一件”“全线八折”“买一送一”“自有品牌商品免费加量33%不加价”“60秒疯狂抢购”“买就送”等为主题的促销活动。第二阶段是在2004年6月提出“我敢发誓，保证低价”承诺后，以宣传“逾千件货品每日保证低价”为主题。在这个阶段，每期《屈臣氏商品促销快讯》的封面都会有屈臣氏代言人高举右手传达“我敢发誓”的信息。到了2004年11月，屈臣氏做出了宣言调整，提出“真货真低价”，并仍然贯彻执行“买贵了差额双倍还”方针，这样一直到2005年8月，“我敢发誓”一周年，屈臣氏一共举行了30期的促销推广，屈臣氏的低价策略已经深入人心。第三阶段是2005年6月起，屈臣氏延续特有的促销方式并结合低价方针，淡化了“我敢发誓”的角色，特别是到了2007年，促销宣传册上几乎是不再出现“我敢发誓”字样，差价补偿策略从“两倍还”到“半倍还”最终不再出现，促销活动更是灵活多变，并逐步推出大型促销活动，如“大奖POLO开回家”“百事新星大赛”“封面领秀”“VIP会员推广”，屈臣氏促销战略成功转型。

项目一 销售计划的制定

一、制定销售计划的意义

销售计划是指用来指导连锁企业门店在一定时期内进行各种销售活动的书面文件。对于执行者来说，销售计划是告诉所有相关的人应当怎么做；对于管理者来说，它是实现销售目标的有效管理和监控手段，也是管理店员、训练店员，不断提升队伍战斗力的重要措施。

销售计划是实现目标的路径，也是销售人员每日工作内容的指引。一个有效、可控的销售计划，可以规范门店联系现有客户和吸引新客户的方法，还可以帮助门店确定目标客户类型，如何联系他们，以及如何跟踪结果，以便了解什么工作可以提高业务。因此，销售计划在整个销售活动中的重要性是不言而喻的。制定一个切实可行的销售计划，是连锁企业门店经营成功的一半。

二、销售计划的主要内容

成功的销售计划不需要非常复杂或冗长，但应包含足够的信息，以帮助建立、指导和协调连锁企业门店的营销工作。一份切实有效的销售计划应包括以下几项内容。

1. 市场分析

市场分析是连锁企业门店所作决策的指导性纲要。文字要求简明扼要，且具有高度的概括性。它主要是对门店的市场、产品、竞争状况、消费行为特点等的过往销售史、现状以及未来发展的高度概括和总结。

2. 销售目标

销售目标是门店最基本的经营目标。连锁企业门店在一定时期内所实现的商品销售量或销售额大小，一方面反映了连锁企业的经营机制是否有效运行，其商业职能是否能充分发挥；另一方面也说明了门店求生存、求发展能力的大小，经营前景如何。显然，只有销售量大的门店才能取得较大的销售额。在商业利润率相近的条件下，连锁企业门店要创造较高的利润，首先要创造较高的销售额。

销售目标可以用定性和定量两种方式表现。定性目标是指门店的市场形象、店员的服务质量、市场竞争地位等目标；定量目标是指门店所经营商品的市场占有率、营业收入的额度、利润、投资回报率等目标。

3. 销售行动计划

销售行动计划是指为了实现门店既定目标而制定的各种实施性计划，为实现目标所制定的具体行动步骤和周密的布置，是店铺日常工作的指导书。一个良好的行动计划应明确规定出销售活动的内容、主要的负责人、活动的开始和结束日期、活动的费用预算、活动的日程安排以及绩效的评估方法等。一般包含以下内容：

- 商品计划：销售什么商品，主力商品是什么，促销商品是哪些。
- 成本计划：用多少钱，促销费用是多少。
- 人员计划：谁来销售，个人目标是多少，每天必须完成多少。
- 销售额计划：每个柜/组的销售目标各是多少，所占比例多少。
- 促销计划：销售点在什么地方，销售赠品是什么，怎样评估业绩，团队怎样合作，如何奖赏，如何宣传。

三、制定销售计划的步骤

制定销售计划可以按以下步骤进行，见图 3－1。

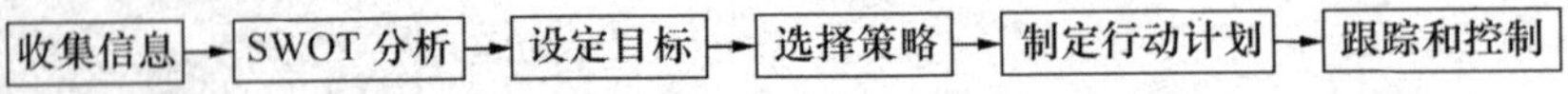

图 3－1　制定销售计划的步骤

1. 收集信息

收集信息可分为两方面：一方面要收集客观信息，包括资料、新闻报道、业内分析、实战案例、市场环境和竞争对手状况等；另一方面要对收集到的信息进行主观的思考，与相关人员座谈讨论，或是进行相关的咨询，并进行总结。

2. SWOT 分析

年度销售计划制定的依据是，对过去一年市场形势及市场现状的分析，通常使用的是 SWOT 分析法，即企业的优劣势分析、竞争威胁和存在机会的分析。通过 SWOT 分析，可以从中了解市场竞争的状态，并结合企业的缺陷和机会，整合和优化资源配置，使其利用最大化。

SWOT 是优势（Strength）、劣势（Weakness）、机会（Opportunity）、威胁（Threat）四个英文单词的缩写。所谓优势，是指门店在发展过程中的有利因素。例如，门店的服务在同行业中是一流的，商品的价格在同类产品中较低，商品的质量很好，商品的更新速度很快以及商品的展示很有特色等。劣势是指市场环境中存在的不利于店铺发展的因素。例如，门店所处的位置算不上太好，所经营的商品品牌在同类商品中的名气不是很大等。

如图 3－2 所示，从整体上看，SWOT 可分为两部分。第一部分为 SW（优势劣势），主要用来分析内部因素，着眼于企业自身的实力及其与竞争对手的比较；第二部分为 OT（机会和威胁），主要用来分析外部条件，将注意力放在外部环境的变化及对企业的可能影响上。同时，SWOT 又可以分为两种性质：一是作为优势和有利条件的肯定方面，即 SO；二是作为劣势和不利条件的否定方面，即 WT。基于这四个方面的分析结论，就可以得出初步的行动方针。简单地说，就是构筑自身的优势（S），克服自身的劣势（W），探索外部的机会（O），消除可能的威胁（T）。

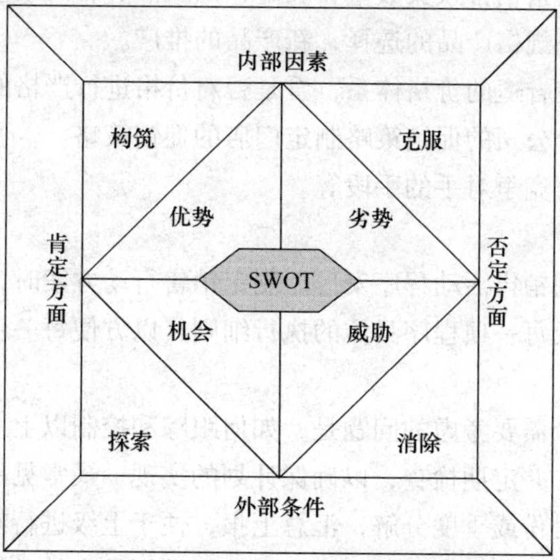

图 3－2　SWOT 分析结构示意图

3. 设定目标

销售目标的设定应注意以下五个方面的问题（即“SMART”原则）。

（1）具体性（Specific）。目标要具体，这样才有利于管理，有利于目标的达成。例如，在确定门店的销售目标时不但要有总的目标，而且一定要将其细化到每个月甚至于每一天，如每一个营业员每天要完成多少，要向多少个顾客销售多大的营业额才能完成等。

（2）可衡量性（Measurable）。没有明确衡量标准的目标是没有实际指导意义的。目标应该量化，用资料说话。有了具体的数字，就可以很直观、很明确地知道每天应完成的目标。

（3）可实现性（Achievable）。目标虽然应有一定的高度，但不能过高。一定要根据自己门店的客观情况、店员的实际水平以及各种客观因素制定销售目标。

（4）现实性（Realistic）。销售目标应该与实际销售工作密切结合，让它充分体现在实际销售过程中。在设定目标时，一定要仔细分析实际情况，将那些急需改进、直接影响销售成果的因素首先设定在目标中。

（5）限时性（Time bound）。设立目标时必须同时限定目标实现的时间，这样才不会使目标因拖的时间过长而无法衡量。一个没有时间限制的目标等于没有目标。

4. 制定销售策略

制定销售策略时一般要集中在以下几个方面。

- 销售能力：主要指销售人员数量和质量，以及消费者的数量和质量。
- 产品选择：强势规格产品的选择，新产品的推广。
- 价格策略：选定合适的价格体系，看是否对价格进行严格的控制等。
- 促销策略：配合公司的促销策略制定门店的促销策略。
- 竞争策略：应对竞争对手的手段等。

5. 制定行动计划

行动计划即具体的销售活动程序安排。制定销售行动方案时，应该制定详细的行动方案内容程序表，以及每一项程序具体的执行细则，以方便每一步的执行和检查。

6. 跟踪和控制

制定计划最后一个需要考虑的问题是，如何跟踪和控制以上所有内容。这需要建立相应的销售信息系统，并定期检查，以确保计划的实现。最常见的办法是，将销售计划规定的目标和预算按月份或季度分解，汇总上报，便于上级进行有效的监督检查，同时有利于督促未完成的部门和个人改进工作，以确保计划的有效实施。与此同时，还应注意市场变化，定期更新计划，以响应变化的市场环境。

项目二

销售计划的实现途径

据调查，顾客70%的购物决策都是在进店后做出的，能否在顾客到店购物期间激发起顾客的购买欲望，在相当大的程度上影响着店铺的商品销售。

按照正常的销售规律，销售额的变化取决于顾客人数、顾客的购买量以及商品的单价。

计算公式：销售额 = 顾客人数 × 每个顾客的购买量 × 商品价格

因此，要增加销售额，可以通过以下三个途径。

1. 增加顾客人数

顾客越多，销售额越高。要增加顾客人数，就要研究开发吸引顾客的方法。可以从以下方面来增加顾客人数。

（1）改善销售和服务水平。店员优质的销售服务是吸引顾客进店、增加顾客忠诚度的基本方法。而顾客在购买电器等贵重商品时，良好的售后服务是一项必不可少的标准，良好的售后服务会使门店更具市场竞争力，增加顾客的数量。

（2）派发直邮广告或作广告宣传。在门店附近的居民区派发宣传单，是成本较低且吸引顾客来店最直接有效的方式。

（3）品种齐全、物美价廉、信誉好。顾客进店后，有充足、完美的商品，想买的东西都容易找到，价格又很合理，顾客就喜欢光临。

（4）良好的购物环境。随着人们生活水平的提高，购物不单是为了满足物质上的需要，购物的过程也被当做一种享受。因此，良好的购物环境能吸引更多的顾客。

2. 增加顾客购买量

通过商品陈列和展示来刺激消费，创造分区布置、分类合理、有特色、醒目的商品陈列，使顾客很容易找到需要的东西，以此增加购物量。

3. 提高商品毛利

通过提供新商品、优质商品和大批量、低价位的商品，改进包装和服务，提供更多便利等方式来增加商品的附加价值，相应的提高毛利收入。

项目三
商品价格的控制

一、影响商品定价的因素

商品价格的高低，主要是由商品包含的价值量的大小决定，但还受到其他因素的影响和制约。这些因素有企业自身的，也有市场的，主要包括定价目标、商品成本、市场需求、竞争者的商品和价格以及国家政策等因素。

1. 定价目标

定价目标是指企业通过制定及实施价格策略所希望达到的目的。任何企业制定价格，都必须按照企业的目标市场战略及市场定位战略的要求来进行，定价目标必须在整体营销战略目标的指导下来确定。由于定价应考虑的因素较多，定价目标也多种多样，不同企业可能有不同的定价目标。同一企业在不同时期也可能有不同的定价目标，企业应当权衡各个目标的依据及利弊，谨慎选择。

（1）维持生存目标。如果门店商品滞销严重或面临激烈的竞争，则应把维持生存作为首要的目标，此时利润比生存次要得多。为了确保门店继续营业，解决商品滞销严重的问题，必须制定一个较低的价格，以迅速出清存货，收回资金，克服财务困难。在这种情况下，能弥补可变成本和一部分固定成本的价格就是可接受的价格，这一价格可能会小于完全成本，但必须大于变动成本。

（2）短期利润最大化。在估计需求和成本的基础上，制定一个能够使短期利润最大化的价格。先求出需求量，再乘以价格，就得到总收入；同时，通过成本估计得出总成本。对总收入和总成本的计算分别列出，即可得到边际收益和边际成本。当边际收益等于边际成本时，总利润最大。但注意：以利润最大化为定价目标并不是要求制定最高的价格。

（3）追求市场份额。门店为了长期的生存和发展，就要提高市场份额。为此，必须制定一个尽可能低的价格，并确立市场份额增加的目标。

当具备下述条件之一时，门店就可以考虑通过低价来实现市场份额的提高：一是市场对价格高度敏感，低价能够刺激需求的迅速增长；二是商品销售的单位成本会随着销售经验的积累而下降；三是低价能够逼退现有的和潜在的竞争者。

（4）商品质量最优化。当大多数消费者关心某类商品质量胜于该类商品的价格时，门店就可以考虑商品质量领先的定价目标，即用高于竞争对手 5% ~10% 的价格销售，同时辅以相应的优质服务。但要注意，高价也必须符合“物有所值”的原则。

（5）维护门店形象。这是指在定价时，首先考虑价格水平是否为目标消费群所认可，是否利于维护门店以物美价廉或优质高档而立足市场的形象。良好的门店形象是长期积累的结果，是宝贵的无形资产与财富。门店在定价时要从全局和长远利益出发，配合营销组合整体思路和策略，维护门店在消费者心中的良好形象，以获取长期稳定的利润。

（6）以应付和防止竞争为定价目标。在定价之前，对同类商品的质量和价格等进行分析比较，从以利于竞争的目标出发制定价格，以合理的价格出售商品。制定什么价格，要看竞争者的情况。一般来说，竞争能力弱的卖场，大都采取跟随或低于强者的价格；竞争能力强的，对市场具备某些优越条件的连锁企业，可采取高于竞争者的价格出售商品。

2. 成本费用

成本是商品定价的下限。一般来说，商品价格必须能够补偿商品生产及市场营销的所有支出，同时补偿卖场为其所承担的风险支出。低成本是影响定价的一个重要因素。在市场中，成本低的商品在价格方面有很大的主动性，所以企业总是力图降低成本。

3. 市场需求

需求是定价的影响因素，应了解整体供需的状况，当商品的市场需求大于供给时，价格应高一些；当商品的市场需求小于供给时，价格应低一些。反过来，价格变动影响市场需求总量，从而影响销售量，进而影响企业目标的实现。因此，制定价格时还必须了解价格变动对市场需求的影响程度。反映这种影响程度的一个指标就是商品的价格需求弹性系数。

需求的价格弹性系数 = 需求量变动百分比/价格变动百分比

= （需求增加量/原需求量）/（价格增加量/原价格）

当弹性系数 >1 时，需求弹性充足，即需求量的变化大于价格自身的变动，价格的升降与总收入的增减成反比，应采取降价策略。定价时，应通过降低价格、薄利多销达到增加赢利的目的；反之，提价时应谨慎需求量发生锐减，影响销售收入。

当弹性系数 <1 时，需求弹性不足，若卖场经营弹性不足的商品，则总收入和销售量不会因为价格下降而增加。对这类商品，不宜采取降价的策略。

当弹性系数 =1，需求弹性不变，经营这类商品无论降价还是提价，都不会引起总收入的明显变化。

4. 竞争者的价格行为

分析竞争对手的价格行为主要是了解竞争对手的价格和质量。如果所提供的商品或服务的质量与竞争对手相似，那么所制定的价格也必须与之接近，否则就会失去市场份额；如果高于对手，则定价就可以高于竞争对手；如果不如竞争对手，就不能制定高于竞争对手的价格。此外，还应分析竞争对手对本店的价格可能的反应。

5. 商品特点

在制定价格时还必须考虑商品的自身属性、特征等因素。

（1）商品的种类。卖场应分析自己经营的商品种类是日用必需品、选购品还是特殊品，是威望与地位性商品还是功能性商品，因为不同的商品种类对价格有不同的要求。如日用必需品的价格必然要顾及大众消费的水平，特殊品的价格则侧重特殊消费者。

（2）标准化程度。商品标准化的程度直接影响商品的价格决策。标准化程度高的商品价格变动的可能性一般低于非标准化或标准化程度低的商品。标准化程度高的商品的价格变动如果过大，很可能引发价格竞争。

（3）商品的易腐、易毁和季节性。一般情况下，容易腐烂、变质并不易保管的商品，价格变动的可能性比较高。常年生产、季节性消费的商品与季节性生产、常年消费的商品，在利用价格促进持续平衡生产和提高效益方面有较大的主动性。

（4）时尚性。时尚性强的商品，价格变化比较显著。一般新潮的高峰阶段，价格要定得高一些；新潮高峰过后，应及时采取适当的调整策略。

二、商品定价的方法

在定价过程中，定价方法的选择是最终价格形成的重要步骤，按一定的定价方法确定的初始价格是制定价格策略的基础。商品售价的高低常常受到市场需求、成本费用和竞争情况等因素的影响和制约，门店在制定价格时应该全面考虑这些因素。

在确定产品价格时，常用的方法有三类，分别是成本导向定价法、需求导向定价法和竞争导向定价法。

1. 成本导向定价法

成本导向定价法是以成本为依据来制定价格的方法。这一类方法的主要特点是简单方便，在实际工作中得到较为广泛的运用。

最常见的是成本加成定价方法，即按商品单位成本加上一定比例的毛利，定出零售价。不同种类的商品，其毛利的加成比例不同。这种计算方法很简便，但忽视了竞争与需求的反弹影响。

2. 需求导向定价法

需求导向定价法是指根据市场需求状况和消费者对商品的感觉差异来确定价格的定价方法。它不是根据商品的成本确定价格的，而是根据消费者对商品的需求强度和对产品价值的理解来制定商品价格的。

3. 竞争导向定价法

所谓竞争导向定价法，是指在制定商品价格时，主要以同类竞争对手的定价为依据，与竞争对手的商品价格的平均水平一致，而不过多考虑成本及市场需求因素的定价方法。连锁企业应将自身的信誉声望、购物环境状况、服务质量、经营商品的种类结构等方面与竞争对手相比较，确定连锁企业的经营特色以及优劣势，然后对各类商品分别定价。

通常，信誉好、购物环境优雅、商品齐全的卖场，同类商品的价格可适当比其他企业的卖场定得高些；而对于一般的卖场，则应随行就市，与竞争者商品价格平均水平保持一致，即采用通行价格定价法。这种定价法是竞争导向定价法中广为流传的一种，所定的价格在人们观念中常常被认为是“合理价格”，易被消费者接受。同时，通行价格定价法可以协调同行业间的关系，避免激烈竞争所带来的风险。

三、商品的价格策略与技巧

为商品定价是一个极其复杂的过程，采取不同的定价方法，只是得到商品的基本价格。此外，还需根据具体的市场环境、商品条件、市场供求、顾客心理等灵活地运用适当的定价策略和技巧，制定最终的销售价格，以期能达到扩大销售、增加利润的目的。

1. 统一定价法

将某些商品定位统一的价格，归为一类，能给顾客便宜的感觉，也能方便顾客选购付款。英国有一家小店，起初很不景气。一天，店主灵机一动，想出一招：只要顾客出 1 英镑，便可在店内任选一件商品（店内所有商品都是同一价格）。这种定价抓住了人们的好奇心理，尽管一些商品的价格略高于市价，仍招徕了大批顾客，销售额比附近几家百货公司都高。

比较流行的同价销售术还有分柜同价销售。比如，有的商店开设 3 元钱商品专柜、5 元钱商品专柜等。

2. 高位定价法

高位定价法指在新的商品投放市场初期，把价格定得高于成本，使企业能在短期内赢利，以后再根据市场形势的变化调整价格。例如，某商店进了少量中高档皮鞋，进价460元一双。商店的经营者见这种鞋用料、做工都很好，色彩、款式也新颖，在本地市场上还没有，于是定出了1280元一双的价格，销量很好。

3. 低价法

这种策略则先将商品的价格定得尽可能低一些，使新的商品迅速被消费者所接受。在应用低价格方法时应注意：一是高档商品慎用，二是对追求高消费的消费者慎用。

4. 巧用数字定价法

（1）整数定价。整数定价一律不保留零头，比如将价格定为100元而不是99元或99.9元。这一定价技巧适用于贵重商品、礼品及能够显示消费者身份地位的显露性消费品，目标是经济地位优越和社会地位较高的顾客。

（2）尾数定价。尾数定价或称奇数定价法，保留价格尾数，采用零头定价。如价格为19.9元而不是20元，使价格保留在较低一级的档次上。这种定价方式给人以便宜感，满足了顾客求实的心理，对需求弹性强的商品，尾数定价常常带来销售量大幅上升。

（3）弧形数字法。据国外市场调查发现，在生意兴隆的商场、超级市场中，商品定价时所用的数字，按其使用的频率排序，依次是5、8、0、3、6、9、2、4、7、1。这种现象不是偶然出现的，究其根源是顾客消费心理的作用。带有弧形线条的数字，如5、8、0、3、6等似乎不带有刺激感，易为顾客接受；而不带有弧形线条的数字，如1、7、4等比较而言就不大受欢迎。所以，在商场、超级市场商品销售价格中，8、5等数字最常出现，而1、4、7则出现的次数少得多。

5. 招徕定价法

招徕定价法是指对几种商品实行微利或亏本的牺牲价，以招徕顾客，连带性地推销其他商品。这主要有以下三种方法。

（1）将少数本小利薄的日用品低价出售，使消费者受此吸引而经常光顾本店。

（2）把相互有补充关系的商品区别定价，有意识地将主要的耐用商品的价格定得低些，把从属性的、消耗大的商品的价格定得高一些。

（3）把卖场里销售的商品按不同的原则定价，有些商品价格调高，有些商品价格调低，以便招徕顾客。

6. 习惯定价法

习惯定价法是按消费者的习惯和价格心理来制定价格，如报纸、油、盐这类日常消费品的价格通常容易在顾客心中形成一种习惯性的价格标准，符合这一标准的价格就会被顺利接受，而偏离这一标准的价格则容易引起顾客的猜疑和不信任，如高于习惯价格被认为是不合理的涨价，低于习惯价格则让顾客怀疑是否货真价实。当这类商品迫不得已要改变价格时，可以通过改换包装、重量或品牌等措施，避开顾客对新价格的抵触心理，引导顾客适应新的价格。

四、价格调整策略

商品价格不能一成不变，应经常根据竞争的情况、消费者的消费需要和消费行为习惯，适时做出合理的调价。

根据实际情况的变化，我们把商品的调价方法归结为以下几种。

1. 削价策略

商品削价就是减价，采用削价策略要注意以下几方面。

（1）选择合适的降价时机。季节性商品转季销售减少时，如一些商品因季节原因将要过季；需要为新商品腾出销售空间时；预计市场需求将要减少时；竞争对手降价时。

（2）切忌频繁降价。如果商品频繁降价，会让顾客以为削价商品价格就是该商品的实际价格，这样削价就对顾客失去了吸引力。

（3）掌握合适的削价幅度。削价幅度过小，不足以吸引顾客注意；而削价幅度过大，则会让顾客对商品的品质产生怀疑。

（4）削价方法。每年利用“五一”或“十一”长假，进行存货削价促销，在处理存货的同时，增加顾客对正常价格的信心。

2. 价格折扣策略

这是最常用的一种方法，根据不同情况又可分为数量折扣、季节性折扣和现金折扣。

（1）数量折扣。可根据顾客购买商品数量的多少给予不同的折扣。数量折扣分为累积折扣和非累积折扣。累积折扣是指在一定时期内累计购买超过规定数量或金额给予的价格折扣，其优点在于鼓励消费者成为门店的长期顾客；非累积折扣是指按照每次购买商品的数量或金额确定折扣率，其目的在于吸引消费者大量购买，利于门店组织大批量销售，以节约流通费用。

（2）季节折扣。这是指对季节性生产和消费的商品，为鼓励消费者提早采购或在淡季采购而给予的一种价格折让。连锁门店实行季节折扣，能促进消费者提前购买商品，减少过季商品库存，加速资金周转。

（3）现金折扣。在顾客进行分期付款购买时，为鼓励消费者尽早付清货款，加速资金周转，门店对提前一次性付清或在约定时间付款的顾客给予一定的价格折扣。折扣大小一般根据付款期间的利率和风险成本确定。

【开拓视野】

降价控制的必要性

顾客常从不同的角度来理解和解释降价，如：商品将被更新的规格型号所替代；商品退货量大，库存积压；商品的销售旺季已过；陷入财政困难等。这些解释对商场的降价销售都会带来不利影响，并且可能损害商场形象，所以很有必要实施降价控制。

3. 提价策略

顾客对价格通常很敏感，在实际经营中，采用适当的提价技巧，也会收到意想不到的效果。实行提价策略要注意以下问题。

（1）说明提价原因。门店提价时应运用各种渠道向顾客说明提价的原因，并配合促销策略，帮助顾客寻找节约的途径，以减少顾客对提价的不满，切忌悄悄提价。

（2）切忌所有商品同时提价。提价时要采取部分商品提价的方式，不要所有商品同时提价，否则，会遭到顾客抵制。

（3）选择恰当的时机提价。比如，当顾客知道采购成本上涨时，如冬天因为下雪蔬菜价格上涨，节假日时一些必用的礼品和商品，情人节时的玫瑰花等；季节性商品在旺季时，如一些服装等；竞争对手已提价时。

（4）注意提价幅度。价格调整的幅度，应该考虑到消费者的反应。一般来说，提价幅度应该在10%以下，而且要根据消费者的反应做出适当的调整，才能收到很好的效果。

项目四

门店促销管理

一、门店促销的概念

门店促销是指门店运用现代沟通手段，向消费者传递营销信息，促进消费者对本企业及经营的产品与服务产生兴趣、好感与信任，进而做出购买决策的销售活动。促销的本质是沟通信息、赢得信任、激发需求、促进购买和消费，目的是实现销售、扩大销售。在一些连锁门店中，促销额高达销售额的70%。

连锁企业门店应该在总部的统一规划下，通过持续不断地促销活动，向顾客传递有关商品和服务的信息，创造销售热点和亮点，引起顾客购买。门店可采取多种方式加强与消费者的沟通，比如广告、店内展示、各种公关活动等。

二、促销的作用

在现代市场经济条件下，企业都希望在一定的价格条件下增加产品的销售量。但在实际销售过程中，一方面，产品供应者不可能完全清楚谁需要什么商品、何地需要、何时需要、在何价位上消费者愿意并能够接受等；另一方面，广大消费者也不可能完全清楚什么商品由谁供应、何地供应、何时供应等。所以，企业必须通过沟通活动，利用广告、宣传报道、人员推销等各种促销手段，把产品和服务等信息传递给消费者，以促进他们了解、信赖并购买本企业出售的产品，达到扩大销售的目的。

在销售活动中，起主导作用的虽然是商品的市场需求、商品的质量和商品的成本优势，但促销的作用也不容忽视。其作用主要表现在以下几个方面。

1. 促销是达成大量销售量的主要手段

（1）促销能够维持和扩大连锁企业的市场份额。许多情况下，连锁企业的销售额会在一定时期内出现上下波动，这是不利于稳定其市场地位的。这时，如果有针对性地开展各种促销活动，使更多的消费者了解、熟悉、信任本连锁企业出售的商品以及提供的服务，就能稳定乃至扩大本企业的市场份额，巩固其市场地位。

（2）促销能够刺激消费者的购买欲望，扩大其对商品的需求。无论采取哪种促销方式，连锁企业都应力求激发潜在顾客的购买欲望，引发他们的购买行为。有效的促销活动不仅可以诱导和激发顾客需求，而且在一定条件下还可以创造顾客需求，从而使市场需求朝着有利于连锁企业商品促销的方向发展。当门店的商品处于低需求时，促销活动可以扩大需求；当需求处于潜伏状态时，促销活动可以开拓需求；当需求出现波动时，促销活动可以平衡需求；而当需求衰退时，促销活动又可以吸引更多的新用户，保持一定的销售势头。

2. 促销是开展竞争的利器

（1）促销是市场竞争的产物。与竞争者对抗是促销的主要作用之一，一般来说，在进行促销策划时，必须首先掌握竞争者的动向，特别是其促销方式、规模和影响。

传统观念往往认为，连锁企业之所以采取促销措施，是因为其商品销售困难或占压仓库、资金周转困难等原因。其实，促销在市场上的本质却是推动竞争，因为促销使消费者的单一品牌忠诚度急剧下降。由于竞争者采取了这样的措施，本连锁企业就必须对此作出反应，这是第一种起因。第二种起因是集中强化消费者对商品的特定需求。促销往往有时令性，如换季、节假日、周末等，不同的连锁企业往往不谋而合地在同一时期内开展促销活动，这样必然产生竞争。而促销策划有充分的预期性，可以对抗竞争。第三种起因是连锁企业自身的销售问题，企业开展促销活动，必然会引起竞争者的对抗，对此连锁企业又必须作出相应的对策，进行有效的促销策划。所以，没有竞争就没有促销，而促销也正是使连锁企业在竞争中取胜的一把利器。

（2）促销为连锁企业“充电”，使其有力量与竞争对手抗衡。在连锁企业经营过程中，由于其门店的数目不断增加，竞争也日趋激烈，于是，众多的经营者都加入了以促销来争取顾客的行列中。一项新奇、实惠、有效的促销活动，会增强门店与消费者之间的信息沟通，使顾客在来门店购物之前就对该门店及其所经营的商品、所提供的服务产生偏爱，刺激了顾客的购买欲望，从而达到打败竞争对手的目的。

3. 促销是反映连锁企业经营活力的显示器

（1）寓教于售，驱动新市场。在21世纪，一种新的营销观——“使用价值导向”将逐渐展示其“王者本色”，而那种顾客需要什么就生产销售什么的“顾客价值导向”，将成为一种片面的营销观念。随着技术发展，“创造什么，就教顾客使用什么”将成为一种新的营销时尚。此时，连锁企业门店促销的主要作用之一就是要让顾客知道使用新产品的好处，并乐于购买。当然，这种新产品应根据技术能力和目标顾客的支付能力来设计制造。

在连锁企业的营销活动中，要成功地完成“使用价值导向”，所使用的促销方法就必然是“寓教于售”式的，要让顾客在学习过程中接受新事物。尤其是现在连锁企业经营的商品种类越来越多，新产品层出不穷，很多产品刚上市时，不为消费者所了解。如果各门店适当地开展促销活动，就可以迅速地把商品介绍给顾客，激发消费者的需求，促进消费者的购买和消费。同时，通过与消费者接触，可以加强连锁企业门店与顾客间的信息沟通和感情交流，了解顾客对商品的反应和消费需求的变化。普通的做法有：新产品现场试用，食品免费品尝，免费赠送等。

（2）促销可以突出连锁企业的特点，树立良好形象，扩大企业影响。在竞争激烈的市场环境下，消费者往往难以辨别、察觉连锁企业之间的差别或经营的同类商品间的细微差别。这时，各连锁企业就应该通过促销活动，反映各自的经营特色和特点，突出各自不同的主题、特色商品和特色服务，大力宣传本连锁企业与竞争企业及其经营商品间的不同特点，特别要强调本企业能给消费者带来的特殊利益，从而在市场上建立并巩固本企业的良好形象，进一步扩大企业的知名度和可信度。

三、门店常用的促销工具

连锁企业门店要使产品或服务尽快被顾客所接受，就必须与顾客进行有效的沟通。所有用于沟通的有效工具，我们将其称为促销组合（Promotion Mix）。每种促销工具都有其各自的特性和成本。

常用的促销工具有10种。

1. 优惠券促销

优惠券是门店进行促销时发放的、由持券人在指定地点购买商品时享受折价或优惠的凭证。优惠券促销是连锁门店促销活动时的一种常用工具。实施优惠券促销，可以扭转销售局面、提升消费者兴趣、增加销售量等。

使用优惠券促销时，需注意以下几个方面：

①优惠券的格式应简洁，富有美感和吸引力，券面布局合理。

②优惠券的优惠额度应考虑到促销商品的种类、单品价格、市场信誉度和知名度、门店销售目标、目标市场上顾客的消费水平、竞争者产品的价格和促销策略等。

③优惠券的文字信息应涉及促销主题，优惠额度、范围和时间期限，兑换地点，具有说服力的介绍，发券店名、地址和咨询电话等。

④优惠券的递送对象应为目标顾客，可以采用的递送方式有：直接送给消费者、借助商品包装内（外）派送、借助报纸杂志散发、利用联盟商户等特殊渠道发送。

2. 样品赠送促销

实施样品赠送，可以促使新产品顺利打入市场，提高劣势地区的销售业绩，并且对公司的形象进行公开宣传。

使用样品赠送促销时，需注意：不是所有的商品都适合样品赠送促销，适合的商品应具有单位价格低、消耗快、购买频率高、消费者没有明显的品牌偏好等特征。

样品的赠送步骤：选择样品赠送对象→选择样品赠送方式→选择赠送时机。

3. 返还促销

返还促销是门店为了优惠顾客，将顾客购物所付出的款项部分退还给顾客。实施返还促销可以吸引顾客、回馈客户、激励顾客购买。

返还促销的形式，按照不同的标准，可分为两种。按照顾客购买商品的不同，可分为单一商品的退费促销、重复购买同一商品的退费促销、多种商品的退费促销和相关性商品的退费促销四种形式。按照退费方式，可分为现金退费、优惠券退费、现金加优惠券退费、任选式退费、复合式退费、积分退费、升级式退费七种。

4. 以旧换新促销

以旧换新促销是指以本门店的旧产品换取本门店的新产品，并补齐差额。其主要目的是为了巩固和发展门店的新老顾客，建立顾客对品牌的忠诚度，联络与顾客的感情，本质上是对老顾客的一种回馈。实施以旧换新，能有效地刺激顾客的购买欲望，拓展新市场，树立品牌形象，扩大市场销售额等。

以旧换新的步骤：确定折价标准→确定折价幅度→选择折价时机。

5. 竞赛促销

常见的竞赛促销形式有回答内容、征集广告语、征集作品、排除顺序、竞猜等。

选择竞赛促销时应做到：竞赛促销对象明确，时机选择适宜，活动操作难度适中；竞赛规则应公开、透明、合理，竞赛结果应公平、及时、准确公布，避免参赛者的质疑和抱怨；竞赛奖品价值适中，能增强顾客对品牌的感知，起到广告宣传和扩大影响的作用。

6. 抽奖促销

抽奖促销包括标准抽奖、多次抽奖、启发式抽奖、配对游戏抽奖等。抽奖规则应明确合理，奖品对顾客应具有一定的诱惑力，抽奖流程应规范、公正、透明，避免引起顾客的不满。

7. POP 促销

POP（Point Of Purchase，卖点广告，又叫店头陈设）包括购物场所的各种广告形式。POP 作为一种促销工具，得到了广泛的应用。本模块后面将对其作详细介绍。

8. 量感陈列促销

量感陈列是指利用门店的明显位置，大量陈列特定商品，以提高销售量的活动。此活动通常会配合商品折价同步实施，而且所选定的商品必须是周转快、知名度高、有相当降价空间的商品，这样才可以达到充分促销的效果。

9. 现场演示促销

现场演示促销是指在门店销售现场，由厂家安排经销商对企业产品进行特殊的现场表演或示范，以及向顾客提供咨询服务，是现今厂家十分青睐的一种促销方式。实施现场演示促销，通常可以达到推广新产品、促进销售、使该产品提高竞争力的目的。

现场演示促销适用于技术含量比较低、属于大众消费品、有新型的使用功能、能立即显示产品效果的商品。

10. 试吃促销

试吃是指现场提供免费样品，供消费者食用的活动。对于以供应食品为主、以家庭主妇为主要目标顾客的连锁门店，举行试吃活动是提高特定商品销售量的有效方法，因为通过亲自食用和专业人员的介绍，会增加消费者购买的信心以及日后持续购买的意愿。

选择试吃促销时，应注意：与举行试吃活动的供应商沟通和协调好活动的细则，防止不规范的行为发生；选择适合举办试吃活动的地点，注意不要占用门店现场过多的空间；注意试吃食品的安全卫生，并向试吃者公布试吃食品的有关细节。

四、促销人员的管理

促销人员的管理主要包括促销岗位的设置、人员配置、招聘、培训、工作流程设置和奖励。

1. 促销岗位的设计

通常，门店促销岗位的设置可以采用直线领导的方式，即自上而下形成一种纵向管理。最高层是由门店总负责人担任的促销总经理岗位，负责整体促销计划的制定以及整体促销工作的安排和监管；第二层级是促销经理岗位，负责各项促销事务的具体落实工作，并管理促销员工作的开展；最底层是促销员岗位，负责促销中实际工作的开展。

2. 促销员的配备

门店的促销员主要分为两种，即专职促销员和兼职促销员，门店应根据具体情况要求配备合适的促销员。

专职促销员促销经验丰富、工作能力较强，在促销过程中容易把握消费者心理，同时熟悉产品的性能与特点，容易满足消费者的各方面需求。同时，专职促销员可以通过介绍、宣传产品扩大企业及品牌知名度。

兼职促销员一般多为在校的大中专院校学生，其费用较低，通常以小时计算，但整体素质较高，有助于树立企业形象，同时接受能力强，对新产品、新知识的理解能力强，领悟力强，通过培训即可上岗。当门店展开一些大规模的促销活动时，专职促销员人数不够，可以考虑多配备兼职促销员。

3. 促销员的招聘

促销员的招聘，可以通过报纸刊登招聘广告，或者直接把招聘海报贴在学校，或者通过微信、QQ 等现代化的通讯方式发布招聘信息；可以通过职业中介机构招聘；可以通过门店员工推荐；可以通过现有促销人员介绍其同学、朋友加入。

促销人员的甄选流程包括：面试，填写申请表，资格评选，录用培训。初步面试主要对应聘者的态度、语言表达与沟通、形象等进行考察。申请表包含的信息有个人资料及相关证件、联络方式、学历背景、应聘条件、相关工作经验等。资格评审就是筛选出符合标准的促销员。录用培训即通知应聘者被录用并告知其参加相应的促销员培训。

4. 促销员的培训

促销员培训的基本内容包括连锁企业和连锁门店的情况（如连锁企业的发展历史、企业文化，连锁门店的经营情况、市场份额及发展规划）、产品知识（如产品结构、性能、质量、技术先进性、用途、使用、保养和维修方法等）、市场情况（如市场管理规划、法律、税收等要求，消费者的心理和行为特征，竞争对手的情况）和活动方式介绍（如促销方式、促销目标、促销设备、促销技巧、促销业绩奖罚等）。

5. 促销员的工作流程

促销员的工作流程一般包括准备工作、促销宣传、接触顾客、信息收集和工作记录。

6. 促销员的奖励

连锁门店对促销员进行奖励，有助于提高促销员的工作积极性。促销员的奖励包括建立奖励制度，建立报酬制度和采取日常奖励措施。

五、POP 广告的使用

无论是店头促销，还是现场促销、展示促销，都少不了 POP 广告的大力相助。POP 广告（Point of Purchase）是指门店中能促进销售的广告，也称做售点广告。可以说，凡是在店内提供商品与服务信息的广告、指示牌、引导等标志，都可以称为 POP 广告。

POP 广告的任务是简洁地介绍商品，如商品的特色、价格、用途与价值等。

1. POP 广告的促销意义和作用

在连锁企业门店促销中，必须提高商品陈列的视觉效果。但仅仅通过陈列来提高是不够的，而 POP 广告具有强烈的视觉传达效果，可以直接刺激消费者的购买欲望。

值得一提的是，要注重知识性 POP 广告的应用。现在许多连锁企业门店中，大部分的 POP 广告都是一些利益性促销广告，如某某商品降价，某某商品可以参加抽奖等，而知识性促销广告所见甚少。当今世界已进人知识经济时代，时代已经对连锁经营提出了新的要求。连锁企业经营者应该树立起知识营销的新理念，通过知识性 POP 广告来加强各门店与消费者之间的沟通。

具体来说，POP 广告对促销有以下的作用。

（1）传达门店商品信息。主要体现在：吸引路人进入门店；告知顾客该门店内正在销售什么；告知商品的位置配置；简洁告知商品的特性；告知顾客最新的商品供应信息；告知商品的价格；告知特价商品；刺激顾客的购买欲；门店卖场的气氛；促进商品的销售。

（2）创造门店的购物气氛。随着消费者收入水平的提高，不仅其购买行为的随意性增强，而且消费需求的层次也在不断提高。消费者在购物过程中，不仅要求能购买到称心如意的商品，同时也要求购物环境的舒适。POP 广告既能为购物现场的消费者提供商品信息，又能美化门店环境的独特功效。

（3）促进连锁企业与供应商之间的互惠互利。通过促销活动，可以扩大连锁企业门店及其供应商的知名度，增强其影响力，从而促进连锁企业与供应商的互利互惠。

（4）突出门店的形象，吸引更多的消费者来店购买。POP 广告可以从众多同类商店中吸引顾客的眼光，达到使其购买的目的。

【开拓视野】

POP 广告

POP 广告是许多广告形式中的一种，意为“购买点广告”。POP 广告的概念有广义的和狭义的两种。

广义的 POP 广告的概念，指凡是在商业空间、购买场所、零售商店的周围和内部以及在商品陈设的地方所设置的广告物，都属于 POP 广告。如：商店的牌匾、店面的装潢和橱窗，店外悬挂的充气广告、条幅，商店内部的装饰、陈设、招贴广告、服务指示，店内发放的广告刊物，进行的广告表演，以及广播、录像电子广告牌广告等。

狭义的 POP 广告概念，仅指在购买场所和零售店内部设置的展销专柜以及在商品周围悬挂、摆放与陈设的可以促进商品销售的广告媒体。

2. POP 广告的种类

在实际运用时，可以根据不同的标准对 POP 广告进行划分。

（1）按连锁企业普遍使用的 POP 分类，主要有以下几种：

①招牌 POP。招牌 POP 主要包括店面、布帘、旗子、横（直）幅、电动字幕，其功能是向顾客传达企业的识别标志和企业销售活动的信息，并渲染这种活动的气氛。

②货架 POP。货架 POP 是展示商品广告或立体展示售货，这是一种直接推销商品的广告。

③招贴 POP。招贴 POP 类似于传递商品信息的海报，但要注意区别主次信息，严格控制信息量，建立起视觉上的秩序。

④悬挂 POP。悬挂 POP 主要包括悬挂在门店卖场中的气球、吊牌、吊旗、包装空盒、装饰物，其主要功能是创造卖场活泼、热烈的气氛。

⑤标志 POP。即门店内的商品位置指示牌，它的主要功能是向顾客传达购物方向的流程和位置的信息。

⑥包装 POP。包装 POP 是指商品的包装具有促销和企业形象宣传的功能，例如，附赠品包装、礼品包装、若干小单元的整体包装。

⑦灯箱 POP。门店中的灯箱 POP 大多稳定在陈列架的端侧或壁式陈列架的上面，它主要起指定商品的陈列位置和品牌专卖柜的作用。

（2）按 POP 广告的功能，可以分为销售型 POP 广告与装饰型 POP 广告。

销售型 POP 广告是指顾客通过其了解商品的有关资料，从而进行购买决策的广告；装饰型 POP 广告是用来提升门店的形象、进行门店气氛烘托的 POP 广告。这两种 POP 广告各自的功能及有关情况如表 3－3 所示。

表 3－3　　销售型 POP 广告与装饰型 POP 广告的功能与区别

名　称	功　能	种　类	使用期限
销售型 POP	代替店员出售商品 帮助顾客选购商品 激发顾客的购买欲望	手制的价目卡 拍卖 POP 商品展示卡	拍卖期间或特价日，多为短期用
装饰型 POP	制造店内的气氛	形象 POP、消费 POP 招贴画、悬挂小旗	较为长期性，而且有季节性

（3）按广告设置位置分类，可以分为外置 POP、店内 POP 及陈列现场 POP。

外置 POP 是将本门店的存在以及所经销的商品告之顾客，并将顾客引人店中的广告；店内 POP 是将门店内的商品情况、店内气氛、特价品的种类，以及商品的配置场所等经营要素告知消费者的广告；陈列现场 POP 广告是在商品附近的展示卡、价目卡及分类广告，它们能帮助顾客作出相应的购买决策。它们各自的功能及有关情况如表 3－4所示。

表 3-4　外置 POP、店内 POP 及陈列现场 POP 的形式与功能

种　类	具体类型	功　能
外置 POP	招牌、旗子、布帘	告诉顾客门店的位置及其所售商品的种类，通知顾客正在特卖或营造气氛
店内 POP	卖场引导 POP、特价 POP、气氛 POP、厂商海报、广告板	告诉进店的顾客，某种商品好在什么地方；告诉消费者正在实施特价展卖，以及展卖的内容，制造店内气氛；传达商品情报以及厂商情报
陈列现场 POP	展示卡、分类广告、价目卡	告诉顾客商品的品质、使用方法及厂商名称等特征，帮助顾客选择商品；告诉顾客广告品或推荐品的位置、尺寸及价格；告诉顾客商品的名称、数量、价格，以便消费者作出购买决定

六、促销工作的评估

可从促销活动是否连续、是否达到促销目标、是否有销售的热情、是否尽职尽责、是否与同事良好配合、是否严格执行促销计划、是否让顾客满意等方面对员工的促销绩效进行考核。

1. 促销活动绩效评估的方法

为使每次促销活动有新的收获，要在促销结束时，对促销活动的效果进行总结，以便下次提高和改善促销方案，使其更接近顾客所期望的促销活动。常用的促销绩效评估的方法有前后比较法、观察法、点差法等。

（1）前后比较法。选取开展促销活动的不同时段，即促销前、促销过程中及促销活动结束后三个阶段的销量进行比较。通过比较结果，判断促销活动是否成功。一般会出现以下三种情况。

第一种情况，成功的促销。在促销活动中大量消费者前来购买，销量得到大幅上升，达到甚至超过预定的目标。促销活动结束后，由于促销活动的成功，使商品的知名度和超市的美誉度提高，这除了促销商品销量增加外，还会带动其他商品的销售量。

第二种情况，徒劳无益的促销。促销活动对顾客的吸引力不大，几乎对商品销量没有起到任何的推动作用，白白浪费促销费用的销量。

第三种情况，适得其反的促销。虽然在促销活动中提升了一定的销售量，但由于在活动中管理混乱，或设计不当，或出现意外等，对超市的信誉造成了较大损害，导致顾客对超市的信任度下降，造成经营的滑坡。

通过前后比较法，能直接看出促销产生的效果，所以是判断促销活动成功与否最直接的方法。

（2）观察法。主要是通过促销主题配合度，促销创意与目标销售额之间的差距，促销商品选择的正确与否来评价促销活动。这种方法简便、易行，而且直观。

主题配合度的观察，指促销主题是否针对整个促销活动的内容，促销内容、方式、口号是否富有新意和吸引力，是否抓住了顾客的需求和产品的卖点。

促销创意与目标销售额之间的差距的观察，是指促销创意是否偏离预期目标销售额。另外，促销创意过于沉闷、正统、陈旧或是缺乏创造力、想象力和吸引力，也会影响促销的效果。

促销商品选择的正确与否的观察，是指促销商品能否反映店铺的经营特色，促销商品是否接近顾客的期望值，促销产品的选择决定了促销活动是否能为店铺增加实际利益，也决定了促销活动是否可以帮助店铺处理积压商品。

（3）调查法。促销的最终服务对象是顾客。顾客的评价最能体现促销效果，因此促销效果取决于顾客参与促销活动人数的多少以及满意程度的高低。一般来说，效果好的促销活动，顾客的参与度与满意度较高。可以抽取合适的顾客样本对顾客的满意度进行调查，通过对顾客参与促销活动的踊跃程度，事后有多少顾客记得促销活动，他们如何评价促销活动，他们在促销活动中是否得到了好处，促销活动对他们今后的购物选择是否有影响等方面进行调查。

2. 对供货商在促销活动中的表现进行评估

评估供货商在促销中的表现，应考虑以下问题：

- 供货商对活动的配合是否恰当、及时，是否主动参与活动并分担部分费用和降价带来的损失。
- 促销期间供货商能否及时供货，数量是否充足。
- 商品采购时供货商是否有促销承诺，是否兑现承诺并积极配合。

3. 对自身运行状况进行评估

这包括对配送中心和门店自身运行状况的评估。

对配送中心的评估，着重考查配送中心送货是否及时；门店与配送中心配合的过程中，是否注意合理组织运力、分配各分店促销商品的数量等。

对于门店运营状况的评估，主要评估其对促销计划的执行情况，看其是否按计划操作，促销商品在店铺中的陈列方式及数量是否符合店铺实际情况，促销活动期间总部对门店活动的协调、控制及配合程序是否恰当，总部对促销计划的制定是否准确，总部安排的促销时间、选择的促销活动的主题内容是否正确等。

>> 本模块小结

本模块首先介绍了门店销售计划制定的步骤和方法，并介绍了有关商品价格制定的方法与策略，重点讲述了门店商品促销的方式和手段，以及促销业绩评估的方法。掌握了这些内容，就基本上掌握了有关门店销售方面的知识。

>> 本模块参考

1. 浏览网址

［1］http：//www. linkshop. com. cn/

［2］http：//www. chinacpx. com/

2. 参考文献

［1］菲利普·科特勒等著．梅清豪译．市场营销学（亚洲版）．北京：中国人民大学出版社，2005

［2］郭汉尧．超级店长十七项实战能力．北京：中国经济出版社，2008

［3］现代超市求职/上岗指南编委会主编．如何做一名优秀的店长．广州：广东经济出版社，2006

［4］王丽丽．图解商场超市365营销与促销．北京：化学工业出版社，2014

>> 思考题

1. 怎样制定门店销售计划？销售计划应包含什么内容？
2. 制定商品价格的方法有哪些？
3. 商品调价有什么技巧？
4. 促销工具有哪些？
5. 促销员的管理工作可以从哪些方面开展？
6. 何谓POP广告？POP广告有哪些种类？

>> 案例分析题

如何走出促销有客流不促销无客流的怪圈

某大型连锁超市C的销售额与客流量一直较稳定，但近年来由于新增了两家大型连锁超市，在竞争对手不断升级的促销战中，C超市因经常受竞争对手促销的影响，客流量不稳定，销售额下降较大。为此，C超市也被迫开始了频繁的促销。C超市通过近3个月促销的评估、梳理发现，不同的促销让利力度，可恢复原来客流的90%～105%左右；再看毛利率，通过频繁的促销，让利令门店毛利额较促销前下降逾3成；而假如不做任何促销，客流量只能回到原来的70%左右。C超市陷入了两难的局面，做促销虽有客流，但顾客多数均购买促销品，令企业的毛利大幅下降，毕竟超市要靠赢利维持；如果不做促销，顾客流往竞争对手处，客流大幅下降，市场份额岌岌可危。

思考：

你认为形成C超市目前状况的原因是什么？C超市应该从哪些方面着手来改变这样的状况？

模块四

门店收银管理

>>学习目标

1. 了解 POS 系统的构成
2. 掌握收银作业流程
3. 掌握收银作业的重点内容
4. 能够处理常见例外事件

【案例导读】

收银员利用美食城收银系统漏洞套钱280万元

据《检察日报》报道，2014年6月9日，21岁的安静和22岁的张彦娟，因利用职务之便，半年内侵吞美食城282.49万元，涉嫌职务侵占罪，被河南省驻马店市驿城区检察院依法批捕。

安静和张彦娟是河南省驻马店市爱家量贩美食城的收银员，这家美食城是驻马店市区最大的美食城之一。顾客到这家美食城吃饭，要先到收银台上预付现金，然后拿到一张卡，吃饭时刷卡结账，没花完的钱当场退付现金。收银台上有两台电脑收银刷卡机，一个结款打印机。

顾客结账时，如果先在两台刷卡机的其中一台机器上进行退款操作，在退款操作的最后一步需要确认时，先不点击确认键，然后再拿这张卡在另外一台刷卡机上进行同样的退款操作，最后两台机器都点击确认，就会出现这样的局面：吃了一顿饭，结了两次退款，一次是顾客应结的实际退额，另一次"同额款额"就退到了两个收银员的腰包。

"她们是重复点击电脑键盘的退款确认键，实施套取现金犯罪的，这是电脑结算没有注意到的一大漏洞"，办案检察官说，"比如顾客先预付100元，实际消费30元，退款时给顾客退了70元，另外又有一笔的70元也退出来了，就被重复点击确认键的收银员占有了"。

资料来源：http：//henan. china. com. cn/special/2014/0717/46349. shtml，有删改。

项目一
POS系统概述

一、POS系统的含义

POS系统的全称为Point of Sales管理系统，被译为"销售时点情报管理系统"，即利用带有扫描仪的收银机，将零售超市各单品的销售资讯或退货、分送等各环节的有关资料输入电脑，然后处理、加工并传送给有关的部门，使经营者能够有效利用的系统。

POS 系统是整个超市的信息管理系统的基础，是以商品条形码为基础，包括商品销售、存货盘点、财务分析、采购订货等信息的储存器。

二、POS 系统的构成

POS 系统包含前台 POS 系统和后台 MIS 系统两大部分。

连锁店在建立完善前台 POS 系统的同时，也应建立连锁店管理信息系统（Management Information System，MIS），实际上是 POS 系统网络的后台管理部分。这样，在商品销售的任何过程中任一时刻，商品的经营决策者都可以通过 MIS 了解和掌握 POS 系统的经营情况，实现商场库存商品的动态管理，使商品的存储量保持在一个合理的水平，减少了不必要的库存。

1. 前台 POS 系统

前台 POS 系统是指通过自动读取设备（主要是扫描器），在销售商品时直接读取商品销售信息（如商品名称、单价、销售数量、销售时间、销售店铺、购买顾客等），实现前台销售业务的自动化，对商品交易进行实时服务和管理，并通过通信网络和计算机系统传送至后台，再通过后台计算机系统（MIS）的计算、分析与汇总等，掌握商品销售的各项信息，从而为企业管理者分析经营成果、制定经营方针提供依据，以提高经营效率的系统。

2. 后台 MIS 系统

后台 MIS 系统又称管理信息系统。它负责整个商场进、销、调、存系统的管理以及财务管理、库存管理、考勤管理等。它可根据商品进货信息对厂商进行管理，又可根据前台 POS 提供的销售数据，控制进货数量，合理周转资金；还可分析统计各种销售报表，快速准确地计算成本与毛利，也可以对售货员、收款员业绩进行考核。是员工分配工资、奖金的客观依据。因此，商场现代化管理系统中前台 POS 与后台 MIS 是密切相关的，两者缺一不可。

三、门店 POS 系统的硬件结构

POS 系统的硬件结构主要依赖于计算机处理信息的体系结构。而门店 POS 硬件系统的基本结构可分为三种：单个收款机、收款机与微机相连构成 POS 系统和收款机、微机与网络构成 POS 系统。目前，大多门店采用第三种类型的 POS 结构，它的硬件主要包括收银机、扫描器、显示器、打印机网络、微机与硬件平台等，如图 4－1 所示。

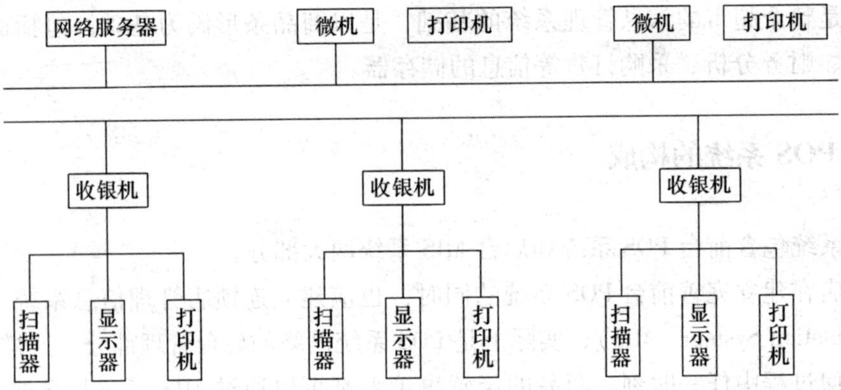

图 4－1　POS 系统的硬件结构

1. 前台收银机

图 4－2　前台 POS 收银机

前台收银机，即 POS 机（如图 4－2），可采用具有顾客显示屏和票据打印机、条码扫描仪的机型。共享网上商品库存信息，保证了对商品库存的实时处理，便于后台随时查询销售情况，从而进行商品的销售分析和管理。条码扫描仪可根据商品的特点选用手持式或台式的机型，以提高数据录入的速度和可靠性。

前台收银机有以下优点：

- 收款迅速、正确，顾客满意。
- 支持现金、支票、信用卡、外币、礼券、提货单等多种付款方式，甚至在同一笔交易中，也可以用多种方式支付，极大地满足了顾客的不同需求。
- 统计收银员业绩及顾客的购物信息，为管理服务。
- 结账精确，杜绝舞弊。

【开拓视野】

电子收银机的结构

电子收银机的结构主要由电子器件和机械部件两类组成，有以下七个组成部分。

（1）主板——中央数据处理部件。

（2）存储器——存储信息、数据、程序。

（3）键盘——用来输入各种销售数据。

（4）打印机——用于打印销售发票和管理存根。

（5）显示屏——用于方便收银员和顾客进行人机对话。

（6）钱箱——用于存放收款现金。

（7）外部设备接口——用于连接各种外部设备。

随着现代技术的发展，电子收银机的附件设备逐渐增多，常见的主要有：打印机、条码阅读器、磁卡读写器、电子秤、调制解调器、后备电源、通讯联网接口。

2. 网络

目前，我国大多数商场信息交流的现状是内部信息的交换量很大，而对外的信息交换量很小，因此，计算机网络系统应采用高速局域网为主、电信系统提供的广域网为辅的整体网络系统。同时，考虑到系统的开放性及标准化的要求，选择TCP/IP协议（网络通信协议）较合适。而操作系统应选用开放式标准操作系统。

3. 硬件平台

大型连锁店的商品进、存、调、销的管理复杂，账目数据量大，且须频繁地进行管理和检索，所以选择较先进的客户机/服务器结构，可大大提高工作效率，以保证数据的安全性、实时性和准确性。

四、门店POS系统的软件功能

POS系统的软件结构组成如图4－3所示。

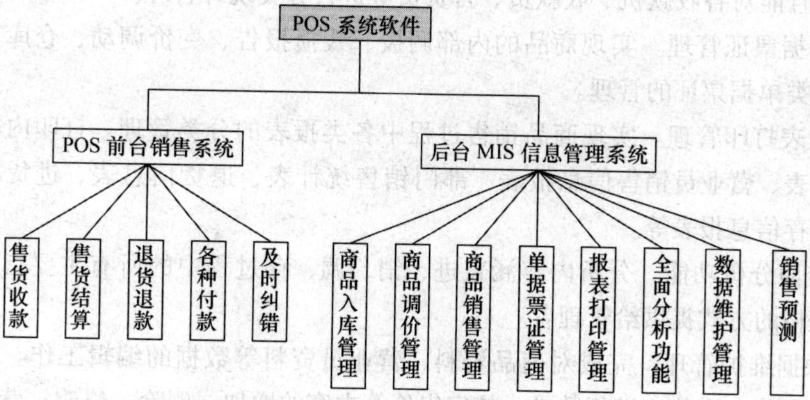

图4－3　POS系统的软件结构

1. 前台 POS 软件的功能

（1）售货收款。完成日常的售货收款工作，记录每笔交易的时间、数量、金额，进行销售输入操作。如果遇到条码不识读等现象，系统可采用价格或手工输入条码号进行查询。

（2）售货结算。可进行收银员交班时的收款小结、大结等管理工作，计算并显示出本班交班时的现金及销售情况，统计并打印收款机全天的销售金额和各售货员的销售额。

（3）退货退款。为了提高商场的商业信誉，更好地为顾客服务，在顾客发现商品出现问题时，允许顾客退货。退货功能是日常销售的逆操作，此功能记录退货时的商品种类、数量、金额等，便于结算管理。

（4）支持各种付款方式。可支持现金、支票、信用卡等付款方式，方便顾客的不同要求。

（5）即时纠错。在销售过程中出现的错误能够及时修改更正，保证销售数据和记录的准确性。

2. 后台 MIS 软件的功能

（1）商品入库管理。对入库的商品进行输入登录，建立商品数据库，以实现对库存的查询、修改、报表以及商品入库验收单的打印等。

（2）商品调价管理。由于有些商品的价格随季节和市场等情况而变动，系统能提供对这些商品所进行的调价管理。

（3）商品销售管理。根据商品的销售记录，实现商品的销售、查询、统计、报表等管理，并且能对各收款机、收款员、售货员等进行分类统计管理。

（4）单据票证管理。实现商品的内部调拨、残损报告、变价调动、仓库验收、盘点报表等各类单据票证的管理。

（5）报表打印管理。实现商品销售过程中各类报表的分类管理。打印内容包括时段销售信息表、营业员销售信息报表、部门销售统计表、退货信息表、进货单信息报表、商品结存信息报表等。

（6）全面分析功能。分析内容涵盖进、销、调、存过程中的所有主要指标，同时以图形和表格的方式提供给管理者。

（7）数据维护管理。完成对商品资料、营业员资料等数据的编辑工作。如商品资料的编号、名称、进价、进货数量、核定售价等内容的增加、删除、修改；营业员资料的编号、姓名、部门、班组等内容的编辑，以及商品进货处理、商品批发处理、商品退货处理；实现收款机、收款员的编码、口令管理，支持各类权限控制；实现对本系统所涉及的各类数据进行备份，交易断点的恢复。

（8）销售预测。包括畅销商品分析、滞销商品分析、某种商品销售预测及分析、某类商品销售预测及分析等。

五、POS系统的运行步骤

POS 系统的运行由以下五个步骤组成。

第一步，店头销售商品都贴有表示该商品信息的条形码或光学识别（OCR）标签。

条形码（barcode）是将宽度不等的多个黑条和空白，按照一定的编码规则排列，用以表达一组信息的图形标识符。常见的条形码是由反射率相差很大的黑条（简称条）和白条（简称空）排成的平行线图案。条形码可以标出物品的生产国、制造厂家、商品名称、生产日期、图书分类号、邮件起止地点、类别、日期等诸多信息，因而在商品流通、图书管理、邮政管理、银行系统等许多领域都得到了广泛的应用。

第二步，在顾客购买商品结账时，收银员使用扫描读数仪自动读取商品条形码标签或 OCR 标签上的信息，通过店铺内的微型计算机确认商品的单价，计算顾客购买总金额等，同时返回给收银机，打印出顾客购买清单和付款总金额。

第三步，各个店铺的销售时点信息通过 VAN（增值网络，Value Added Network 的缩写），以在线联结方式即时传送给总部或物流中心。

第四步，在总部，物流中心和店铺利用销售时点信息来进行库存调整、配送管理、商品订货等作业。通过对销售时点信息进行加工分析来掌握消费者购买动向，找出畅销商品和滞销商品，并以此为基础，进行商品品种配置、商品陈列、价格设置等方面的作业。

第五步，在零售商与供应链的上游企业（批发商、生产厂家、物流业者等）结成协作伙伴关系（也称为战略关系）的条件下，零售商利用 VAN 在线联结的方式把销售时点信息即时传送给上游企业。这样上游企业可以利用销售现场及时准确的销售信息制定经营计划，进行决策。例如，生产厂家利用销售时点信息进行销售预测，掌握消费者购买动向，找出畅销商品和滞销商品，把销售时点信息（POS 系统信息）和订货信息（EOS 信息）进行比较分析来把握零售商的库存水平，以此为基础制定生产计划和零售商库存连续补充计划（Continuous Replenishment Program，CRP）。

六、POS 收银机的保养和维护

虽然不同的 POS 收银机的操作程序有所差异，但其在维护和保养方面的要求则是基本一致的。一般必须做到以下几个方面。

（1）保持机器外表的整洁，不允许在机器上摆放物品，做到防水、防尘、防油；使用时动作要轻，特别是在开启、关闭银箱时要防止过大的震动。

（2）电源线的连接应安全和固定，不要随意搬动机器和拆装机器内部器件；断电关机后，至少应在一分钟后开机，不能频繁开、关机；经常检查打印色带和打印纸，及时更换色带和打印纸，保持打印机内部的清洁。

POS 机在日常使用中有时会出现一些小毛病，影响正常的经营活动。收银人员应掌握一些排除故障的方法，自己动手解决这些小毛病（见表 4－1）。

表 4－1　POS 收银机常见故障分析与排除方法

故障现象	故障分析	检查方法	排除方法
指示灯无显示	1. 电源插头接触是否良好 2. 电源电压是否符合要求 3. 开关电源有故障 4. 指示灯坏或未插紧	1. 检查插头 2. 检查电源是否为 220V	1. 把插头插到合适位置 2. 把电压调到 220V 3. 更换开关电源
钱箱打不开	1. 电缆线是否连接正确 2. 接触是否良好 3. 钱箱有故障 4. 钱箱钥匙是否在中间位置	1. 检查连接是否正确 2. 查看接触是否良好 3. 检查钱箱 4. 检查钥匙位置	1. 按正确方法接好电缆线 2. 把固定螺钉紧好 3. 换钱箱 4. 把钥匙转到中间位置
钱箱关不上	1. 衬垫是否取下 2. 箱内有异物 3. 塑料挡板是否在原位置	1. 检查衬垫是否取下 2. 卸下抽屉 3. 检查挡板是否在原位置	1. 取下衬垫 2. 取出异物 3. 把挡板插在原位置
显示器无显示	1. 显示器电源是否接通 2. 亮度控制是否合适 3. 信号电缆与主机是否连接好	1. 检查电源开关是否接通 2. 查看亮度电位器 3. 检查电缆线与主机是否连好	1. 接通电源开关 2. 调整亮度电位器 3. 把电缆线与主机连好
客显无显示	1. 电源开关是否接通 2. 信号电缆与主机是否连接好	1. 查看电源开关是否接通 2. 检查电缆线与主机是否连接好	1. 接通电源开关 2. 把电缆线与主机连接好

续表

故障现象	故障分析	检查方法	排除方法
打印机不打印	1. 电源开关是否接通 2. 电源线连接是否正确 3. 信号电缆与主机是否连接好 4. 是否联机，联机灯不亮	1. 查看电源开关是否接通 2. 检查电源线连接是否正确 3. 检查信号电缆线与主机是否连接好 4. 按下联机键	1. 接通电源开关 2. 把电源线连接好 3. 把电缆线与主机连接好
键盘不工作	键盘信号线与主机是否接好	检查信号线与主机是否接好	把信号线与主机连接好

七、商品条形码知识

条形码 POS 系统的建设与商品条形码的使用是相辅相成的。商品条形码的应用和推广有赖于 POS 系统的建立；反之，商品若不使用条形码，条形码 POS 系统也建立不起来。只有商品普遍使用了条形码，条形码 POS 系统才能有效地发挥作用。

1. 商品条形码的概念

条码是利用光电扫描阅读设备识读并实现数据输入计算机的一种特殊代码。它是由一组粗细不同、黑白或彩色相间的条、空及其相应的字符、数字、字母组成的标记，用以表示一定的信息。

商品条形码是指由一组规则排列的条、空及其对应字符组成的标识，用以表示一定的商品信息的符号。其中，条为深色、空为纳色，用于条形码识读设备的扫描识读。其对应字符由一组阿拉伯数字组成，供人们直接识读或通过键盘向计算机输入数据使用。这一组条、空和相应的字符所表示的信息是相同的。

2. 商品条形码的种类

目前常见的商品条形码有两种：一种是在美国、加拿大地区通用的商品代码，即 UPC 代码；另一种是国际物品编码协会（EAN）推行的通用商品代码，即 EAN 代码。UPC 和 EAN 条码系统产生的条码又称自然码。

（1）美国商品代码系统（UPC）。UPC 条码主要在美国、加拿大广泛使用。美国的 UPC 条码系统中条形码共有 5 种版本，分别为 UPC－A、UPC－B、UPC－C、UPC－D、

UPC－E。

UPC－A 是商品中常用的条形码，它由 12 位数字组成，含义为：第 1 位字符（国别码）代表商品的国家和地区，第 2～6 位字符（厂商码）代表商品的生产厂家，第7～11 位字符（产品码）代表商品的代码，第 12 位字符（校验码）作为扫描成功的依据。

UPC－B，用于药品和卫生用品。

UPC－C，用于产业部门。

UPC－D，用于仓库批发部门。

UPC－E，用于商品短码。

（2）国际通用商品代码系统（EAN）。EAN 条码主要在欧洲国家使用，我国大部分商品采用的条形码都属于这种类型。国际物品编码 EAN 系统协会分配给我国的前缀为“690”“691”和“692”。EAN 条码系统中条形码共有两个版本，即 EAN－13 和 EAN－8。EAN－13 是完整的商品条形码，由 13 位字符组成；EAN－8 是缩短条形码，由 8 位字符组成。它们的含义如下。

EAN－13 条形码：第 1～3 位字符（国别码）代表商品的国家和地区，第 4～7 位字符（厂商码）代表商品的生产厂家，第 8～12 位字符（产品码）代表商品的代码，第 13 位字符（校验码）作为扫描成功的依据。

EAN－8 条形码：第 1～2 位字符（国别码）代表商品的国家和地区，第 3～7 位字符（厂商码）代表商品的生产厂家，第 7～11 位字符（产品码）代表商品的代码，第 8 位字符（校验码）作为扫描成功的依据。

（3）商品内部条形码。目前，有许多商品的生产厂家还没有向中国物品编码中心申请其生产商品的通用商品条形码。如果连锁门店使用条形码进行商品的销售和管理，对于这些没有通用商品条形码的商品，就必须建立自己内部的条形码即店内码。门店在考虑使用内部条形码时应遵守 EAN－13 和 EAN－8 码结构。

项目二 收银作业管理

收银作业是门店销售服务管理的一个关键环节，它直接关系到门店的经济效益，也影响着顾客对门店的印象。收银台是门店商品、现金的闸门。商品流出、现金流入都要经过收银台，稍有疏忽就会使经营前功尽弃。收银作业不只是单纯地为顾客提供结账服务，也是门店的窗口，是顾客了解门店的途径之一。收银员收取顾客的货款之后，不代表整个销售行为就此结束，因为在整个收银作业的流程中，还包括了对顾客的商品包扎、礼仪态度、信息的提供、现金作业的管理等各项前置和后续的作业。

由于收银员工作对门店经营的重要性，因此，对收银员作业的管理要细化到收银员作业的每一个程序乃至每一个动作和每一句用语。确定对收银员作业管理的重点是十分重要的。

一、收银员的服务礼仪规范

收银员在为顾客提供服务时，面带微笑地招呼顾客和稍作家常式的谈话，会让顾客在购物之余，感受到愉快和亲切的气氛。也许顾客并不会当面称赞或感谢，但当顾客能再度光临时，就是答谢工作人员的最好证明，所以一定要提供最好的服务，让顾客再度惠顾。

1. 收银员的仪表

收银员的仪表应以整洁、简便、大方，富有朝气为原则。以下是收银员在仪表方面应注意的事项。

（1）整洁的制服。每位收银员的制服，主要包括衣服、鞋袜、领结等，必须保持一致、整洁、不起皱。上岗时必须按规定在统一的位置上佩带好工号牌。

（2）清爽的发型。收银员无论是长发还是短发都应梳理整齐。

（3）适度的化妆。女性收银员适度的淡妆可以让自己显得更有朝气，但切勿浓妆艳抹，造成与顾客的距离感。

（4）干净的双手。连锁企业门店销售的商品无论是食品还是服装，若收银员的指甲藏污纳垢或者涂上过于鲜艳的指甲油，都会使顾客感觉不舒服，同时过长的指甲，也会造成收银员工作上的不便。

2. 收银员的举止态度

收银员在工作时应随时保持亲切的笑容，以礼貌和主动的态度来接待和协助顾客。当顾客发生错误时，不能当面指责，应以委婉有礼的言语来为顾客纠正。总之，在任何情况下，都应保持冷静和清醒，控制好自己的情绪，不能与顾客发生口角。

3. 正确的待客用语

顾客需求的多样性和复杂性，难免会有使顾客产生抱怨的情况出现，而这种抱怨又经常会在付账时对收银员发出，因此，收银员应掌握一些正确的待客用语。例如，当顾客买不到商品时，应向顾客致歉，并给予建议，其用语为：“对不起，现在刚好缺货，让您白跑一趟，您要不要先买别的牌子试一试？”或“您要不要留下您的电话和姓名，等新货到时立刻通知您?”当本收银台收银空闲，而顾客又不知道要到何处结账时，应该说：“欢迎光临，请您到这里来结账好吗?(以手势指向收银台，并轻轻点头示意)”等。

二、收银作业流程

收银员的作业流程可分为营业前、营业中、营业后三个阶段。收银作业流程见图4－4。

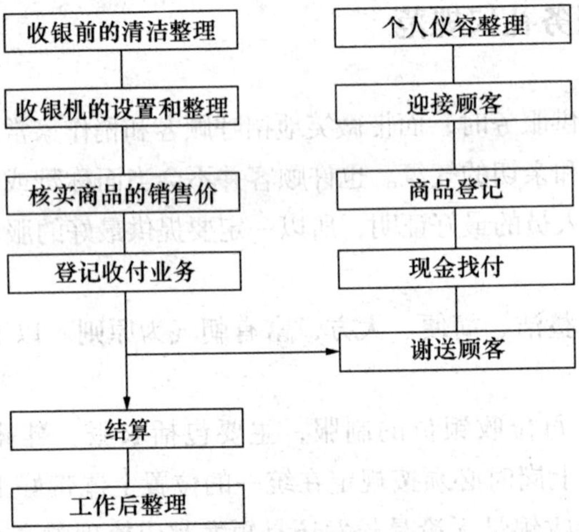

图4－4　收银作业流程

1. 营业前作业

门店营业前收银员必须进行一系列的准备工作，包括清洁整理收银作业区、整理补充必备物品、检查收银机等，营业前作业内容见表4－2。

表4－2　门店营业前收银作业的内容

营业前作业	具体内容
清洁、整理收银台及周围环境	包括收银台、收银机收银台四周地面、纸篓商品整理包装台、购物车购物篮的放置处等
整理、补充必备物品	包括所有尺寸的购物袋、打印纸、暂停结算牌、笔、干净的抹布、订书机、订书针、吸管、卫生筷子、汤匙、剪刀、包装绳、必要的记录表等
准备备用金	检查各种面值的纸钞、硬币，种类是否齐全，检查备用的零钱是否足额
整理商品	整理补充收银台前头柜的商品，核对价目牌
服装仪容检查	工装是否整洁；身份标识牌是否佩戴；个人发型、仪容是否整齐、清洁

续表

营业前作业	具体内容
熟记特殊商品的价格和位置	应了解当日的促销活动，熟记特价商品、变价商品的价格和重要商品的位置
检查收银机	开启收银机，检查机器是否正常；打印装置是否正常；工号和日期是否正确；机内的程序设定和各项统计数值是否正确归零；后台服务与前台收银机链接是否正常；信息传输是否正确；验钞机工作是否正常

2. 营业中作业

门店营业中收银作业的主要内容是收银与整理作业，营业中作业内容见表4－3。

表4－3　　门店营业中收银作业的内容

营业中作业	具体内容
招呼顾客	顾客临近收银台时主动招呼顾客，给顾客留下美好印象
为顾客提供结账服务	认真对待每一位顾客。扫描商品时要快速、敏捷且准确无误。收顾客现金时要唱收，付顾客现金时要唱付，收银机打出的收据单要请顾客核对
为顾客做商品装袋服务	根据不同商品的特性，将商品分类放入袋中交给顾客，如有易碎品要提醒顾客注意
特殊收银作业处理	赠品兑换或赠送；现金抵用券或折价券的折现；点券或印花的赠送；折扣的处理
无顾客结账时的作业	整理、补充收银台各项必备物品；整理、补充收银台前头柜的商品；兑如找零现金短缺要兑换的零钱；分类整理顾客的临时退货；保持收银台及周围环境的清洁；整理购物车、购物筐；协助做好安全保卫工作；收银员交班结算作业

3. 营业后作业

一日或一班的营业工作结束后，收银员要做好营业结束后的系列收尾工作。具体包括：清点现金、关闭收银机电源、整理清洁收银台周围环境等，营业后作业内容见表4－4。

表4－4　　门店营业后收银作业的内容

①整理作废与更改的发票与各种抵价券	④关闭收银台电源并盖上防尘罩
②清点现金、支票等，结算营业额	⑤帮助整理购物车、购物筐并放回原位
③整理收银台及周围环境	⑥协助现场人员处理善后工作

三、收银过程管理

1. 严明收银员作业纪律

现金的收受与处理是收银员重要的工作之一。为了保护收银员，避免不必要的猜疑和误会以及确保门店现金管理的安全性，必须严格遵守企业的收银作业纪律。

（1）收银员必须保持仪表干净整洁，使用规范的服务用语接待顾客。

（2）收银员工作时身上不可携带现金，以免引起不必要的误解和可能产生的公款私挪的现象。如果收银员当天拥有大额的现金，不方便存放在个人储物柜时，可以请店长代为保管。

（3）不可在收银台上放置任何私人物品。因为收银台上随时都可能会有顾客退换或临时决定不购买的商品，如果有私人物品放在收银台上，容易与这些物品混淆，引起他人误会。

（4）不可随意打开收银机抽屉查看和清点现金。随意打开收银机查看和清点现金既会引人注意而造成不安全，又容易使人产生对收银员营私舞弊的怀疑。

（5）收银员在进行收银作业时不可擅离收银台。因为收银台内现金、礼券、单据等重要物品较多，如果擅自离开，会使坏人有机可乘，造成店内钱物损失，而且可能引起等候结算的顾客的不满。

（6）收银员不可为自己的亲朋好友结算收款，以免引起不必要的误会和可能产生的收银员利用收银职务方便，以低于原价的收款登录至收银机，用企业利益图利他人或内外勾结实施偷盗。

（7）收银员要熟悉卖场内的商品及有关的经营状况，尤其是当前的变价商品、特价商品、重要商品等，以便顾客询问时作出正确的回答。同时，收银员也应适当地主动告知顾客店内的促销商品，这样既能让顾客有宾至如归的感觉，还可以增加门店的销售业绩。

（8）收银员在营业期间不可看书看报或与人谈笑，否则不仅容易疏忽店内和周围情况，导致门店损失，而且会给顾客留下不佳的印象。收银员要随时注意收银台前人员的出入情况和视线所及的卖场内的情况，如发现有异常状况，应及时通知保安人员。

2. 收银结账作业管理

收银结账作业包括欢迎顾客、商品登记、收取顾客货款、找钱、商品袋装及送客等程序，收银员应保持自然的微笑接待每一位顾客，并且使用“欢迎光临”“谢谢”“再会/欢迎下次光临”等礼貌用语，不得省略。其规范程序和动作见表4－5。

表4－5　　收银结账程序和动作规范

步　骤	收银标准用语	配合动作	要　求
欢迎顾客	“欢迎光临”	1. 面带微笑，与顾客的目光接触 2. 等待顾客将购物车/篮上的商品放置收银台上	微笑（Smile）
扫描商品	“请问这些是您需要结账的商品吗”	1. 以左（右）手去拿商品，进行电脑扫描输入 2. 输入完的商品必须与未输入的商品分开放置，避免混淆 3. 检查购物车/篮内是否还留有商品未结算	速度（Speed）
结算商品总额，并告知顾客	“您好，总共是××元”	1. 将空的购物篮从收银台上拿开，叠放在一旁 2. 若无他人协助入袋，可趁顾客拿钱时，先行将商品入袋，但在顾客拿出钱付账时，应立即停止入袋工作	速度
收取顾客支付的货款	“收您××元” “收您××卡一张，请您输入密码”	1. 确认顾客支付的现金金额，并检查真伪 2. 若顾客未付账，应礼貌地重复一次，不可表现出不耐烦 3. 执行银行卡/购物卡结算程序	速度
找　零	“找您××元，拿好小票” “请您在银行结算单上签字” “请拿好您的卡”	找出正确的零钱，将大钞放在下面，零钱放在上面，双手将现金/银行卡/购物卡连同收银小票一并交给顾客	速度
商品入袋		根据入袋原则，将商品依序放入购物袋内	诚恳（Sincere）
送别顾客	“谢谢！拿好商品，欢迎再来”	1. 提醒顾客拿好全部商品 2. 面带笑容目送顾客离开	微笑

3. 处理各种支付方式的规范

随着支付手段的多样化，收银员必须掌握不同支付方式的处理和应对办法。连锁门店的支付方式主要有现金支付、信用卡支付、储蓄卡支付和抵用券支付（连锁总部发行的代用券）。现金支付自然不必介绍，支票支付一般由财务室处理，这里只介绍抵用券支付、信用卡支付和储蓄卡支付。

（1）抵用券支付。抵用券一般是指连锁总部发行大的各种有价券、折价券、赠券等，若顾客以此类抵用券来抵一部分金额时，收银员应仔细辨别其真伪、有效日期、使用方法（如是否可以找零，是否可以分次使用及开立发票等），并在抵用券右上角加划“//”表示此券作废，同时在其背面签上收银员姓名、日期及收银机号；如果是折价券，则还应对照商品与折价券是否相符，再将该金额分摊于该商品。

（2）信用卡支付。信用卡是银行发行的可以透支的一种卡，一般都印有年、月、日，持卡人姓名和有关银行标志。收银员应检查信用卡是否完整无损，核对顾客的有效身份证件（如身份证、护照等）是否与信用卡相符，相片是否相符，检查发行时间和到期年月，检查信用卡的透支额度，查验信用卡是否被宣布作废或失窃等，然后进行收款作业。

（3）储蓄卡支付。在我国零售企业中，储蓄卡支付是除现金之外的第二大支付手段，储蓄卡又称借记卡，不具备透支功能，是先存入后取出的，对银行和商家都无风险。我国各大银行都有发行，如建行龙卡，工行牡丹灵通卡等。

4. 收银员袋装作业管理

2008 年 6 月 1 日，我国正式实施“限塑令”，在全国范围内实行塑料购物袋有偿使用，超市、商场、集贸市场等零售场所一律不得免费提供塑料购物袋。目前，虽然大多数消费者会自带购物袋，但收银员仍然要完成袋装任务。将结算好的商品替顾客装入袋中，不仅是收银工作的一个环节，还可以从这一环节加强门店的防损工作。

收银员在为顾客提供袋装服务时，需要有以下规范。

（1）袋装原则。有以下两点：

- 向顾客推荐合适尺寸的购物袋。购物袋有大小之分，应根据商品的类别、数量和重量来选择确定袋的大小、数量。
- 正确区分商品类别，不同性质的商品必须分开袋装，例如生鲜与干货类、食品与化学用品、生食与熟食等。商品分类非常重要，正确科学地分类袋装，不仅可以提高服务品质、增加顾客满意度，而且也体现了尊重顾客、尊重健康的理念。

（2）袋装技巧。有以下几点：

- 入袋程序：硬与重的商品垫底装袋→正方形或长方形的商品装入包装袋的两侧，作为支架→瓶装或罐装的商品放在中间，以免受外来压力而破损→易碎品或轻飘的商品放置在袋中的上方。
- 冷冻品、豆制品等容易出水的商品和肉、菜等易流出汁液的商品，先用包装袋装好后再放入大的购物袋中，或征得顾客同意不放入大购物袋中。
- 确定附有盖子的商品都已经拴紧。

- 装入袋中的商品不能高过袋口，以避免顾客提拿时不方便，一个袋中装不下的商品应装入另一个袋中。
- 超市促销活动中所发的广告页或赠品要确认已放入包装袋中。
- 装袋时要绝对避免把顾客的商品误放入他人的袋中的现象。
- 对包装袋装不下的商品，用绳子捆好，以方便顾客提拿。
- 提醒顾客带走所有包装入袋的商品，防止其遗忘商品在收银台上的情况发生。

有一些门店因人手不足或为降低经营成本，没有为顾客提供袋装服务，而是由顾客自行将商品放入购物袋。在此情况下，收银员仍需注意下列事项：将登陆完的商品放入另一购物篮时，必须依照袋装的程序将商品放入，以免商品遭受损害；将结账完毕的商品交给顾客时，应同时附上购物袋，并对顾客说声"麻烦您!"；体积过大或过重，无法放入购物袋的商品，应在商品上留下记号，以示该商品已经结账。

5. 收银员离开收银台的作业管理

当收银员由于种种正常的原因必须离开收银台时，要将"暂停收款"牌放在收银台上并用链条将收银通道拦住；将现金全部锁入收银机的抽屉里，钥匙必须随身带走或交值班长保管；离开收银机前，如还有顾客等候结算，不可立即离开，应以礼貌的态度请后来的顾客到其他的收银台结账并为等候的顾客结账后方可离开。

6. 营业结束后收银机的管理

营业结束后，收银员应将收银机里的所有现金、购物券、单据收回金库并放入超市指定的保险箱内。收银机的抽屉必须开启，直至第二日营业开始。收银机抽屉打开不上锁的理由是，防止有窃贼进入超市时为窃取现金而敲坏收银机抽屉，枉增公司的修理费用。

7. 门店职工的购物管理

门店职工不得在上班时间购买本店的商品，其他时间在本店购买的商品，如要带入超市内，其购物发票上应加签收银员的姓名，还需请值班长加签姓名，这双重的签名是为了证明该商品是结过账的私人物品。本店职工调换商品应按门店规定的换货手续进行，不得私下调换，收银员不可徇私包庇，避免员工因职务上的便利任意取用店内商品或图利他人。

8. 收银员对商品的管理

连锁企业门店集中结算的原则，就是凡是通过收银区的商品都要付款结账，因此收银员要有效控制商品的出入，商品的进入如无特殊需要，一般不经过收银通道。有些商品的出店，如对供应商或配送中心的退货，应从指定地方退出，不得通过收银通道，这样可避免供应商人员或店内职工擅自带出超市内的商品，造成损失。对供应商人员，要求以个人的工作证换领超市自备的识别卡，离开时才换回。

收银员要熟悉商品价格，以便尽早发现错误的标价，特别需注意调价商品的价格。如果发现商品的标价低于正确的价格，应委婉地向顾客解释，并立即通知相关人员检查剩余的同种商品的标价是否正确。

9. 商品调换和退款管理

每一个连锁企业都有自己的商品调换和退款的管理制度，原则上食品不予调换和退款，除非是商品质量问题，其他商品都应予以调换。

接受顾客要求调换商品或退款，门店应指定人员专门接待，不要让收银员接待，以免影响收银工作的正常进行；接待人员要认真听取顾客要求调换商品和退款的原因，做好记录，这些记录可能成为门店改进今后工作的依据。

10. 营业收入的作业管理

营业收入管理的重点是保证门店经营管理最后成果的安全性，门店的营业款解交必须按照以下规定操作。

（1）收银员的营业收入结算，除了在交接班和营业结束后要进行外，每天要固定一个时间做单日营业的总结算，这个时间最好选择在15:00～16:00之间，这样可避免营业的高峰，也可在银行营业结束之前进行解款。在每天这个总结算时间里结出的营业收入（如每天15:00），代表昨天15:00至今天15:00的单日营业总收入金额。在进行总结算时，应将所有现金、购物券等一起进行结算。结算后由收银员与值班长在指定地点面对面点算清楚，并填写每日营业收入结账表，由收银员和值班长签名，该结账表是会计部门查核和做账的凭证。

（2）各收银员的营业收入汇总后，应由专人（最好是两人）存入指定的银行。最好对营业款存入银行的时间、路线等作出规定，以免发生意外。

【开动脑筋】

如果没有细致入微的收银工作管理规范，会给门店的管理带来什么后果？

四、现金管理的注意事项

1. 零用金管理

为应付找零及零星兑换之需，零用金的妥当准备，应注意如下几点。

（1）每天开始营业前，必须将各收银机开机前的零用金准备妥当，并铺在收银机的现金盘内，零用金应包括除一百元面额以外各种面值的纸钞及硬币，其数额可根据营业状况来决定，每台收银机每日的零用金应相同。

（2）除每日开机前的零用金外，各门店还应备有足够数额的存量，以便在营业时间内，随时为各台收银机提供兑换零钱的额外需要。因而，收银员应随时检查零用金是否足够，以便及时兑换。

（3）欲补充零用金时，收银员不可大声喊叫，可以利用广播等方式请相关的收银主管进行兑换。兑换时，必须经收银员与兑换人员双方当面点清，并填写领取兑零单，方便日后查核。

2. 大钞管理

收银台不仅人员出入频繁，也是门店唯一放现金的地方，其安全值得格外重视。为了安全起见，最大面值的钞票可放在现金盘的下面，用现金盘遮盖住。当抽屉内的大钞累计到一定数额时，应立即请收银主管或店长收回至店内的保险箱存放，此作业称为大钞预收。大钞预收可避免收银台的现金累积太多，保证资金安全，也可以空出银箱以便于收银员操作。

每次预收大钞时，经过点数后，必须将收取的现金数额、时间登录在该收银台的中间收款记录本内，由收银员及收银主管分别签名确认；每台收银机应分别有中间收款记录本；大钞送到保险箱，也必须登录在保险箱收支本内，将时间、收银机号、金额以及累积数填写清楚。

3. 交接班现金管理

为了分清各班次收银员现金管理的责任，交班收银员在交班前应将预留的额定零用金备妥，门店应准备一本现金移交簿，用于营业现金的交接签收。

项目三

收银中常见例外的处理

例外情况是指在一般的规律、规定之外的情况。收银作业中常见的例外有扫描异常、消磁例外、价格差异、付款例外等。

1. 商品扫描例外处理

商品经收银员多次机器扫描及手工扫描都不能成功的，就成为扫描例外。主要是因商品条码有问题，其处理的原则是迅速解决，以满足顾客购买的需求。常见的扫描例外的原因及处理措施见表4-6。

表 4－6　收银过程中常见的扫描例外处理

现　象	原　因	处理措施
无条码	·商品本身无条码 ·商品的条码失效	·找出正确条码，再由收银员用手工扫描 ·由部门跟进检查补贴正确的条码
条码无效	·编码错误 ·条码重复使用、假码	·如楼面人员确认属于新条码代替旧条码，应通知收银主管用新条码进行此次交易；楼面人员如无法确定条码，可核实商品的售价，以价格方式进行此次交易 ·将剩余商品退给供应商或请求采购部处理
多重条码	·商品包装改变，如买一送一 ·促销包装商品赠品条码有效	·由楼面人员核实、决定使用哪个条码 ·由楼面跟进所有的非正确条码，必须予以完全的覆盖
条码失效	·条码损坏，有污渍、磨损 ·生鲜条码印刷不完整、不清楚	·在同样商品中找到正确的商品条码，用手工扫描 ·生鲜商品条码重新计价打印

2. 商品消磁例外处理

磁性防盗标签是商场一道无形的防盗大门和重要的防盗措施，正确地消磁是收银员的工作之一，所有收银员必须充分重视。消磁工作的要求是 100% 的准确性，商品应逐件进行消磁，所有通过消磁程序的商品都必须确认被正确消磁处理过，无处理不完全或漏处理情形，减少顾客投诉和减轻出口处稽核的工作负担。系统出现异常，收银员有责任第一时间报告收银管理人员，请求帮助，在系统未恢复正常工作前，停止收银程序。

商品经过出口处的防盗门时引起报警即为消磁例外。门店常见的消磁例外原因及处理措施见表 4－7。

表 4－7　收银过程中常见的消磁例外处理

现　象	原　因	处理措施
漏消磁	商品未经过消磁程序	·商品必须经过消磁程序，特别是硬标签的商品类别，应予以熟记 ·重新消磁
消磁无效	商品消磁方法不正确、超出消磁空间	·结合消磁指南，掌握正确的消磁方法。 ·特别对软标签的商品类别应予以熟记，反复多次消磁，直到有消磁回音为止 ·重新消磁

【开拓视野】

条形码的另类功能

超市印条形码的标签，看似一般的价格标签，实际上是有磁性的防盗标签，因为从外形上看只是个纸条，所以也叫它防盗软标签。收银员扫价签的同时也为软标签消磁，这样出口的检测器就不会叫了。衣服鞋子上那种像纽扣形的叫硬标签。

目前较先进的消磁设备都是非接触性式，它产生一定高度的消磁区域，当有效标签经过时瞬时完成标签的消磁，无需接触消磁器，这样方便了收银员操作也加快了收银速度。

3. 价格差异处理

价格差异处理的原则是：以标价中的低价进行售卖，使顾客满意。门店收银过程中价格差异产生的原因及处理措施见表4－8。

表4－8　收银过程中价格差异的处理

现　象	错误原因	处理措施
货架标注价格与系统价格不一致	货架价签标注错误	·以低价进行交易 ·楼面人员必须及时更正货架标注价格，使其与系统价格保持一致
条码扫描的价格与系统价格不一致	条码价格错误	·以低价进行交易 ·楼面人员必须及时更正商品条码的价格，使其与系统价格保持一致
商品陈列位置标价与系统价格不一致	商品放置于错误的位置	·对顾客进行解释，争取用系统价格进行交易，如顾客不同意，则以低价进行交易 ·楼面人员详细检查，将商品归于正确的陈列位置

注意：如发现系统价格不正确，店长授权作系统价格更正，通知采购部门立即更正系统价格。

4. 付款例外处理

门店收银过程中付款例外处理见表4－9。

表 4-9　　收银过程中付款例外处理

现　象	处理措施
伪　钞	· 对钞票发生异议，应对钞票进行鉴别 · 如收银员不能做最后判断，请求收银主管帮助 · 如确认是伪钞，请顾客更换 · 如顾客因此产生异议，双方可一同到银行鉴别
残　钞	· 请求顾客更换 · 如不影响币值，可考虑接受
刷卡不成功	· 向顾客道歉，并说明要重新刷卡 · 如属于机器故障、线路繁忙，更换机器重新刷卡 · 如属于线路故障，不能刷卡，请求现金支付 · 如属于卡本身的问题，向顾客解释，请求更换其他银行卡或现金支付

项目四

收银中常见错误的处理

一、收银错误的处理

收银错误是指收银员操作的错误，如商品价格录入错误，商品本身的质量问题或顾客所选商品非质量问题的退货，顾客携带现金不足或临时退货的处理等。在收银过程中，发生收银错误是难免的，即便是使用 POS 系统进行结算，由于条形码的模糊、不平整以及系统故障等问题，也会发生收银错误。常见的收银错误及其处理方式有以下几种。

1. 收银找零错误的处理

收银找零错误的原因有两种：一是收银员在工作时精力不集中、情绪不稳定，没有坚持唱收唱付；二是顾客计算错误。不论什么原因，错误发生时收银员必须首先自检，即使是顾客的错误，也要得理让人，切忌同顾客争吵。收银员在收付款时，一定要坚持唱收唱付，如果发生找零错误，可按以下方法处理。

（1）询问。收银员要冷静、温和地向顾客问明交款和找款的数额、票面颜色、版面大小、新旧程度及交款时的细节。

（2）回忆。收银员要沉着冷静的回忆交易的过程，查找钱款发生错误的可能原因，同时与顾客所说的情况相对照，弄清事实真相。

（3）检查。根据询问和回忆的结果检查销货卡或销售小票，或者请主管一起清点收银机内的现金。如果是自己错了，应立即补对钱款，并向顾客致歉；如果是顾客错了，弄清问题即可，不要责怪顾客，并主动说“没关系”。

（4）调查。通过询问、回忆、检查仍未解决问题时，收银员可向周围的目击者调查，请他们帮助回忆、证实。

（5）请示。如果以上步骤仍无法解决，收银员可请顾客到办公室与领导一起商量解决办法。

2. 为顾客结算时发生收银错误的处理

收银员工作要认真仔细，以免出现差错。如果发生了差错，要真诚地向顾客道歉，解释原因并及时予以纠正；如果收银单已经打出，应立即将打错的结算单收回，重新打一张正确的单子双手递给顾客，并因耽误顾客时间而再次向顾客道歉；请顾客在作废的结算单上签字，向顾客的合作表示感谢。顾客离去后登记入册，并请值班经理签字作证。

3. 顾客携带现金不足或临时退货的处理

当顾客发现随身携带的现金不足以支付选购的商品时，应好语安慰，不要使顾客感到难堪，并建议顾客办理不足支付部分的商品退货。如果已经打好结算单，应将其收回，重新为顾客打一份减项的结算单；如果顾客临时决定退货，应热情、迅速地为顾客办理退款手续；作废结算单的处理程序与上相同。

4. 营业收入收付发生错误时的处理

营业收入收付过程中，难免会产生一些错误，要按正常的方式进行处理。

收银员在下班之前，必须核对收银机内的现金、购物券等营业收入的总数，再与收银机结出的累计总货款进行核对，若两者不符，不管是盈余还是短缺，都算是工作失误，因为收银工作的基本要求是准确。收银员应将差额部分写出书面报告，以解释原因。收银员长短款操作原因及对策见表 4－10。

为了保证收银员在执行工作任务时的准确性及专业性，在现金收支方面，不论是出现盈余还是短缺，都应由收银员自行负责，以强化收银员的责任感，减少舞弊行为的产生。情节严重的，不仅要通报批评，而且要辞退。

表 4-10　　收银员长短款操作原因及对策

操作原因	对　策
备用金	交接班前，清点备用金
收钱、找零出错	唱收唱付
抽屉里有残留钞票	取出抽屉检查
某个收银员长款，某个收银员短款	上机离开时及时退出系统
代金券、POS（短）款，现金短（长）款	敲键盘不但要快更要准确

如果货款短缺，应根据收银员的工作经验和收银机当天的收入金额，分析是人为因素造成的还是非控制因素造成的，以决定收银员是部分赔偿还是全部赔偿。

如果实收金额大于应收金额，说明收银员多收了顾客的货款，这样会在顾客中造成坏的影响，直接影响到企业的形象，应责令收银员支付同等的多收金额，以示惩戒。

二、结算单作废的处理

此项作业管理的功能是控制收银员不良行为发生的必要手段。

每产生一张作废结算单，必须立即登记在作废结算单记录本上，作废结算单上必须有顾客的签名，记录本上必须有收银员和店长两人的签名。作废结算单格式应为一式二联，其中一联可随同作废结算单转入会计或其他相关部门，另外一联可由收银部门自己留存。

如将作废的结算单记录本遗失，就不能办理结算单作废，应视为收银员的收银短缺，由收银员自行负责，以免收银员借此徇私舞弊。

作废计算单记录本上的记录及签名必须正确填写。所有作废结算单的办理应在营业总结账之前办理妥当，不可在结账后才补办，因为这可能是收银员发生不良行为的补漏手法，要予以重视。

若同一笔交易有多张计算单，只要其中一张发生错误，就应将其余的计算单同时收回一并办理作废，再重新登录办理正确的计算单。

>> 本模块小结

本模块介绍了POS收银系统的软硬件结构，POS收银机的维护保养，着重介绍了收银作业流程、收银作业过程管理以及收银错误和收银例外的处理方法。

>> 本模块参考

参考文献

[1] 张金水，窦慧筠．如何做优秀零售店长．广州：广东经济出版社，2006

[2] 崔太康，张广秀．连锁企业门店营运与管理．北京：北京大学出版社，2009

[3] 陆影．连锁门店营运与管理实务．大连：东北财经大学出版社，2009

>> 思考题

1. POS系统由哪些部分组成？
2. 收银员作业纪律的内容有哪些？
3. 收银员在营业中的作业流程是什么？
4. 收银过程中管理的重点内容有哪些？
5. 装袋的作业技术有哪些？
6. 收银作业的错误如何纠正？

>> 案例分析题

找零？找麻烦？

顾客张某和妻子到某超市购物。刚刚搬新居，家里很多东西需要添置，华联刚开业不久，而且有很多特价商品，所以他们赶了过来。到二楼买了满满一车日常家居用品，洗发水、沐浴露、香皂等，还买了一些办公用品，然后到一楼又买了一些副食、调味品，到收银台结账，整整花了1002.70元，张某递给收银员11张面值100元的钞票。收银员埋头递给张某找换的零钱并将清单交给他，接着接待下一位顾客。张某直接把零钱装入口袋，和妻子走出大门，将商品装上车。上车前在妻子的提醒下，把零钱拿出来一数，只有47.30元。他交待妻子上车，回头找到这位收银员，收银员赶紧解释：“我找过您钱，97.30元，您再仔细找找，是不是掉了？”张某回答：“我怎么可能掉了呢？

我刚从这里出门，根本没有去任何地方，再说我也一路找过了。”收银员强调：“钱款必须当面清点，一出柜台我就无法负责。”张某表示不满“你当时根本就没抬头，也没告诉我找了多少钱。”双方引起争执，这位顾客后来找到收银主管投诉。收银主管将该柜台所有收款项即时清点，并无差误。最后，在该顾客其中一个装满商品的塑料袋中找到了一张 50 元的面钞。顾客感到有些不好意思，但收银员却回头对收银主管说：“这人就会找麻烦。”

思考：

1. 如何完善收银员的唱收唱付工作?
2. 收银员应如何对待顾客的质疑?

模块五

门店员工管理

>>学习目标

1. 掌握门店员工配置的基本原理和方法
2. 掌握门店员工招聘的渠道、程序和方法
3. 掌握门店员工培训的内容和方法
4. 掌握门店员工绩效考核的内容和流程

【案例导读】

日本7－11便利店的员工管理

如何管理员工？如何使管理活动规范化、制度化？如何科学地对员工的工作绩效进行评估？这是企业在员工管理中所必须解决的问题。在这方面，7－11的做法别具一格。

所有了解7－11员工管理体系的人都有一个深刻的印象，那就是7－11的员工管理非常规范，而且形成了制度化、书面化的流程。例如，对于所有店员的活动，7－11制定了每天的工作计划表。通过这个表，店员能清楚地知道在什么时候应当做什么事情，甚至在这个表中还有“空闲时做其他事”“下班后到车站周围走走看看”“把东西放回原来的地方”“空闲时不要窃窃私语”等各种指示。在7－11的工作计划表中，横轴是以小时为单位划分的24小时时段，纵轴填写的是各店员的名字。每个店员的工作计划用直方图的形式在表中表现出来，直方图的起点和终点分别表示工作的起始时间和结束时间，工作的内容填写在直方图的中央。工作项目有清扫、订货、检验商品、商品上架、检查商品鲜度、布置商品陈列、检查温度、报纸杂志退货（在7－11的进货体制中，只有报纸和杂志是可以退货的）、补充消耗品、货币兑换、制定销售日报等。以补充消耗品为例，7－11要求在早上销售高峰来临之前的4点至5点之间完成。各店员的工作在计划表中用不同的颜色表示，这样做的目的在于使每个人都能清楚地看到自己应当做的工作。

当然，在7－11的店铺中，还有另外一种形式的工作计划表，这种计划表的纵轴填写的不是店员名字，而是各项工作，同样也用直方图的形式在计划表中表示出来。各店员在完成任务后，在相应的直方图中签字盖章，表示已完成计划工作。

除了利用计划表来规范员工的行为外，7－11对每项任务还做出了更为细化的要求，下面以清扫为例加以说明。

可以说，清扫是7－11日常管理的重要内容之一，也最被7－11管理层所重视。7－11规定，各店铺每天清扫工作的内容有：店内地板的清扫、店门口的清扫、停车场的清扫、电灯的擦拭、厕所的清扫、复印机的擦拭、招牌的擦拭、柜台周围的清扫、垃圾袋的更换、垃圾箱的清扫、食品柜台的冲洗、店内设备的擦拭、公用电话的擦拭等，一天必须进行数次。除了对售货的店铺进行清扫外，店后临时存货间、临时货架等也都必须清扫。最有意思的是，7－11不仅对清扫的内容有规定，而且对各项清扫活动用什么样的工具、用什么样的洗涤剂、以什么方式清扫以及清扫的顺序都规定得非常详细。例如，店内地板的清扫，7－11规定，必须先用拖把、再用抹布和清洗上光机清扫；清扫的时间在任务计划表上也有标明，一般上午11点用拖把清扫，然后用湿抹布擦拭，下午2点半、5点、9点、11点、凌晨2点、早上6点，一昼夜共拖7次地；其中要用浸湿的抹布擦拭4次，每天用清洗上光机清扫2次，一次是下午2点半，另一次是凌晨2点半，而且用机器清扫后，必须再用拖把拖一次。

类似的管理制度，在7－11的各个管理环节均可见，制度管人为7－11的员工管理注入了全新的活力。

人们常说，“员工的素质决定企业的素质”。同样，人的因素在连锁门店的经营管理中具有非常重要的地位。员工是连锁店运转的基本动力，是连锁店的重要资产，是连锁店持续经营和发展的可靠保证。因此，如何为门店找到合适的员工、如何把合适的员工放置到合适的岗位上，是门店管理的重要内容之一。

项目一

门店员工的配置与招聘

门店员工配置是指门店根据自己的组织结构，科学、合理地为每个岗位安排相应数量的员工，以合适的员工去完成组织结构中各个职位规定的各项任务，从而保证整个门店经营目标和各项任务的完成。

一、门店员工配置的基本原理

1. 员工有用原理

任何员工都是有用的，没有无用之人，只有没用好之人。而配置的根本目的是为所有员工找到和创造其发挥作用的条件。

2. 能位对应原理

人与人之间不仅存在能力特点的不同，而且在能力水平上也不同。具有不同能力特点和水平的人，应安排在相应的岗位上。

3. 互补增值原理

通过个体之间取长补短而形成整体优势，实现组织目标最优化，使组织人力资源增值。

4. 动态适应原理

人与事的不适应是绝对的，适应是相对的，从不适应到适应是动态的。

5. 弹性冗余原理

在人与事的配置过程中，既要达到工作的满负荷，又要符合员工的生理心理要求，保证对人、对事的安排留有一定的余地，一方面给员工一定的压力和紧迫感，另一方面又要保障所有员工的身心健康。

二、连锁企业门店职位规划

一个门店到底需要哪些职位，每个职位有哪些职责，必须事先明确，然后才能衡量编制需求，为门店的员工招募计划提供参考。进行职位规划的准备工作如下。

1. 工作分析

通过工作分析，可以使各个职位的工作职责清晰化，明了岗位之间的关系。工作分析所要回答的问题可归纳为“6W1H”。具体指做什么（What）、为什么（Why）、谁做（Who）、何时（When）、在哪里（Where）、为谁（for Whom）和如何做（How）。它们基本上概括了工作分析所收集的信息内容。

工作分析是保证职位设置科学性的最佳方法之一，一般应在职位设置前要进行工作分析，设置后需要定期检查是否有必要修正。在进行工作分析中，应考虑以下几个方面：

- 该职位设置的目的是什么？对其他职位有什么帮助与影响？
- 该职位需要什么知识或技能？有哪些学历或者技能要求？
- 该职位要做什么工作？
- 该职位负担的责任与影响是什么？在组织中的位置是什么？
- 该职位需要多少人？如何衡量？

2. 建立职位说明书

职位说明书是企业对其所设置职位的各种要求进行说明的文件。一般包括职位名称、上下级关系、任职条件、设置目的、主要职责范围、责任程度和考核标准等。职位说明书是企业人力资源管理的基础文件，是人力资源管理各项工作的基本依据。建立职位说明书后，企业后续的员工编制、员工招募、员工调动与晋升、培训、薪酬给付、绩效管理等，都按照职位说明书来实施。表 5－1 是某连锁门店为营业员岗位制定的职位说明书。

表 5－1　　　　　　　　　　　　某连锁门店营业员的职位说明书

职位名称	门店营业员
学历要求	高中以上
工作经验	无特别要求
技能专长	熟悉商品销售、包装技巧
体能要求	能久站及搬动 5 公斤以上商品
工作职责	· 执行门店商品销售，为顾客提供最佳服务品质 · 维持门店商品及设备清洁 · 为顾客提供商品包装服务 · 维持商品陈列整齐及标准正确 · 遵守公司各项制度，接受店长工作分派
从属关系	直属主管为店长

3. 建立职系、职级和职位

（1）职系。指对企业内部现有的工作分析，将职务类似的工作职位归类到相同的类别。职系的划分不适于未来工作轮调与晋升路径规划参考。因此，必须依照企业现有的组织与职位做分类。

（2）职类。职类的区分则以工作所涵盖职务性质的专业性与一般性做分类，专业性多以该工作内容是否需要具备国家认证资格或专业的技术与知识来判断，而专业性职类的职位在考虑薪资给付时，会依其市场水准做调整，并对不同职类的职位调动做限制。

（3）职级。一般职位的职级多采用管理职种与幕僚职种两种方式区分，主要是以其工作行为特征及员工管辖与否来区分。而在不同职级间的职称，会因不同组织形态而不同，甚至在同一职级间也可能再予以细分，因此必须依据本组织架构的特性做职级与职称的分类。例如，职员—店长—区主任（区组长）—科长—部门经理—总经理，此职级系统较常用于小型店面的连锁店组织中，如便利店、快餐店等；而职员—组长—店长（店经理）—地区经理—区域总部经理，则较常用于大型店面的连锁店组织中，如超市、量贩店、餐厅等。

三、岗位配置

岗位配置指在职位结构上每个岗位的人力编制。科学的岗位配置，能使人力成本降至最低，而服务水准仍能维持。一般人力编制衡量标准可分为可量化人力编制与非量化人力编制两种方式。

1. 可量化人力编制

可量化人力编制是指可用营业额、顾客数、平均客单价、店数等量化数据，以数学方程式表示的人力编制衡量方法（此方法又称为生产力分析法）。一般常用的公式如下：

以店数作为衡量标准：

编制人数 = 总目标店数 ÷ 每人目标店数

这适用于开店员工、设备维修员工、商品盘点员工、物流配送员工等人员的编制计算。

以每人目标营业额或每人目标服务顾客数为衡量标准：

编制人数 = 目标营业额 ÷ 每人目标营业额 = 目标顾客数 ÷ 每人目标服务顾客数

这适用于门店、卖场等与营业额、来客数相关联的人力编制，每人目标营业额或每人目标服务顾客，须事先以工作分析法或经验法制订出可衡量指标。

以各项作业工时为衡量标准：

编制工时 = 固定常数工时 + 营业额 a + 顾客数 b

其中，固定常数工时指不论营业额高低均须使用的固定工时，a、b 为随营业额及顾客数增加而增加工时的系数。

此方法较单纯的目标营业额衡量更接近实际需求，并考虑门店卖场运作的基本工时需求，且是采用工时概念而非人数概念，对于正式员工及兼职员工人力的运用上较具弹性。

以可用薪资费用额度为衡量标准：

编制人数 =（目标营业额目标人事费用率）÷ 平均个人薪资标准额

此方法是以成本费用及预算控制作考虑，在可用的薪资额度内进行人力编制，但是在门店运作中，即使营业额未达标准，也必须有最基本的人力编制。因此，基本人力编制的薪资费用仍无法避免。

2. 非量化人力编制

非量化人力编制适用于无法直接以营业额、店数等数量化标准衡量的人力编制（此方法又称为工作分析法），如后勤的企划幕僚员工等，只能以其职位说明书的工作内容进行工时分析，或是参考相关同业的标准分析，具有较主观的判断，且易受组织功能需求、作业流程及资讯化程度等因素影响，也是最不易控管的人力编制，因此，明确的职位说明书是有必要的。一般在进行工作分析时，多将其所负责的各项工作内容逐条列出，再针对不同的工作内容进行作业时间（小时/每次）与作业频率（次数/月）的研究，可以得出完成该项工作的作业时间。

四、职位需求预测

人力需求预测的目的在于协助人力计划进行的正确性，透过需求预测掌握未来人力供需的状况，避免人力供给过剩或短缺，并对人力数量外的素质方面作分析。因此，须先作企业人力现况盘点，并配合企业的营运计划，进行人力需求预测，作为人力招募参考及人力调度的依据。

1. 人力现状盘点

- 企业内现有各阶层人数。
- 各部门内职位类别、编制人数、缺额等。
- 各部门内人力素质、年龄分析、年资分析、知识程度等。
- 各部门内员工离职率、新进率、流动率等。
- 各部门现有生产力指数。例如，每人服务店数、每人负担营业额、每店负担后勤费用、每工时创造营业额等。

2. 人力需求预测

人力需求预测须掌握下列几项要素：

- 应有人数。以可量化人力编制及非量化人力编制标准，订出应有编制人数。
- 留任人数。现有人数扣除人力损耗（如离职、异动）。人力损耗可以历年的离职率、异动率估计出来。
- 需求人数。应有人数减去留任人数得出需求人数，以作为人力招募参考，并考虑新进员工会有的流失率，才能掌握实际应招募人数。

【开动脑筋】

结合自己的所见所闻，想想一般的门店通常有哪些职位？直营店和加盟店的职位结构有什么差异？门店若不能达到科学的人岗匹配，会导致什么结果？

五、门店员工招聘的渠道

1. 内部招聘

内部招聘，也叫内部选拔或者内部竞聘，可视为员工招聘的一种特殊形式。严格来说，内部选拔不属于人力资源吸收的范畴，而属于人力资源开发的范畴，但它确实是企业与员工招聘关系最密切的一个部分。

内部招聘一般有如下几种形式。

（1）提拔晋升。当内部出现空缺职位时，可以从下一级职位的员工中选择胜任该岗位的优秀员工予以提拔。这种方式能有效激励员工，而且内部提拔的员工对本单位的业务工作比较熟悉，能够较快适应新的工作。

（2）工作调换。工作调换也叫做“平调”，是在内部寻找合适人选的一种基本方法。这样做的目的是填补空缺。它还可以使内部员工了解单位内其他部门的工作。

（3）工作轮换。工作轮换和工作调换有些相似，但又有差别。工作调换时间往往较长，而工作轮换则通常是有时间界限的。工作调换是单独的、临时的，而工作轮换往往是两个以上的、有计划进行的。工作轮换可以使单位内部的管理员工或普通员工有机会了解单位内部的不同工作，给那些有潜力的员工提供以后可能晋升的条件，同时也可以减少部分员工由于长期从事某项工作而带来的烦躁和厌倦等感觉。

内部招聘的优点和缺点见表5－2所示。

表5－2　　内部招聘的优点和缺点

优　点	缺　点
1. 选任时间较为充裕，了解全面，能做到用其所长，避其所短 2. 他们对组织情况较为熟悉，了解与适应工作的过程会大大缩短，上任后能很快进入角色 3. 内部提升给每个人带来了希望，有利于鼓舞士气，提高员工的工作热情，调动员工的积极性，激发他们的上进心	1. 容易造成“近亲繁殖”，老员工有老的思维定势，不利于创新，而创新是组织发展的动力 2. 容易在组织内部形成错综复杂的关系网，任人唯亲，拉帮结派，给公平、合理、科学的管理带来困难 3. 部备选对象的范围狭窄

2. 外部招聘

外部招聘的渠道很多，每一个渠道各有特点。

（1）人才招聘会。招聘会一般由专门的人才交流服务机构举办，他们一般建有人才资料库，用人单位可以在资料库中查询条件基本相符的人才。人才交流服务机构每年都要举办多场人才招聘会，用人单位的招聘者和应聘者可以直接进行接洽和交流。招聘会的最大特点是应聘者集中，用人单位的选择余地较大，费用也比较合理，而且还可以起到很好的企业宣传作用。

（2）媒体广告。这种招聘方式是通过报纸杂志、广播电视等媒体进行广告宣传，向公众传达招聘信息，其覆盖面广、速度快。相比而言，在报纸、电视中刊登招聘广告的费用较大，但容易醒目地体现组织形象；很多广播电台都辟有人才交流节目，播出招聘广告的费用较少，但效果比报纸、电视广告差一些。

（3）网络招聘。网络招聘是一种新兴的招聘方式，它具有费用低、覆盖面广、时间周期长、联系快捷方便等优点。用人单位可以将招聘广告张贴在自己的网站上，或在一些专门的招聘网站上发布信息。

网络招聘由于信息传播范围广、速度快、成本低、供需双方选择余地大，且不受时间、空间的限制，因而被广泛采用。当然，它也存在一定的缺点，比如容易鱼目混珠，筛选手续繁杂，对高级人才的招聘较为困难等。

特别值得注意的是，近年来兴起的微信招聘在市场上得到了广泛的使用。微信招聘即使用微信平台作为招聘的渠道和工具。由于微信的功能属性，以及在招聘信息发布、候选人在线管理等人力资源招聘流程中有很多的供需关系，微信可以非常方便地作为招聘工具，作为雇主品牌宣传的工具。随着微信用户的迅速增长，以及后续整个移动互联网终端普及和信息获取的流量转移到移动终端，越来越多的企业开始建立起自己的微信招聘平台。因此，连锁企业门店员工的招聘也可以使用微信进行。

（4）校园招聘。学校是人才高度集中的地方，是组织获取人力资源的重要源泉。对于大专院校应届毕业生招聘，可以选择在校园直接进行，具体包括在学校举办的毕业生招聘会、招聘张贴、招聘讲座和毕业生分配办公室推荐等。

【开拓视野】

沃尔玛的“校园人才发展计划”

2010 年 4 月 29 日，沃尔玛中国正式启动沃尔玛“校园人才发展计划”。沃尔玛“校园人才发展计划”主要分为四部分：高级管理层培训项目（Management Trainee Program II），主要针对 MBA 学生，目标是吸纳高潜力人才，储备高级管理层队伍；见习管理员工项目（Management Trainee Program I）主要面向本科学生和硕士研究生，目标是建立多元化的管理层队伍，储备中层管理层或专业人才；实习生项目（Internship Program）为全国在校大学生提供实习平台，甄选初级管理层或专业人才；定向培养计划（Specialist Tailor-made Program）则通过同职业技术学校和多所高校合作，为沃尔玛量身打造特殊专业人才。

（5）员工推荐。通过本企业员工推荐人选，也是组织招聘的重要形式。

员工推荐的优点是招聘成本小、应聘者素质高、可靠性高。据了解，美国微软公司 40% 的员工都是通过员工推荐方式获得的。为了鼓励员工积极推荐，企业可以设立一些奖金，用来奖励那些为公司推荐优秀人才的员工。

（6）猎头公司。通过猎头公司获取人才是组织员工招聘的一种新兴的方式。尤其是企业高层的招聘，选用猎头招聘的效果要远远优于普通的网络招聘、报纸招聘。猎头招聘更具有针对性，筛选的人才更适合企业的需求。

> **【开拓视野】**
>
> **什么是“猎头”**
>
> “猎头”在英文里叫 Headhunting，在国外，这是一种十分流行的人才招聘方式。中国香港和台湾把它翻译为“猎头”，所以引进后我们也称之为猎头，意思即指“网罗高级人才”。高级人才委托招聘业务，又被称之为猎头服务或人才寻访服务。专门从事中高级人才的中介公司，又往往被称之为猎头公司。

六、门店员工招聘的程序

1. 人力需求诊断

这一阶段的主要工作是准确把握门店对各类员工的需求信息，确定员工招聘的种类和数量。具体内容如下。

- 由加盟店人力资源部门统一人力资源规划（直营店则由总部统一），或由门店各个部门根据长期或者短期的实际工作需要，提出人力需求。
- 由人力资源部门填写“员工需求表”。
- 人力资源部审核，对人力需求及资料进行确认，综合平衡，报送门店主管领导审核。

2. 制定招聘计划

- 员工需求清单，包括招聘的职务名称、人数、任职资格要求等内容。
- 招聘信息发布的时间和渠道。
- 招聘小组人选，包括小组员工姓名、职务、各自的职责。
- 应聘者的考核方案，包括考核的场所、大概时间、题目设计者姓名等。
- 招聘的截止日期。
- 新员工的上岗时间。
- 费用招聘预算，包括资料费、广告费、人才交流会费用等。
- 招聘工作时间表，尽可能详细，以便于他人配合。
- 招聘广告样稿。

3. 招聘信息发布

- 门店内部招聘可以通过会议、门店内部办公网络或者张贴通知进行发布。
- 外部渠道可以借助招聘信息发布及广告，委托各种劳动就业机构，校园宣讲等。

4. 招聘实施

这一阶段包括七个环节。

- 组织各种形式的考试和测验。
- 最后确定参加面试的人选，发布面试通知和进行面试前的多项准备工作。
- 面试过程的实施。
- 分析和评价面试结果。
- 确定员工录用的最后人选，如有必要进行体格健康检查。
- 面试结果的反馈。
- 面试资料存档备案。

下面是某连锁店的招聘计划表。

某连锁店招聘计划

一、招聘目标（员工需求）

职务名称	员工数量	其他要求
营业员	10	中专以上学历，30 岁以下
收银员	2	大专以上学历，相关工作经验 3 年以上
行政文员	1	中专以上学历，女性，30 岁以下

二、信息发布时间和渠道

1. 《××日报》1 月 18 日
2. ××招聘网站 1 月 18 日

三、招聘小组成员名单

组长：×××（店长）：对招聘活动全面负责

成员：×××（店长助理）：具体负责应聘员工接待、应聘资料整理

×××（营业组组长）：具体负责招聘信息发布，面试、笔试安排

四、选拔方案及时间安排

资料筛选截止 1 月 25 日

初试（面试）1 月 29 日

复试（笔试）2 月 5 日

五、新员工的上岗时间

预计在 2 月 10 日左右

六、费用招聘预算

1.《××日报》广告刊登费 4000 元

2. ××招聘网站信息刊登费　　　　　　800 元

合　计：4800 元

七、招聘工作时间表

1 月 11 日：起草招聘广告

1 月 12 日~1 月 13 日：进行招聘广告版面设计

1 月 14 日：与报社、网站进行联系

1 月 18 日：报社、网站刊登广告

1 月 19 日~1 月 25 日：接待应聘者、整理应聘资料、对资料进行筛选

1 月 24 日~1 月 28 日：通知应聘者面试

1 月 29 日：进行面试

2 月 5 日：进行复试

2 月 7 日：向通过复试的员工通知录用

2 月 10 日：新员工入职

人力资源部

2009 年 1 月 2 日

七、门店员工招聘的方法

1. 笔试

笔试是一种与面试对应的测试，是考核应聘者学识水平的重要工具。这种方法可以有效地测量应聘人员的基本知识、专业知识、管理知识、综合分析能力和文字表达能力等。

笔试在员工招聘中的适用面广，费用较少，可以大规模地运用。但是，分析结果需要较多的人力，有时被试者会投其所好，尤其是在个性测试中显得更加明显。

2. 结构化面试

结构化面试也称标准化面试，是相对于传统的经验型面试而言的，是指按照事先制定好的面试提纲上的问题一一发问，并按照标准格式记下应聘者的回答和对他的评价的一种面试方式，面试提纲中的问题对所有应聘者都是一样的。比如，“某一天上午，一位顾客气冲冲地进入店内，说他昨天在该店买的蛋糕，今天早晨打开吃时已经发霉了，要求店里给个说法并给予赔偿。如果你是蛋糕专柜的营业负责人，你将如何处理这一局面？”

3. 非结构化面试

非结构化面试没有固定的面谈程序，面谈者提问的内容和顺序都取决于面谈者的兴

趣和现场应试者的回答。这种面试方法给谈话双方以充分的自由，面试考官可以针对应试者的特点进行有区别的提问。

4. 情景面试

情景面试又叫情景模拟面试或情景性面试，是面试的一种类型，也是目前最流行的面试方法之一。在情景面试中，面试题目主要是一些情景性的问题，即给定一个情景，看应聘者在特定的情景中是如何反应的。

【开拓视野】

沃尔玛的继任计划

沃尔玛把继任者分成三种，一种是PN（promotable now），就是马上可以提升的；一种是P1（promotable in one year），是一年以后才可以提升；还有P2（promotable in two years），就是两年后可以提升的。

继任计划可以覆盖到很多的员工。在美国有“员工财富计划”，因为公司认为员工是财富。这个计划是针对比较高级别的，比如总裁、总裁的直接汇报人及他们的继任人。美国公司都会定期跟中国方面开会，一个一个来讨论。比如他们问现在的主管，你的继任人是谁，你的继任人要多长时间继任你的位置，以及你对继任人有什么具体的发展计划。

在中国，有个PDP（people development program），就是员工发展计划，主要针对中层管理员工。沃尔玛在中国发展非常快，这些人都可能是未来的管理员工。为此，就用PDP方法跟踪他们的继任计划，每个月及每个季度都会跟部门来沟通。这样做的目的是告诉员工，如果你不培养出你的继任人，就会限制到你个人在组织中的发展。这个信息对员工是非常重要的，因为这与他个人的发展和提升息息相关，他就会积极主动地培养人。

项目二

门店员工的工作流程与职责

连锁门店的基本职能是销售服务及现场管理，其管理重点是员工管理、商品管理、现金管理、环境管理和信息管理。不同岗位有专门的工作流程和职责。

一、店长的工作流程与职责

连锁门店不是一家单体店，而是连锁门店体系的一个部分。通常情况下，总部将员工、物品、部分资金交给店长，店长要将其有效运用，使其管理的连锁门店维持良好的运作，完成总部下达的各项经济指标；店长对连锁门店的管理都是依公司总部制定的店长手册来完成的。这样就能保证公司下属的门店管理的统一性及作业的可操作性、简便性。虽然加盟店的资金不是来源于总部，但为了其经营效益的最大化，也需要对店长的职责进行类似的规定，甚至更严格的规定。

1. 店长的工作流程

店长是门店的经营者，也是门店的灵魂人物，无论直营店还是加盟店，门店店长都必须将门店的各项资源有效地加以运用，完成各项经营指标。直营店的店长还要服从公司总部的统一指挥，积极配合总部的各项营销策略的实施。其主要工作流程见表5－2。

表5－2　　店长工作流程时段表

时　段	作业项目	作业重点
8:00～9:00	1. 区部例会	主要作业事项布置
	2. 职工出勤状况确认	出勤、休假、病事假、员工分配，仪容仪表及工牌检查
	3. 卖场、后场状况确认	· 商品陈列、补货、促销及清洁卫生状况检查 · 后场仓库检查（包括选货检收等） · 收银员、找零金、备用品及收银台和服务台的检查
	4. 昨日营业状况确认	· 营业额 · 来客数 · 每客购物平均额 · 每客购物平均品项数 · 售出品种的商品平均单价 · 未完成销售预算的商品部门
9:00～10:00	1. 营业状况检查	· 各部门员工、商品、促销等就绪 · 卖场地面清洁、灯光照明、购物车（篮）等就绪
	2. 各部门作业计划重点确认	· 促销计划 · 商品计划 · 出勤计划 · 其他

续表

时　段	作业项目	作业重点
10:00 ~ 11:00	1. 营业问题点追踪	·营业未表达销售预算的原因分析与改善 ·电脑报表时段别商品销售状况分析，并指示有关商品部门限期改善
	2. 卖场商品态势追踪	·缺品、欠品确认追踪 ·重点商品、季节商品、商品展示与陈列确认 ·时段别营业额确认
11:00 ~ 12:30	1. 后场库存状况确认	仓库、冷库、库存品种、数量及管理状况了解及指示
	2. 营业高峰态势掌握	·各部门商品表现及促销活动效果 ·后场员工调度支援收银 ·服务台加强促销活动广播
12:30 ~ 13:30	午餐	交代指定代管人负责卖场管理工作
13:30 ~ 15:30	1. 竞争店调查	同时段竞争店与本店营业状况比较，如来客数、收银台开机数、促销状况、重点商品等
	2. 部门会议	·各部门协调事项 ·如何达到今日之营业目标
	3. 教育训练	·新进员工在职训练 ·定期员工在职训练 ·配合节庆之训练（如礼品包装等）
	4. 文书作业及各种计划、报告撰写与准备	·员工变化、请假、训练、顾客意见等 ·月、周计划，营业会议竞争对策等
15:30 ~ 16:30	1. 时段别、部门别营业额确认	·各部分员工、商品、促销等就绪 ·店门开启、地面清洁、灯光照明、购物车（篮）等就需
	2. 全场态势巡视检核与指示	卖场、后场员工、商品清洁卫生、促销等环境准备及改善指示
16:30 ~ 18:30	营业问题点追踪	·后勤员工调度支援卖场收银员或促销活动 ·收银台开台数、找零金确保正常状况 ·商品齐全及量感化 ·服务台配合促销广播 ·员工交接班迅速且不影响对顾客的服务
18:30 ~ 20:00	指示代理负责接班注意事项	交代晚间营业注意事项及关店事宜

2. 门店店长的主要工作职责

（1）教育管理。作为零售企业，要树立一切为了顾客的观念，店长要随时教育全体员工“站在顾客的立场上考虑一切”，这是店铺工作的立足点。

（2）商品管理。商品管理的好坏是考核店长管理能力的重要标准。

- 监督商品的要货、上货、补货，做好进货验收、商品陈列、商品质量和服务质量管理等有关作业。
- 执行总部下达的商品价格变动。
- 监督门店商品损耗管理，把握商品损耗尺度。

（3）销售管理。主要有以下三项职责：

- 执行总部下达的销售计划。店长应结合本店的实际，制定自己店铺完成年度销售计划以及分月销售计划，以保证各项经济指标的完成。制定各部门的各项经济指标，将计划落实到各部门，与经济效益挂钩，调动全体员工的工作积极性。
- 执行总部下达的促销计划和促销活动，制定本店的具体实施方案。
- 掌握门店的销售动态，向总部建议新商品的引进和滞销品的淘汰。

（4）组织管理。店长要具备组织管理的能力，有效的汇集各部门的能量，从而充分发挥整体效能。

- 做好门店各个部门的分工管理工作。
- 对店员的管理。
- 负责对店员考勤、仪容、仪表和服务规范执行情况的管理。
- 负责对店员的培训教育。
- 负责对店员人事考核、职工提升、降级和调动的建议。
- 对店员的业务操作进行监督和指导。
- 监督和审查门店会计、收银和报表制作、账务处理等作业。
- 监督和检查理货员、服务员及其他员工作业。

（5）管理报表分析。运用 POS 系统来管理门店，使店长能够及时得到门店经营状况的信息资料。店长要对这些信息资料进行分析研究，做出改进经营的对策。信息资料有：销售额日报表、商品销售排行表、促销效果表、费用明细表、盘点记录表、损益表、顾客意见表等。

（6）公共管理。主要做好以下工作：

- 向属地顾客做好店铺的自我宣传。
- 妥善处理顾客投诉和服务工作中所发生的各种矛盾。
- 做好与门店周围社区的各项协调工作。

- 积极参加所在社区的各项公益活动，与周围的部门、单位、学校、团体保持经常性的交流和和睦的关系。

（7）店铺设备及环境清洁、卫生的管理。主要有两点职责：

- 掌握门店各种设备的维护保养知识。
- 监督门店内外的清洁卫生，负责保卫、防火等作业管理。

【开拓视野】

店长必备的知识

（1）具有能观察出消费者变化的知识。

（2）具有关于零售业的变化及今后演变的知识。

（3）具有关于零售业的经营技术及管理技术的知识。

（4）具有关于公司的历史、制度组织、理念的知识。

（5）具有关于业界的变化及今后演变的知识。

（6）具有关于交易商、进货商来往公司等的知识。

（7）具有关于教育的方法、技术的知识。

（8）具有关于店铺的计划策定方法的知识。

（9）具有计划及理解店内所统计的数值的知识。

（10）具有关于零售业的法律的知识。

二、收银员的工作流程与职责

收银工作是门店经营管理的一个重要环节，只有实现专业化的操作，才能最大限度地保证收银工作的准确无误。收银员的工作流程可分为营业前、营业中和营业结束后三个部分（前面已详细介绍），见图5－1。

收银员的主要工作职责如下。

（1）为顾客提供结账服务。收银员在提供结账服务时不仅要快捷，而且必须准确。对于扫描不出的商品，应输入商品的条码，在输入时应看清数字，杜绝错误。

（2）为顾客提供咨询服务。收银员不仅要熟练掌握收银工作技能，还要全面了解整个商场商品的布局。在顾客询问时，能够准确回答顾客的问题，热情礼貌待客，做好导向服务。

（3）现金管理。由于工作岗位的需要，收银员每天与大量现金接触，所以必须严

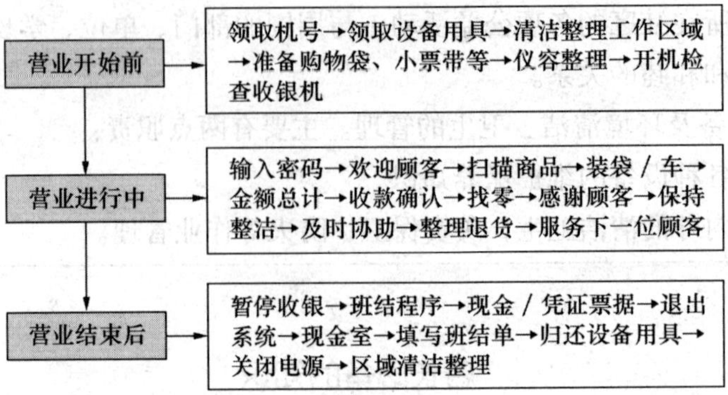

图5－1　收银员工作流程（详见本书模块四）

格遵守收银员的规章制度。如工作时身上不可带私人物品，不可在工作岗位上清点个人的现金等。

（4）超市防损。顾客在结账时，会因某种原因将一些商品留在收银台上，这时，收银员应及时将顾客不需要的商品登记，然后归位到货架上，避免不必要的损耗。从某种程度上说，收银员也是兼职防损员。

（5）推广促销活动。超市经常有各种各样的促销活动，收银员在推广促销活动中除正常收银作业以外，还应特别注意做好宣传和告知工作。告知的内容主要包括以下三项：

①获得优惠或赠品的条件。当顾客所购商品的金额已接近这次活动所需金额时，收银员应提醒顾客再选购一些商品就可以得到某种优惠或赠品等，这样可以使顾客获得某种意义上的满足并感受到被尊重。

②有关注意事项。收银员在解答顾客关于促销活动的问题时，应将有关注意事项告知顾客，比如，截止日期、参与条件等。

③促销活动的类型。促销活动有消费金额或者积分的“累计”计算和“不累计”计算之分。在“不累计”计算的促销活动中，收银员应注意此项活动特点的宣传与说明，避免一些不愉快的场面出现。

三、理货员的工作流程与职责

1. 理货员的工作流程

理货员工作流程见图5－2。

（1）领货作业流程管理。在营业中，陈列在货架上的商品在不断减少，理货员的主要职责就是去内库领货，以补充货架。一般领货作业流程如下：

①理货员领货必须凭领货单。

②理货员要在领货单上写明商品的大类、品种、货名、数量及单价。

③理货员对内库管理员所发出的商品，必须按领货单上的事项逐一核对验收，以免商品串号和提错货物。对大型综合超市、仓储式商场和便利店来说，其领货作业的程序可能不反映在对内库方面，而是直接反映在对收货部门和配送中心的送货员工方面。一旦完成交接程序，责任就完全转移到商品部门的负责人和理货员身上。

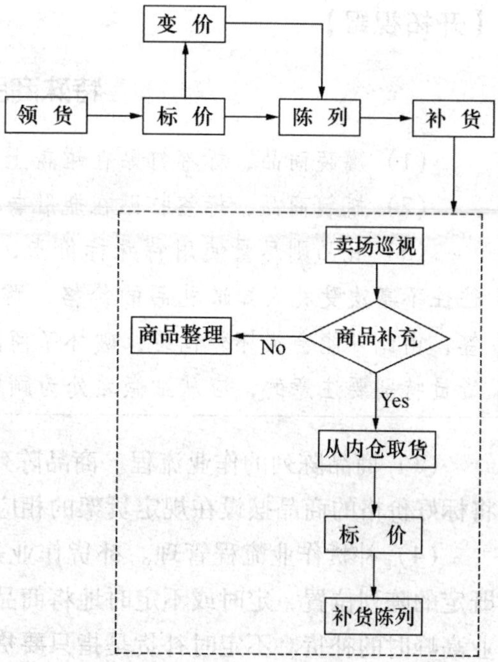

图 5－2　理货员工作流程

（2）标价作业流程管理。每一个上架陈列的商品都要标上价格标签，以便顾客选购和收银员计价收款。这项作业简单，几分钟就可学会，一天内就能熟练操作，但对标价的具体作业管理的要求很多，具体如下。

①标签打贴的位置。一般来说，店内所有商品的价格标签位置应是一致的，这是为了方便顾客在选购时对售价进行定向扫描，也是为了方便收银员计价。但我们常常发现在收银处，收银员不断翻弄商品、寻找商品价格标签的现象，这就是标签打贴位置不一致带来的，其大大降低了收银速度。标签的位置一般最好打贴在商品正面的右上角（因为一般商品包装其右上角无文字信息），如右上角有商品说明文字，则可贴在右下角。

②打价前要核对商品的代号和售价，核对进货单和陈列架上的价格卡，调整好打价机上的数码。

③价格标签纸要妥善保管，为防止个别顾客偷换标签，即以低价格标签贴在高价格商品上，通常可选用仅能一次使用的折线标签纸。

④商品价格调整时，如价格调高，则要将原价格标签纸去掉，重新打价，以免顾客产生抗衡心理。如价格调低，可将新标价打在原标价之上。每一个商品上不可有不同的两个价格标签，这样会招来不必要的麻烦和争议，也往往会导致收银作业的错误。

【开拓视野】

特殊商品的标签打贴

（1）罐装商品，标签打贴在罐盖上方。

（2）瓶装商品，标签打贴在瓶肚与瓶颈的连接处。

（3）礼品则尽量使用特殊标价卡，最好不要直接打贴在包装盒上，因为送礼人往往不喜欢受礼人知道礼品的价格，购买礼品后他们往往会撕掉其包装上的价格标签，由此可能会损坏外包装，破坏了商品的包装美观，从而导致顾客的不快，这是理货员特别要注意的，应从细微之处为顾客着想。

（3）商品陈列的作业流程。商品陈列作业是指理货员根据商品配置表的具体要求，将标好价格的商品摆设在规定货架的相应位置。

（4）补货作业流程管理。补货作业是指理货员将标好价格的商品，依照商品各自既定的陈列位置，定时或不定时地将商品补充到货架上去的作业。定时补货是指在非营业高峰时的补货。不定时补货是指只要货架上的商品即将售完就立即补货，以免由于缺货而影响销售。

①理货员在进行卖场巡视时，如不需补货，可进行商品的整理作业。

- 清洁商品。这是商品能卖得出去的前提条件，所以理货员在巡视时抹布是不能离手的，抹布就像士兵手中的枪一样重要。
- 做好商品的前进陈列。即当前面一堆的商品出现空缺时，要将后面的商品移到空缺处去，这样既能体现商品陈列的丰富感，又符合了商品陈列先进先出的原则。
- 检查商品的质量。如发现商品变质、破包或超过保质期，应立即从货架上撤下。

②理货员在补货上架时的作业流程如下。

- 先检查核对一下欲补货陈列架前的价目卡是否和要补上去的商品售价一致。
- 补货时先将原有的商品取下，然后打扫陈列架（这是彻底清洁货架里面的最好时机），将补充的新货放在里面，最后将原有的商品放在前面，做到商品陈列也先进先出。
- 对冷冻食品和生鲜食品的补充，要注意时段投放量的控制。一般补充的时段控制量是，在早晨营业前将所有品种全部补充到位，但数量控制在预定销售额的40%，中午再补充30%，下午营业高峰到来之前再补充30%。

2. 理货员的主要工作职责

- 为所有的顾客提供优质的服务，包括微笑服务、礼貌用语、回答顾客咨询、简介商品和为顾客提供购物车、购物篮等。
- 保障库存商品销售供应，及时清理架端、堆头和货架并补充货源。
- 保持销售区域的卫生（包括货架、商品）。
- 保持通道的畅通，无空卡板、垃圾。
- 按要求码摆放排面，做到排面整齐美观，货架丰满。
- 及时收回零星物品和处理破损包装商品。
- 保证销售区域的每一种商品都标有正确的条形码和正确的价格卡。
- 整理库存区，做到商品清楚，码放齐全，规律有序。
- 执行先进先出原则，并检查商品的保质期。
- 事先整理好退货物品，办好退货手续。
- 控制商品损耗，对特殊的商品进行防盗处理。
- 负责相关的安全操作，包括使用刀具、铝梯、搬运货物等。
- 具备防盗意识，特别对容易丢失的商品和可疑员工予以关注。
- 参加部门的周期盘点和周年盘点。

四、营业员的工作流程与职责

营业员的工作流程如图 5－3 所示。

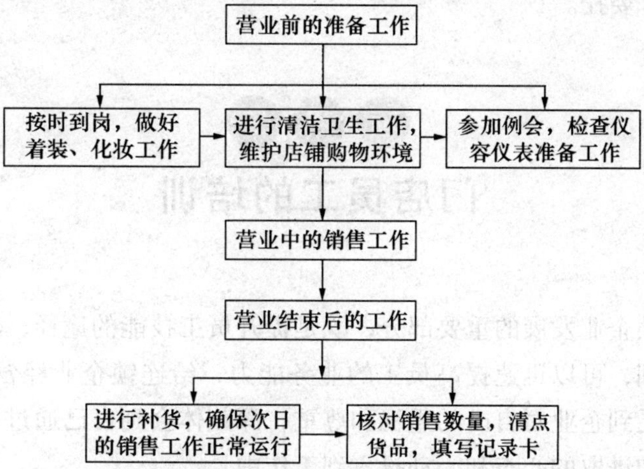

图 5－3　营业员工作流程

营业员的工作职责：

- 营业前做好柜台、货架、商品及地面等环境卫生，达到干净、整洁、玻璃明亮。
- 补充商品，将柜台上不足的商品补齐，并检查柜台上所列商品是否齐全，有无新货需及时上横，同时将顾客错放在本条柜的商品集中，待理货员送回原柜。
- 营业中应随时保持柜台及货架上的展示商品充足和整齐，不得出现展示商品不足和摆放零乱的现象。
- 检查柜台及库存商品数量是否充足，不足的须及时填写“商品进货申报表”通知业务补货，做到所有商品无断货现象。
- 柜台到货须认真清点验收，及时上柜，同时配合配货员将上柜后余下的商品在储存板或货架上归类堆放整齐。
- 随时作好为顾客提供服务的准备，发现顾客有需要导购及服务的暗示时，应立即上前友善、真诚地为其提供各种服务。
- 观察销售环境，注意防止商品被盗。如有可疑情况和突发事件，沉着冷静，迅速通知保安和区域主管到场处理。
- 努力提高自身业务水平，做到对所负责的每种商品的价格、产地、规格及特性都了如指掌。
- 随时保持商品及环境的卫生。
- 交接班时，应对接班员工告知商品销售已补货和需补货商品情况，做到交接清楚、补货无重复。
- 营业员必须坚守工作岗位，不得无故串岗、离岗。如有事离岗，须向柜组长及其他员工做好委托。

项目三 门店员工的培训

培训作为连锁企业发展的重要部分，既是提升员工技能的途径，也是一种激励员工的方式。通过培训，可以迅速提高员工的业务能力，给连锁企业经营带来直接的效率，也可以使员工感受到企业对自己的重视和尊重，深刻体会到自己通过培训所获得的成长体验，进而以更加进取的心态和心动投入到工作中。

一、门店员工培训的流程

一个完整的培训流程需要经过如下几个步骤，如图 5－4 所示。

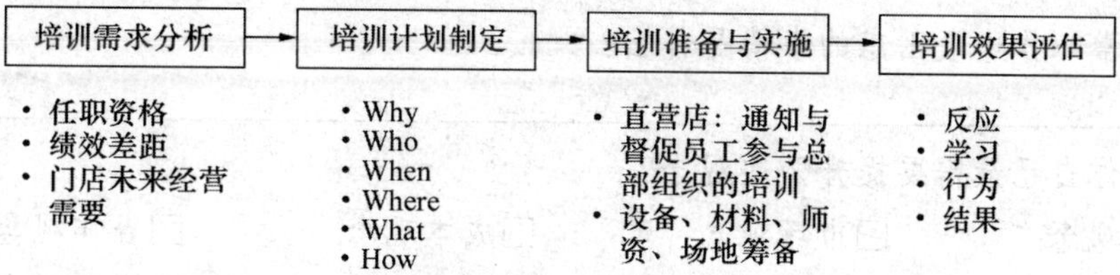

图 5－4　培训流程

1. 培训需求分析

明确的培训需求是开展培训并保证培训效果的首要因素。培训需求的内涵可以用公式表示为：培训需求＝期望表现－现状表现。作为门店的经营管理者，必须具有全局性和前瞻性的战略眼光，在对人才储备和人才培养进行规划的过程中，运用科学的方法及时发现和分析培训需求。通常，培训需求来源于三个方面。

（1）任职资格。员工要胜任工作岗位的要求，需要具备一定的能力和条件，如学历、专业、工作经验、专业技能等。而员工自身所不具备的任职资格就是培训需求的来源之一。这一部分需求信息可以通过员工培训需求调查来获得。

下面是一份员工培训需求调查表的范例。

员工培训需求调查表

尊敬的员工：

为了能切实帮助您提升自我，提高培训针对性和实效，请根据自己的实际情况和需要填写，门店人力资源部将统筹安排培训项目。谢谢配合！

人力资源部

2010 年 4 月 30 日

姓名：＿＿＿＿＿＿＿＿　　岗位：＿＿＿＿＿＿＿＿

请在你认为最合适的选项前作标记，可多选：

1. 目前你最想提高的能力？

□计划能力　□组织能力　□协作能力　□项目管理能力

□谈判沟通能力　□执行力　□团队建设能力　□目标管理能力

□其他＿＿＿＿＿＿＿＿＿＿＿＿

续表

2. 你希望提高哪方面的管理理论知识？ □商品管理　□营销管理　□财务管理　□客户关系管理 □人力资源管理　□其他
3. 你在日常工作中最困惑的事情是什么？ ________________________________
4. 你认为你自己最需要提升哪些观念？ □时间观念　□市场观念　□成本观念　□合作观念 □职业化观念　□制度观念　□客户观念　□竞争观念
5. 你打算提升、发展哪些方面的专业业务素质？ ________________________________
6. 你更乐意接受哪种培训方式？ □外部短期公开课　□请外部讲师内训　□内部讲师内训　□光盘教学 □体验式培训　□图书自学　□学习交流沙龙　□其他__________
7. 你希望的培训时长是？ □1 ~2 小时　□半天（3 ~4 小时）　□一天（8 小时） □两天　□其他要求
8. 请问你对企业培训有何建议、要求？ ________________________________ ________________________________ ________________________________
调查结束，谢谢！

（2）绩效差距。绩效差距是指员工实际的绩效表现与期望的绩效表现之间的差距，分析造成差距的关键原因也是培训需求的来源之一。通常，以上一年度的绩效考核结果为参照。

（3）门店未来经营的需要。门店未来经营的需要是指为了实现门店下一阶段的发展目标和经营计划，员工应该具备什么样的能力和条件，而目前所欠缺的是什么，欠缺的部分就是培训需求。

2. 培训计划制定

根据培训需求，制定培训计划。为了保证培训计划的针对性和实效性，通常企业在制定培训计划时会使用 5W1H 法，即为何（why）、何人（who）、何时（when）、何处

（where）、什么（what）、如何进行（how）。

- 为何：举办培训的目的是什么，如何才能达到此次培训目的。
- 何人：哪些员工需要参加培训，培训者是谁，谁来组织和协调培训。
- 何时：因为培训的对象不同，必须考虑到培训的时机和培训时间的长短。如新进员工一般在报到后要接受一星期至数个月的培训。现有员工的培训，大都在不影响门店经营的淡季进行；而对于一些市场需求很旺盛和急切的知识和技能，则需要根据市场行情迅速开展培训。
- 何处：培训场地安排在哪里，如何布置培训场地。
- 什么：培训的内容是什么，涉及哪些知识及业务技能。
- 如何：采用什么样的培训方式。

3. 培训准备与实施

培训计划制定后，要进行培训前的准备工作。直营店的培训通常由总部统一进行，作为门店的培训负责人，需要清晰地传达总部的培训通知，为需要参加培训的员工协调工作时间，同时，也要督促员工积极参与培训。加盟店的培训，一般根据门店经营管理的实际情况自主操作，作为培训负责人，要在培训实施前申请培训所需的费用、教材、资料、培训设备、培训讲师等。

4. 培训效果评估

培训效果评估是采用某种方法、技术或者程序去确定培训活动价值或者意义的系统过程。培训效果评估的目的，既是检验培训的最终效果，也是规范培训相关员工行为的重要途径。进行培训效果评估，可以从四个方面进行：反应、学习、行为和结果，见图5－5所示。

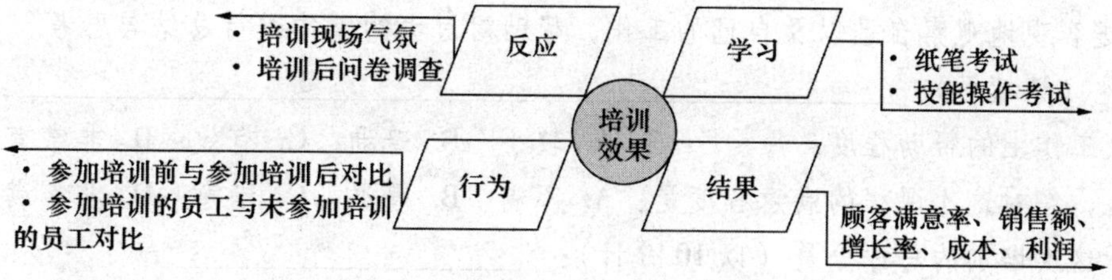

图5－5　培训效果评估方法

（1）反应评估。反应评估是第一级评估，主要考察培训现场的反应。即在课程刚结束时，了解员工对培训项目的主观感受或者满意度，涉及的内容有培训内容、培训师、方法、教材、设施、场地、时间安排、培训组织等。一般采用问卷调查的方式进行。

下面是一份培训效果调查表的范例。

培训调查表

课程内容：________________

培训日期：________________　　培训地点：________________

受培训者姓名：______________　　培训师姓名：________________

请就下面每一项进行评价，并请在相对应的分数上打“√”。

课程内容	很差	一般	良好	很好
课程适合我的工作和个人发展需要	5	6　7	8	9　10
课程内容深度适中、易于理解	5	6　7	8	9　10
课程内容切合实际、便于应用	5	6　7	8	9　10
培训师				
有充分的准备	5	6　7	8	9　10
表达清楚、态度友善	5	6　7	8	9　10
对培训内容有独特、精辟的见解	5	6　7	8	9　10
对进度与现场气氛把握很好	5	6　7	8	9　10
培训方式生动多样、鼓励参与	5	6　7	8	9　10

参加此次培训的收获有（可多选）（　）

A. 获得了适用的新知识

B. 获得了新的管理观念

C. 理顺了过去工作中的一些模糊概念

D. 获得了可以在工作上应用的一些有效的技巧或技术

E. 促进客观地观察自己以及自己的工作，帮助对过去的工作进行总结与思考

F. 其他（请填写）：________________________________

对本人工作上的帮助程度：　A. 较小　B. 普通　C. 有效　D. 非常有效

整体上，您对这次课程的满意程度是：A. 不满　B. 普通　C. 满意　D. 非常满意

您给予这次培训的总评分是（以 10 分计）：________________

其他建议或培训需求：________________________________

说明：1. 请如实填写，并在填妥后及时交给培训主管。

2. 请给予你真实的评估意见，以帮助我们对培训课程、形式等进行改进。

谢谢您对我们工作的支持！

（2）学习评估。学习评估是第二级，主要着眼于学习质量，可采用纸笔考试和技

能操作等，考察接受过培训的员工在知识、技能、态度方面的收获。

（3）行为评估。行为评估主要是考察员工在经过培训后，在实际工作岗位上的应用培训知识和技能的情况。通常，可以在培训结束一个月左右，考核参加培训的员工受训后的绩效是否比受训前有所提高；也可以把参加培训的员工在受训后的绩效与未参加培训的员工的绩效进行对比，看参加培训的员工与未参加培训的员工在工作绩效上是否有差别。

（4）结果评估。结果评估着眼于由培训项目引起的门店经营业绩的变化。它可以通过顾客满意率、销售额、增长率、成本、利润等关键数据来考察。

二、门店员工培训的内容

连锁企业门店员工的培训内容主要集中在三个方面：知识、技能和综合素质。

1. 知识

对于门店的每一位员工来说，商品知识是培训的中心内容，要让每个门店员工都了解并掌握门店经营的商品类型与组成、商品的品质与特性、商品的优点与利益点、商品的包装情况、商品的用途及其限制、商品的独到之处和商品的保修保养技巧等知识，从而使他们能为消费者提供优质的服务，使顾客能够放心地、满意地购买本店的商品。

2. 工作技能

门店员工的工作技能通常包括服务技能和店务作业技能。

服务技能培训的目的在于帮助员工按照规范统一的服务准则为顾客提供各种服务，提升员工与顾客之间的人际互动能力。其主要内容是门店的服务规范，如迎送顾客、观察顾客、与顾客交谈、应对顾客投诉等。

店务作业技能培训的目的在于帮助员工按照规范统一的工作开展店务作业，创造富有生机的门店氛围。其内容主要是店务作业规范，如商品陈列、整理、包装、票据处理等。

3. 综合素质

综合素质培训的目的在于提高员工的综合能力并挖掘其潜力，为员工的发展提供机会，丰富员工生活。其内容较为广泛，通常并不针对工作本身，可能涉及工作态度、人生态度、心理健康、企业文化、职业道德、社会伦理等。

三、门店员工培训的方式

培训基本上可分为职前培训、在职培训、脱产培训和自我开发等四种方式。四种方式各有优点和缺点，它们分别适应不同的对象，有不同的培训内容。门店应根据自己的实际情况，灵活采用适合自己的培训方式，以保证良好的培训效果。

1. 职前培训

职前培训主要针对新员工。培训的内容主要有两个方面，一个是基础教育，主要包括门店的规章制度、企业文化、基本的商品知识；另一个是技能培训，主要包括着装、服务用语、操作技巧、顾客服务技能等。对于新员工，基础教育的培训时间一般不少于一周，国外连锁企业的培训时间更长。

【开拓视野】

麦当劳的新员工培训

麦当劳的员工培训，有一套标准化管理模式。从加入麦当劳的第一天起，新员工就直接走向了工作岗位。每名新员工都由一名老员工带着，一对一地训练，直到新员工能在本岗位上独立操作。但这并不代表这位新员工在这个岗位上的工作就合格了，他还要通过由经理负责鉴定的《岗位观察检查表》（SOC），上面有岗位工作操作步骤以及各类注意事项。

作为一名麦当劳新员工，从进店伊始，就在日常的工作中边工作边培训，不像培训班那样浪费资源，效果却要明显许多。边学边用比学后再用的效果要好，在工作、培训一体化中将企业文化逐渐沉淀到麦当劳每一位员工的日常行为中。面试合格的人要做4～6个月的见习经理。在此期间，他们以普通员工的身份投入到餐厅的各个基层工作岗位，如炸薯条、做汉堡包等。同时，他们将参加培训中心开设的BOC课程（基本营运课程），课程着重于基本应用，主要采用麦当劳汉堡大学开放式、参与讨论的授课方式，培养不同的能力，使得见习经理学会最佳的楼面管理。经过考核的见习经理可以升迁为第二副理，升迁之后，他们将负责餐厅的日常营运，在此期间，他们将参加BMC（基本管理课程）和IOC（中间管理课程）。经过这些培训，第二副理就已经能独立承担餐厅的部分管理工作，如订货、接待、训练等。表现优异的第二副理在进行完IOC课程培训之后，将接受培训部和营运部的考核，考核通过后，将被升迁为第一副理，即餐厅经理的左膀右臂。

2. 在职培训

在职培训通常是为了提高和更新员工的工作技能和知识，而允许员工在职期间接受的培训。主要有两个方面的内容：一个是职务转换，为了适应新的岗位，即将晋级的员工在晋级之前接受心理和能力方面的培训，获取相关的知识、技能和信息等；二是随着市场经营环境的变化，知识、技术和观念随之更新，门店员工也需要接受相应的培训，来保持良好的工作能力。

3. 脱产学习

脱产学习指员工暂时脱离工作岗位到学校或者其他机构参加为期较长的培训。脱产培训的对象主要是管理员工。脱产学习的目的主要有两个：一是管理员工理论上得到较高的提升，开拓视野，了解国内外同行业的最新动态，一般到高等院校和科研机构学习；二是为了得到一些较为先进的管理经验和实操技术、专业知识，一般是到优秀的连锁企业学习，加盟店则是到总部接受系统的培训。

4. 自我开发

自我开发指鼓励员工利用业余时间进行自我学习与提高，比如函授大学、夜大、电大以及社会上的各种培训，通过自我开发的学习，员工可以获取相应的资格证书，增强职业竞争力。自我开发也可以纳入门店培训体系中，对员工进行自我开发而产生的费用，可以凭员工在职期间获取的从业资格证书或者学历学位证书而给予适当的资助。

【开动脑筋】

如何才能够激发员工积极地进行自我开发，提高自身的文化水平和能力素质？建议从门店管理制度的角度进行思考。

项目四

门店员工的绩效考核

绩效是一个组织或个人在一定时期内的投入产出情况。门店员工的绩效考核是指对员工完成所在岗位的工作任务情况的评定，它反映了员工能在多大程度上实现职位要求。绩效考核是确保员工的工作活动及工作结果能够与组织目标保持一致的过程。具体来说，绩效考核通常有三个目的。

第一，战略目的，即将员工的工作活动与组织的目标联系起来。

第二，管理目的，即将员工的业绩信息用于制定加薪、晋升、保留、解雇以及对个人绩效的认可等决策。

第三，绩效考核的真正目的不是考核后惩罚，而是指出员工所存在的弱点与不足，找出原因并制定改进计划。

因此，绩效考核涉及员工个人价值的提升与组织战略目标的实现，在门店管理中具有重要地位。

一、门店员工绩效考核的原则

（1）绩效考核体系要反映门店的组织文化和管理理念。员工的工作标准其实就是企业文化和管理理念的体现。因此，绩效考核标准的制定必须明确指出企业鼓励什么、反对什么，企业和个人分别应该承担什么，给员工以正确的导向。

（2）对绩效考核的内容、流程和责任分工应该有明确的规定，并向门店所有员工公开，让大家充分了解。

（3）绩效考核内容只涉及工作要求，而非人格，对不影响工作的其他内容一概排除。

（4）绩效考核应以绩效改进为导向，考核结果要定期向员工本人反馈。对被考核者认为有失公正的地方，应按照规定的程序予以处理。

二、门店员工绩效考核的内容

1. 业绩考评

业绩考评是对员工的工作结果和工作效率的综合考察。通常，门店员工的工作业绩以营业额、购买比例和时间利用作为主要的衡量指标。

2. 能力考评

能力考评主要指对员工在工作中运用所学的知识和技能解决实际问题的能力的考察。通过考评，既可以发现员工的能力优势，也可以找到员工能力的不足，从而有利于把有能力的人提拔到重要岗位上或有针对性地进行培养，把能力较弱的人调离现有岗位，达到人岗的优化配置。

3. 工作态度

工作态度主要体现在员工的出勤率、缺勤率、纪律性、责任心和主动性。工作态度决定了人的能力发挥的程度。只有好的工作态度和能力相结合，才能创造出好的工作业绩。

三、门店绩效考核的流程

门店绩效考核的流程见图 5－6 所示。

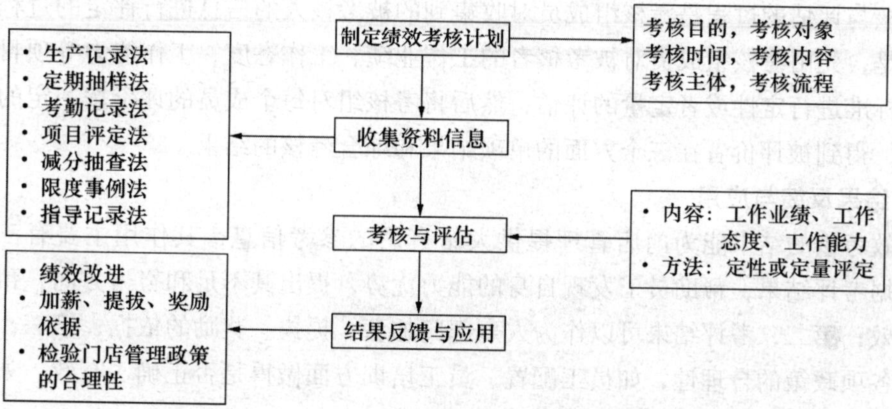

图 5－6　绩效考核流程

1. 制定绩效考核计划

绩效考核计划主要包括绩效考核的目的、考核对象、考核时间、考核内容、考核主体、考核流程等。

2. 收集资料信息

员工的考核结果常常关系到员工在企业中的地位和前途。所以，作为考核基础的信息必须真实、可靠和有效。如何收集考核所需要的信息，通常可采用以下方法。

（1）生产记录法。即门店销售、服务的数量、质量成本等按照规定填写的原始记录和统计。

（2）定期抽样法。即定期抽查销售和服务的数量和质量，以代表整个期间的工作情况，由专职员工填写。

（3）考勤记录法。即对出勤、缺勤及原因进行一一记录。

（4）项目评定法。采用问卷调查形式，由专人对员工进行逐项评定。

（5）减分抽查法。即按岗位要求规定应遵守的项目，定出违反规定的积分办法，逐日或者定期进行登记。

（6）限度事例法。即抽查在通常线以上的优秀行动或者在通常线以下的不良行动，对特别好、特别不好的事例记录下来。如同事有紧要工作忙得不可开交，并请求支援，自己虽然有充裕时间，但予以拒绝，这是不良行为；相反，尽管自己也很忙，但在干完自己的工作后又主动加班帮忙，这是优秀行为。

（7）指导记录法。不仅记录下属的行动，而且将主管的意见及下属的反应也记录下来，既可考察下属，又可考察主管的领导工作。

3. 考核与评估

考核与评估的过程是考核组成员对收集到的被考核人的信息进行评定的过程。具体的做法是，先由考核组成员对被考核者的工作业绩、工作态度、工作能力等项目，依据一定的标准进行定性或者定量的评估；然后将考核组对每个成员的评价按一定的权重进行综合，得到被评价者在三个方面的单项结果和综合考核的结果。

4. 结果反馈与应用

绩效考核的结果能为门店管理提供大量有用的参考信息，其作用主要有三点：第一，根据考评结果，帮助员工发现自身的能力优势，提出其不足和努力方向，帮助员工改进绩效；第二，考评结果可以作为人事部门加薪、提拔、奖励的依据；第三，检验门店管理各项政策的合理性，如员工配置、员工培训方面做得是否正确、有效，如何改进和完善。

【开动脑筋】

若有员工对自己的绩效考核结果极度不满意，在员工当中散播怨言，并表现出消极的工作状态，作为门店的主管员工，应该如何处理？

>> 本模块小结

本模块主要从人力资源管理的角度，介绍了连锁门店员工管理的四个主要模块：门店员工的配置与招聘、工作流程与职责、培训和绩效考核。在对人力资源管理四个模块的介绍过程中，结合连锁门店经营的特点和实际情况进行了分析，为门店员工管理提供了可操作的步骤。

>> 本模块参考

1. 浏览网址

［1］http：//www. all56. com

[2] http：//www. chaoshi168. com

2. 参考文献

[1] 加里·德斯勒著．人力资源管理．北京：中国人民大出版社，1999

[2] 胡启亮，霍文智．连锁企业门店营运与管理．北京：科学出版社，2008

[3]《连锁经营管理师培训教程》编委会．连锁经营管理师培训教程．北京：中国经济出版社，2007

>> 思考题

1. 画出一个你所熟悉的连锁店的组织结构图。

2. 请为某个连锁门店的营业员做工作分析，比如面包连锁门店、化妆品连锁门店等。

3. 门店员工招聘的渠道有哪些？

4. 门店员工招聘的方案包括哪几个方面的内容？

5. 门店员工招聘的方法有哪些？介绍一个你曾经历过的方法，包括过程和结果。

6. 店长、收银员、营业员的工作流程和职责分别是什么？

7. 员工培训方案包括哪些内容？

8. 门店员工绩效考核要遵循的基本原则是什么？

9. 门店员工绩效考核通常包括哪些内容？

10. 门店员工绩效考核的结果有何用途？

>> 案例分析题

某商场员工违规的体罚措施

某商场实施了一条新规，犯错员工须连续一星期在上班前到员工通道站20分钟，向其他员工鞠躬。此举引发部分员工反感，认为这是侮辱性体罚。很多员工对此很不满，有些员工因此辞职。

一名员工称，她因为在卖场中和同事说话、打手机，接到公司一张20元的罚单，并要在门口持续“罚站鞠躬”一个星期。

在商场后方的员工通道，有两名穿着制服的工作员工，他们分站在门口两侧，对每个前来上班的员工鞠躬，并说“欢迎光临”。商场内部员工称，当天下午本来有6名员工受罚，但大部分缺席，因不满这种处罚形式而未到。站在一旁鞠躬的一名员工称，公司管理很严格，在卖场中玩手机、和员工聊天、接到顾客投诉，都要面临处罚。但她认为员工犯错误一般都是“明知故犯，处罚不算过分”。

商场负责人称，员工在卖场中如果违反了公司规定，就要进行“强化培训”，让员工站在员工通道进行基础性待客服务培训，对来往的员工鞠躬并说“欢迎光临”，“这不是罚站，也不是体罚，只是一种基础培训，是企业文化”。

思考：

1. 结合本章内容，谈谈你对这种员工管理方式的看法？
2. 从门店管理的角度，试分析导致上述事件的原因有哪些？

模块六

门店现场服务管理

>>学习目标

1. 认识和理解门店现场服务的类型和特点
2. 掌握门店现场服务的内容
3. 掌握营业员的服务规范
4. 掌握收银员的服务规范

【案例导读】

赠品酒的风波

2001年春节前一天，某购物广场人山人海，所有收银台前排起了长队，每个收银台也都安排了协助收银员为顾客装袋的员工。在36号收银台，一对夫妇排队等了好长时间，最后总算轮到他们了，便推着满满一购物车的商品来到收银台前买单。就在收银员为这位顾客服务的时候，站在收银台出口的防损员走过来告诉正在收银员旁边帮忙装袋的同事："请提醒收银员询问顾客是否还有需要买单的商品。"因为防损员刚才看到顾客购物车里有一瓶红酒没有拿出来。装袋的同事听到后就把防损员的话传给了收银员，收银员在输完柜台上所有的商品后，伸头看了一下顾客的购物车，问到："请问，还有其他商品吗?"这时那位女士马上把那瓶红酒放到收银台上并大声说："这是赠品，怎么了？你们把刚才那位防损员叫过来，还说我们是小偷？你们这是什么商场?"同时嘴里还骂骂咧咧的，她的爱人也在一边不停附和。收银员马上向她们解释说："我们没有任何人说您是小偷，只是所有的赠品我们都要核对一下，并且要通过收银台消磁，否则在出收银台时，防盗门铃就会响，会给您带来不必要的麻烦，请您理解。"装袋的同事也向顾客解释道歉。但是顾客根本不理会，坚持说刚才那位防损员说她是小偷，一定要说清楚。

接着，她又说："你们俩挺好的，就是那个防损员说的，如果你们不把那个防损员叫过来。我们今天就不买单，别人也别想在这买单!"这时真巧那位防损员换了岗不在，于是工作人员就叫来了另外一位防损员。顾客把她的经历告诉了这位防损员，防损员也表示理解，但随后顾客还是坚持要找到刚才那位防损员，并一再嚷着要见经理，并要求这位防损员去找刚才的防损员。

这时那位男士又说到："你们赶快把你们经理找来，否则我把这瓶红酒砸在这里，谁也别想在这里买单!"这时工作人员边道歉边耐心解释："请您不要生气，我们的同事已经去找经理和那位防损员了。大过年的，大家都不要动气，有问题我们一定会解决好的。"(在这期间，相关人员已查清这瓶红酒的确是赠品，但不知是什么原因，赠品的标志没有了)。

由于排队的人很多，这两位顾客又一直堵在那里不让买单，后面的顾客开始不耐烦了，收银员请大家去邻台买单，他们都不愿意去，装袋的工作人员不断地向那位顾客道歉却无济于事。这时，在后边等候的顾客已经非常不耐烦了，纷纷议论起来，一位年轻小伙子大声冲收银员喊："那瓶红酒到底多少钱？算在我的商品里，让他们快走！我们还要回家过年呢"，还有一位说："人家工作人员都道歉解释了半天，他们还纠缠不休，太不像话了！"另外一位老板模样的顾客又向收银员说："不就一瓶酒吗，我来买单，算我送他们的礼物吧，不能让大伙都等在这儿吧！"后面的顾客听到后也都大声吵嚷起来。

这时这位女顾客觉得不好意思，赶快找台阶下，便突然冲着收银员喊到："你们这儿的人工作效率怎么这么慢啊？让你们去查一下到底是不是赠品，花这么长时间都没有搞清楚，让人等这么长时间，不是赠品我们买单不就完了吗？真是慢！"收银员看顾客态度发生了改变，便立刻对顾客说："这瓶红酒是赠品，只不过赠品的标识不见了，所以耽误了您的时间，请您原谅。"顾客就势买了单，什么也没有说就离开了收银台。

对于连锁门店经营而言，连锁门店现场服务的质量从根本上决定了门店的生存状况和发展前景。营业员、收银员和服务台作为与顾客接触最直接、最频繁的岗位，肩负着为顾客提供服务、为门店提升形象、为企业提高销售额的重要责任，他们专业的顾客服务规范、有效的顾客服务流程、职业的个人形象和得体的言谈举止都是门店服务质量的体现。因此，连锁门店的员工都应该树立正确的服务意识，提高服务技能，从而提高门店的顾客满意度。

项目一

门店现场服务的类型和特点

连锁企业门店在向顾客销售商品的同时，也是在为消费者提供各种服务，服务始终贯穿着销售过程的始终，服务质量的高低直接决定了顾客的满意度，进而影响企业的顾客数量、销售业绩和形象。同时，由于市场竞争的加剧和市场环境的公开，商品同质化程度越来越高，销售的商品在质量、价格和定位等方面都没有太大的差异，仅仅通过商品因素获取竞争优势的时代已经远去了，因此，门店的服务管理被提高到非常重要的位置。

一、服务的定义和特点

1. 服务的定义

从广义来说，服务是企业所有经营、管理活动的总和。对于服务性企业来说，它们所从事的任何经营管理活动的最终目的都是为了实现更好的服务。

从狭义来说，服务是指企业与顾客或潜在顾客进行沟通的方式及内容；是一方能够向另一方提供的行动或绩效。比如，为了实现产品的销售，并获得顾客满意，营业员就必须与顾客或潜在顾客进行各种形式的有效沟通。其所采用的沟通方式和内容即表现为一种服务。

2. 服务的特点

基于上述对服务的定义，可以发现服务具有以下几个主要特点，如图 6－1 所示。

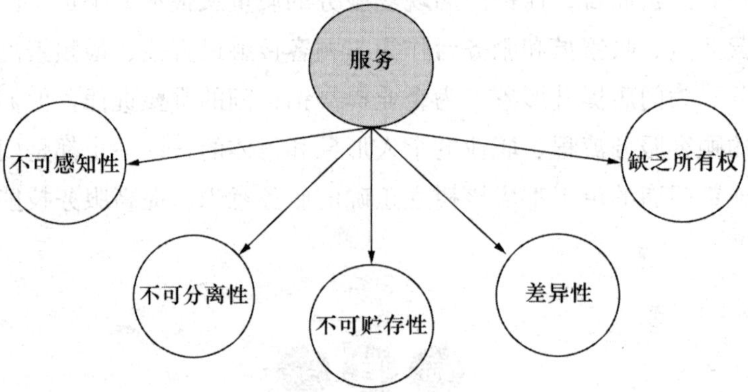

图 6－1　服务的特点

(1) 不可感知性（intangibility）。服务的很多元素是看不见，摸不着，无形无质的。顾客在购物和享受服务之前往往不能肯定他能获得什么样的服务，而顾客在接受服务后通常很难察觉或立即感受到服务的利益，也难以对服务的质量做出客观的评价。这是服务最为显著的一个特征。

正是由于这个特点，所以门店在进行销售活动时，就必须通过有形的事物将自己的服务展现出来，预先给顾客一个可感知的印象，从而更好地获得顾客的认同。可以通过场地、人员、设备、形象和价格等顾客可感知的东西化无形为有形。比如干净整洁的门店、热情周到的员工、质量上乘的商品等。

（2）不可分离性（inseparability）。有形的工业品或消费品在从生产、流通到最终消费的过程中，往往要经过一系列的中间环节，生产和消费过程具有一定的时间间隔。而服务则与之不同，它具有不可分离性的特点，即服务的生产过程与消费过程同时进行，也就是说服务人员向顾客提供服务时，也正是顾客消费服务的时刻，二者在时间上不可分离。服务的这一特性表明，顾客只有加入到服务的生产过程才能最终消费服务。

由于服务的生产和消费具有不可分离性，所以门店必须重视一线服务员工的素质及其与顾客沟通的能力；重视服务提供者与顾客的互动，对员工给予必要的授权，让他们能及时、灵活地处理问题；重视对员工的激励，发挥他们工作的热情和积极性。比如，企业详细的工作说明与员工培训、严格的雇佣标准等。

（3）差异性（heterogeneity）。服务不像有形产品那样容易实现标准化，或者用标准化的实物形式来客观表现。服务产品的质量受人为因素影响较大，每次服务带给顾客的效用和顾客感知的服务质量都可能存在差异，这与人们服务意识的强弱有关。某一天对某位顾客来讲是正确的，可以满足他们的期待，也许在另一天同一个顾客会感受不同，变得不能满足他的需要。

基于这个特点，为了保证服务的一致性，企业必须重视员工的挑选、培训，制订明确、规范的服务流程，及时处理顾客建议与投诉，定期监测顾客满意度，持续提升服务水平。如麦当劳规定全体员工要实行快捷、准确、友善的服务，排队时间不超过 2 分钟，顾客点完所要食品后，服务员要在一分钟内将食品送到顾客手中；花旗银行要求在 10 秒内接电话，2 天内回函等。

（4）不可贮存性（perishability）。服务不像有形产品那样可以长期贮存，它是无法贮存的，因此当出现服务需求的高峰或低谷时，容易出现供求矛盾，从而影响服务水平和顾客满意度。

由于服务的不可贮存性，所以企业不能像对待有形产品那样通过库存来调节供求关系。企业则可以通过服务预约、差别性定价、补充性服务、自动化和增加顾客工作参与等缓解供求矛盾。比如，自动售货机的使用，网上交易的开展，弹性的收银台数目和服务窗口等。

（5）缺乏所有权（ownership absence）。服务的生产和消费过程中不涉及任何东西的所有权转移。既然服务是无形的又不可贮存，服务产品在交易完成后便消失了，消费者并没有实质性地拥有服务产品。

有些服务的提供是可以通过低成本实现高收益的，企业应该大力的挖掘这方面的服务能力和服务方式。比如，服务提供者在服务过程中表现的工作热情，积极主动性和微笑等不但不需要企业投入更多成本，而且能提高企业的业绩。

二、门店现场服务的类型

门店现场服务主要指门店在日常经营过程中提供给顾客的服务。连锁店的服务要求以消费者需求为中心，以统一、规范化的服务最大限度满足消费者的需要。随着商品同质化程度越来越大，服务领域逐渐成为各大连锁企业进行角逐的战场，谁能为消费者提供及时的、高质量的服务，谁就可能在众多连锁企业中脱颖而出，更容易受到消费者的信赖。连锁门店顾客服务按照与商品买卖过程的联系程度可分为三类。

1. 基本服务

即在商品出售过程中必须向顾客提供的劳务性服务。基本服务的特点是：直接与商品销售相关联，在顾客选购商品时同时发生的服务；该类服务也是必不可少的，所有商品都应提供的服务。一旦缺乏某些基本服务，顾客会产生不满意，影响商品销售情况。因为每个商品提供的基本服务都大同小异，所以各个连锁店在该服务领域内不会产生激烈的竞争。连锁店提供的基本服务包括：商品介绍、商品在出手前的挑选、商品使用操作演示、收银等。

2. 连带服务

门店出售商品给顾客的同时，提供与商品相关的服务，其目的是为了给顾客提供支持，帮助顾客能够正确地购买和利用商品。如订货、礼品包装、送货上门、空调安装、售后保修、操作指导等。该类服务一般根据所购买的商品不同而有所不同，服务的好坏直接影响顾客对门店的看法。对于这种连带服务，其服务内容在行业内部一般都有约定俗成的做法，服务的好坏直接取决于服务人员的工作态度和工作能力。

3. 附属服务

附属服务是指与购买活动没有直接联系的服务，提供这类服务可使顾客在选购商品的同时，获得其他需求的满足，为顾客创造舒适方便的条件。如保持门店环境整洁、灯光柔和、走道畅通；存包；整理货架；处理突发情况等。该类服务虽然并不与具体的商品购买挂钩，但是还是会影响到顾客的购买过程。如果门店内部地面整洁、颜色鲜明、音乐柔和，消费者就会觉得心情舒畅，愿意到该商场购买所需商品。为消费者提供一个舒适的购买环境也逐渐成为连锁门店竞争的焦点。

项目二

门店现场服务的主要内容

门店现场服务的主要内容如图 6－2 所示。

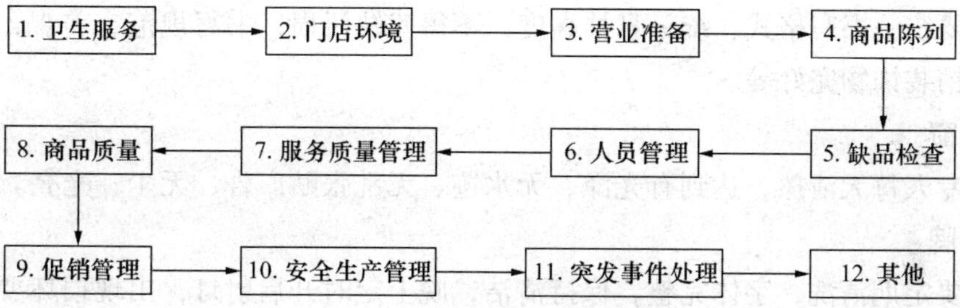

图 6－2 门店现场服务的内容

一、卫生服务

卫生是门店现场服务中最重要的内容之一，它能使顾客轻松愉悦地购物，使员工心情愉快的工作，并保证商品的卫生。工作要求如下：

1. 个人卫生

在门店现场工作的员工，应该严格遵守企业对个人卫生的规定。如按照超市员工守则的规定，进入超市工作必须具有健康证外，还必须做到不留披肩长发、不染奇异头发、不留长指甲，首饰按规定佩带，衣着干净卫生，不能皱折脏乱，尤其是从事生鲜熟食加工的员工。

2. 环境卫生

环境卫生包括地面、墙面、桌面、货架和商品。要求地面光亮清洁；墙面、天花板、顶棚、柱面、吊挂的灯具和玻璃面上不能有蛛网、鼠迹和积尘积灰；桌面台板底下、桌面上和货架底下都要摆放整齐，忌凌乱；商品上尘垢要随时擦拭，时刻保持商品的光亮整洁。教育员工要有强烈的卫生意识，注意保持卫生。除了店内卫生外，还应关注门店周围的环境卫生。

3. 设备器具卫生

要求对门店运营设备，如岛柜、立柜、电子秤、平板车、手推车、购物篮等经常洗刷，保持洁净。对生鲜加工设备应每天洗刷清洁。

二、门店环境服务

1. 停车场

有停车场的门店要设专人看管并指挥车辆的进出、停放，汽车、摩托车、自行车要分开停放并排列整体

2. POP

POP 要统一书写格式，统一悬挂高度，不得残缺污损，书写规范、美观，堆头和其他一些促销装饰物完好等。

3. 橱窗

要设专人每天清擦，达到有光泽、无水迹、无乱张贴广告、无尘、光亮。

4. 招牌

招牌要定期清洗，字体完整，保持清洁，晚上定时开启射灯，出现损坏要及时向相关部门报修。

5. 灯光

要保证所有的灯光正常使用，如有损坏，要及时更换或者报修。

6. 音响

门店应有配套的音响广播系统，按公司规定在不同时段播放相宜的音乐，调节门店购物气氛，并定时播放门店促销消息。

7. 购物工具

购物工具包括购物车和购物篮，均应放在门店出入口处和门店内部的空隙处；购物车和购物篮要定时清理，保证卫生和能正常使用。

8. 消防设施

门店内部要有消防设施，包括消毒面罩、灭火器、指示牌、应急灯，要定时检查，保证消防设施的正常使用。

【开拓视野】

整齐的手推车

在日本东京品川的大荣会员商店门口，好几排手推车一辆接一辆整整齐齐地放着，在停车场没有一辆随随便便扔着的。走近一看，才发现“管理”购物车的是一枚一百日元的硬币。一辆紧挨一辆的小车是锁在一起的，人们推车时，往锁孔里放一

枚一百日元的硬币即可开锁，用完后把车放回原处锁好，硬币便自动退出来。有了这枚硬币，人们用完的小车就不会随手扔在停车场不管了。大大节省了商店在现场服务方面的人力财力的开支。

三、营业准备

做好营业准备工作是做好当天营业的重要前提，工作要求如下。

1. 收银准备

零钱是否按需要的量备足，POS 机、刷卡机是否处于完好待机状态，打印纸、色带、塑料背心袋等各种耗材是否足量到位。

2. 员工准备

出勤情况，各岗位的到岗情况，尤其是保安的到岗，开灯。如有缺勤，查明原因做出处理。员工的仪容仪表是否符合要求，员工外表应整洁，着装应规范，且精神饱满。

3. 检查

主要是生鲜冷冻品是否送到、分割，包装是否完成，其他商品上货情况是否及时，堆垛、端架是否空置等。

四、商品陈列

陈列是现场管理的重要内容之一，主要是检查商品在货位、货架和柜台内的摆放、排列是否符合规范。

五、缺品检查

缺品是门店经营的大敌，它不但减少了销售机会，而且还损害了超市形象，导致顾客人为流失，所以必须加强对缺品的监督，督促理货组掌握好要货节奏，现场管理人员对商品销售情况应有一定预见性，掌握要货的一般程序和方法。控制缺品流程如下例。

首先，某日上午 11:00 点前由综合员按百货、食品分别打印牺牲性商品、邮报商品、A 类商品的零库存报表一式两联交值班经理。(到货单据必须及时录入)

其次，值班经理在下午 2:00 点前按缺品报表检查核实，填写处理意见后第一联交主管落实，第二联值班经理留底并随值班记录本一起移交作为每日缺品检查查考。

最后，查明缺品责任人，以信息差错处理。

六、人员管理

人员管理主要有以下几项内容。

（1）员工的工作质量和规范检查，是否按照工作规范程序的要求执行，工作质量和效率是否还有待改进的地方。

（2）劳动纪律的检查，是否有不正常离岗、串岗，出勤不出力，扎堆聊天情况或其他违纪现象，按照超市过失行为处理的有关规定进行管理。

（3）劳动力调配，掌握超市销售时段规律，对人员进行适时调配，保证超市工作正常运作，如利用排班的方式，不同的班组调配，促销员调配等。

（4）关注员工的思想状况，调整员工精神面貌。

七、服务质量管理

门店的任何一位员工面对顾客时都应该是彬彬有礼，面带微笑，使用文明用语，并注意文明的肢体语言。

例如，收银员在熟练收银的基础上应面带微笑，使用好文明用语，对客人的问询要有礼貌的回答。理货员面对顾客的询问时要有问必答，规范服务。总台需做好顾客的咨询等服务工作，并适时的配合卖场做好播音，如音乐、促销广告商品信息等。保安要以防为主，遇事必须礼貌询问，规范操作，以及售后服务工作。

八、商品质量管理

商品质量管理主要是对生鲜品的管理和食品保质期的管理。

（1）生鲜品。对商品的鲜度，冷柜的温度、湿度的管理。

（2）食品保质期管理。对货架上陈列的食品进行抽检，对过保质期、警戒期的商品进行处理。

（3）对巡视中通过外观能判别的不能出售的商品进行处理。如：破包、污损、量少等十种不能上架的商品。

（4）上架商品与标识价签必须相符（产地、等级、规格等）。

九、促销管理

促销管理主要包括两点：一是对促销人员的管理，即督促厂方促销人员执行超市的规定；二是场内外促销活动的管理，即督促其执行与超市签订的协议。

十、安全生产管理

安全生产管理包括以下三点。

（1）火灾隐患，如未熄灭的烟头，消防栓前堆积物等都必须及时清除，查找原因及时处理。

（2）生产安全。员工的作业安全，纠正一些可能伤及人身的违规作业现象。电器、电源开关的管理等。

（3）卖场安全。包括防盗、防抢劫和卖场秩序的维护，预防可能伤及顾客的事故和现象的发生；防抢劫主要是指对收银钱款的保护。

十一、突发事件的处理

主要包括：顾客投诉和咨询；团购接待；其他一些突发事件的处理，如停电等。

十二、其他

（1）晨会是营业前重要的准备工作，应督促按规定开好晨会。

（2）迎送宾客。

（3）后堂管理，主要是指制作间和后堂仓库的管理。

（4）关注门店各环节工作状况、工作效率，并进行分析，提出改进意见，使各项作业向标准化、程序化发展。

（5）关注来店顾客。利用经常在卖场巡视的机会，主动做一些顾客调查，掌握消费动态。

【开拓视野】

标准化的重要性

标准化是连锁经营的一个重要特征。只有当各个连锁门店都开展统一标准的服务，使顾客无论在哪个门店都能享受到同样规范的服务，才能在顾客心目中形成统一稳定的企业形象。要达到标准化服务的目标，必须要把服务内容制度化，制定一套符合企业经营的服务标准，并严格要求各类人员坚决贯彻执行。服务制度包括两个方面的内容：一方面是对服务人员的要求；另一方面是对具体服务事宜处理方法的规定。门店的服务员直接与顾客接触，服务态度和服务行为直接影响着顾客对门店的印象，又因为人为因素的不可控制，因此连锁门店应把人员服务作为服务规范的重点。

项目三

营业员的现场服务规范

一、仪表规范

1. 着装

（1）着装应整洁、大方，颜色力求稳重，不得有破洞或补丁。纽扣须扣好，不应有掉扣，不能挽起衣袖（施工、维修、搬运时可除外）。

（2）商场、职能部室驻店员工上班必须着工衣。工衣外不得着其他服装，工衣内穿的衣服下摆不得露出，非因工作需要，不得在商场、办公场所以外着工衣。

（3）男员工上班时间应着衬衣、西裤，系领带。女员工应着有袖衬衫、西裤、西装裙或有袖套裙。

（4）上班时间不宜着短裤、短裙（膝上10厘米以上）及无袖、露背、露胸装。

（5）总部职能部室员工在节假日前最后一个工作日或出差当天可着与工作场合相适应的轻便服装。

（6）上班时间必须佩戴工牌，工牌应端正佩戴在左胸适当位置，非因工作需要不能在商场、办公场所以外佩戴工牌。

（7）男员工上班时间应穿深色皮鞋，女员工应穿丝袜、皮鞋。丝袜不应有脱线，上端不要露出裙摆。鞋应保持干净，不能穿拖鞋、雨鞋或不着袜子上班。海鲜档员工、雨天场外值勤防损人员等特殊岗位人员因工作需要可以穿雨鞋。

（8）快餐厅、面包房及生鲜熟食区员工上班时间必须戴帽，并将头发束入帽内。其他人员非因工作需要上班时间禁止戴帽。

2. 仪容

（1）注意讲究个人卫生。

（2）头发应修剪、梳理整齐，保持干净，禁止梳奇异发型。男员工不能留长发（以发脚不盖过耳背及衣领为度），禁止剃光头、留胡须。女员工留长发应以发带或发卡夹住。

（3）女员工提倡上班化淡妆，不能浓妆艳抹。男员工不宜化妆。

（4）指甲修剪整齐，保持清洁，不留长指甲，不准涂有指甲油（化妆柜员工因工作需要可除外）。食品柜、生鲜熟食区、快餐厅员工不得涂指甲油，上班时间不得喷香水、戴首饰。

（5）上班前不吃葱、蒜等异味食物，不喝含酒精的饮料，保证口腔清洁。

（6）进入工作岗位之前应注意检查并及时整理个人仪表。

3. 表情、言谈

（1）接人待物时应注意保持微笑。

（2）接待顾客及来访人员应主动打招呼，做到友好、真诚，给其留下良好的第一印象。

（3）与顾客、同事交谈时应全神贯注、用心倾听。

（4）提倡文明用语，“请”字、“谢”字不离口，不讲“服务禁语”。

（5）通常情况下员工应讲普通话。接待顾客时应使用相互都懂的语言。

（6）注意称呼顾客、来访客人为“先生”“小姐”“女士”或“您”，如果知道姓氏的，应注意称呼其姓氏。指第三者时不能讲“他”，应称为“那位先生”或“那位小姐（女士）”。

4. 举止

（1）应保持良好的仪态和精神面貌。

（2）坐姿应端正，不得跷二郎腿，不得坐在工作台上，不得将腿搭在工作台、坐椅扶手上，不得盘腿。

（3）站立时应做到收腹、挺胸，两眼平视前方，双手自然下垂或放在背后。身体不得东倒西歪，不得驼背、耸肩、插兜等，双手不得叉腰、交叉胸前。

（4）不得搭肩、挽手、挽腰而行，与顾客相遇应靠边行走，不得从两人中间穿行。请人让路要讲对不起。非工作需要不得在工作场所奔跑。

（5）不得随地吐痰、乱丢杂物，不得当众挖耳、抠鼻、修剪指甲，不得敲打柜台、货架、商品，不得跺脚、脱鞋、伸懒腰。

（6）不得用手指、头部或物品指顾客或为他人指示方向。用手指示方向时，要求手臂伸直，四指并拢，大拇指自然弯曲，掌心自然内侧向上。

（7）上班时间不得说笑、闲聊，不得大声说话、喊叫，不得哼歌曲、吹口哨。

（8）接待顾客或在公众场合咳嗽、打喷嚏时应转向无人处，并在转回身时说“对不起”；打哈欠时应用手遮住嘴巴。

（9）注意自我控制，在任何情况下不得与顾客、客户或同事发生争吵。

（10）各级管理人员不宜在顾客或客户面前斥责员工。

（11）上班时间不能吃食物，不能看与工作无关的书报杂志。

5. 电话礼仪

（1）应在电话铃响三声之内接听电话。

（2）接听电话应先说：“您好，××商场（或××部门）。”

（3）通话过程中请对方等待时应主动致歉：“对不起，请稍候。”

（4）邻座无人时，应主动协助接听电话。

（5）如接到的电话不在自己的业务范围之内，应尽快转相关业务人员接听，如无法联系应做好书面记录，及时转告。

（6）接到打错的电话同样应以礼相待。

（7）拨打电话前应有所准备，通话简单明了，不要在电话上聊天。

（8）通话结束时应待顾客、客户或上级领导先挂断电话，自己方可挂断。

（9）不得模仿他人说话的语气、语调，不开过分的玩笑，不传播不利于团结的言论。

二、礼仪规范

（1）说话口齿清晰、音量适中，最好用标准普通话，但若客人讲方言（如闽南语、客家话），在可能的范围内应配合客人的方便，以增进相互沟通的效果。

（2）要有先来后到的次序观念。先来的客人应先给予服务，对晚到的客人应亲切有礼地请他稍候片刻，不能置之不理，或本末倒置地先招呼后来的客人，而怠慢先来的。

（3）在营业场所十分忙碌，人手又不够的情况下，记住当接待等候多时的顾客时，应先向对方道歉，表示招待不周恳请谅解，不宜气急败坏地敷衍了事。

（4）亲切地招待客人到店内参观，并让他自由地选择，最好不要刻意地左右顾客的意向，或在一旁唠叨不停。应有礼貌的告诉顾客：“若有需要服务的地方，请叫我一声。”

（5）如有必要应主动对顾客提供帮助，若客人带着比较多的东西时，可告诉他寄物处或可以暂时放置的地方。下雨天可帮助客人收伞并代为保管。

（6）顾客有疑问时，应以专业、愉悦的态度为客人解答。不宜有不耐烦的表情或者一问三不知。细心的营业员可适时观察出客人的心态及需要，提供好意见，且能对商品作简短而清楚的介绍，方便以有效率的方式说明商品特征、内容、成分及用途，以帮助顾客选择。

（7）不要忽略陪在客人身旁的人，应一视同仁一起招呼，或许也能引起他们购买欲望。

（8）与顾客交谈的用语宜用询问、商量的口吻，不应用强迫或威胁的口气要顾客非买不可，那会让人感觉不悦。当顾客试用或试穿完后，宜先询问客人满意的程度，而非只一味称赞商品的优越性。

（9）营业员在商品成交后也应注意服务品质，不宜过于现实，以为拿了钱就了事，而要将商品包装好，双手捧给顾客，并且欢迎下次再度光临，最好能送客人到门口或目送客人离去，以表示期待之意。

（10）即使客人不买任何东西，也要保持一贯亲切、热诚的态度谢谢他来参观，这样才能留给对方良好的印象。也许下次客人有需要时，就会先想到你并且再度光临，这就是“生意做一辈子”的道理！

（11）有时一些顾客可能由于不如意而发怒，这时营业员要立即向顾客解释并道歉，并将注意力集中在顾客身上。这样就能清除思想中的所有杂念，集中思想在顾客的需求上。当他们看到你已把全部注意力集中于他们的问题上，他们也就冷静下来了。当然，最好的方法是要克制自己的情绪。不要让顾客的逆耳言论影响你的态度和判断。

（12）要擅长主动倾听意见。虚心地听取抱怨，不打断他的发言，这样被抑制的情绪也就缓解了，使一位难对付的顾客不再苛求。有时营业员多用“嗯！嗯！”或“请讲下去”这些语句，它可使顾客知道你正在认真听取他的意见。

（13）当顾客提出意见时要用自己的语言再重复一遍你所听到的要求，这再一次让顾客觉得他的问题已被注意，而且使他感到你会帮助他解决困难。

三、服务用语规范

1. 问候语

例如，“您好！”“欢迎光临”“请随意选购。”

2. 顾客进店后的招呼用语

当顾客进店后，其目光集中，直奔柜台，营业员应立即接待，主动打招呼：

- “您好！您要看些什么？”
- “先生（小姐），您需要什么？我拿给您看。”
- “欢迎光临，请随意参观选购。”

3. 顾客凝视或者浏览商品时的询问用语

当顾客长时间凝视某一种商品时，营业员可凑过去说：

- “先生/小姐，您想看看××（他/她所凝视的商品）吗？我拿给您。”
- “小姐，××（她所凝视的商品）是新机型，请您看看说明，适合您的。”
- “先生，这款手机是最新上市的，您看看吧，不买没关系。”

4. 顾客挑选商品的介绍用语

当顾客细摸细看或对比摸看某一种商品时，营业员应自然地凑过去，说：

- “小姐，您想买（她所摸比的商品）吗？我帮您选，好吗？”
- “先生，这商品的性能、质地、规格、特点是……”
- “这种货是采用新工艺加工而成的，时下很流行，买回去馈赠亲友或自己用都很不错。您想看的是这个商品吗？”
- “别着急，您慢慢挑选吧。”
- “您仔细看看，不合适的话，我再给您拿。”
- “这种颜色好吗？我再给您拿其他颜色的，您看怎样？”
- “这种商品虽然美观、便宜，但不适合您，您看呢？”
- “这种商品有个款式，您自己比较一下。我看这种很好。”
- “这种商品削价是因为式样过时，质量没问题。”

5. 当顾客犹豫不决时的诱导用语

当顾客选购商品犹豫不决时，营业员需要适时地进行诱导：

- “这种货虽然价格偏高一些，但美观实用，很有地方特色，您买一个回去，一定会受欢迎。我再给您拿价低一点的看看，好吗？”
- “这种商品在质量上绝对没问题，我们实行‘三包’。如果质量上出了问题，可以来换。您先买回去和家人商量商量，不合适时再退换。”
- “这种衣服色彩淡雅，跟您的肤色很相配，您穿很合适。”
- “您如果不放心，可以去试穿一下。”
- “您穿上这套服装更显得成熟、干练。”
- “请您看这个商品，比较适合你。”
- “这种商品很时兴，买回去肯定会受欢迎。”

6. 解答顾客询问时的答询用语

当顾客询问商品的其他信息时，营业员应进行耐心而有礼貌的解答：

- “真不巧，您问的商品我们刚卖完，近期不会有，请您到其他商店看看。”
- “您问的这种商品很少有货，请您有空常来看看。”
- “这种货过两天会有，请您抽空来看看。”
- “这种商品暂时缺货，请留下姓名及联系地址或电话，一有货马上通知您，好吗？”

- “对不起，我们商店不经营这种商品。请您到别的商店去看看。”

7. 成交结束时的成交用语

营业员在成交阶段，要耐心帮助顾客挑选商品，赞许顾客明智选择，包装或装袋好商品，有礼貌地交给顾客。语言要热情、礼貌。当包扎商品时，可以对顾客说：

- “请等一下，我帮您包装好。”
- “这东西易碎，请您小心拿好，注意不要碰撞了。”
- “这东西容易弄脏（碰坏），不要跟其他东西放在一起。”
- “您买回去若不合适，请保存好，只要不损坏，可以拿回来退换。”

在成交阶段，还可以使用一些赞美顾客的语言：

- “您真会买东西，拿回去您的先生（太太）会很高兴的。”
- “看得出，您是一位很会过日子的人。您真有眼力，把最好的商品挑选回去。”
- “您对子女的爱真是了不起。”
- “难得您有一片孝心，父亲节为老爸买这么贵重的礼物。”

四、顾客接待程序规范

当一个顾客进入店门的那一刻，要经历从注意商品——对商品感兴趣——联想——欲望——比较评价——信心——行动——感受这8个心理上的转变。因此，对顾客类型进行区分，针对不同类型特点的顾客，采用不同的服务方式，是促进服务提升和销售增长的重要途径，见表6-1。

表6-1　顾客类型和购买特征

分类标准	类　型	购买特征
年　龄	女　性	·购买动机具有主动性 ·容易产生冲动性购买 ·追求时髦，注意外观 ·喜欢炫耀，自尊心强 ·挑剔，精打细算
	男　性	·购买动机被动 ·目的明确，迅速果断 ·注重商品质量实用性 ·自尊心强，不善于讨价还价 ·强调阳刚气质，喜欢具有明显男性特征的产品

续表

分类标准	类　型	购买特征
年　龄	青少年	·追求新颖时尚 ·追求个性化 ·虚荣心强 ·冲动购买
	中　年	·讲究经济实用 ·多属于理智购买 ·对能改善家庭生活，节约家务劳动时间的产品感兴趣
	老　年	·购买动机是在追求舒适与方便的心态下形成的 ·购买动机具有较强的理性和稳定性 ·自尊心强，对营业员服务态度反应敏感
来访目的	有既定购买目的的顾客	他们按照自己的习惯和经验进行购买，很少受广告和他人的影响，通常是有目的的购买，速度很快，对新产品态度冷淡
	目标不明确的顾客	这类顾客购买经验不足，乐意听从他人的建议，希望得到别人的帮助，对商品从不挑剔
	来商店闲逛的顾客	这类顾客是为了消磨时间来闲逛，只要有耐性，他们通常会变成购买者
性格特点	从容不迫型	这类顾客做事有条不紊，他会衡量你说的每一句话，对于这种顾客，一定要跟着他的频率，尽量从细节上入手
	优柔寡断型	这类顾客很难自己作决定，一定要有人替他作决定。试着提一些问题，以了解他的需要，然后说明你的产品可以更好地满足他的需要
	自我吹嘘型	这是一种优越感很强的顾客，应该给他一定的恭维，以满足他的虚荣心，在适当的时候要征询他的意见
	豪爽干脆型	这是很有自信的顾客群，他们知道自己要买什么，所以不要给他们太多的解释，因为他们不喜欢别人替他作决定
	虚情假意型	这类顾客，会对你表现得很合作，态度很友好，但是一说到实质性的问题，他就会说不
	喋喋不休型	面对这样的顾客，要保持一个良好的心境，要有耐心，力求找到困扰他的麻烦，并帮他解决
	沉默寡言型	这类人很少表达自己的意见

分类标准	类　型	购买特征
性格特点	吹毛求疵型	这是一种永远不会同意你的说法的顾客，对于这种顾客要强调商品的质量以及服务
	冷淡傲慢型	这类人给人感觉很难接近，对待这类顾客，要在恰当的时候巧妙的恭维他的判断力和欣赏力
	感情冲动型	这类顾客喜欢数据、事实和详细的解说，因此接待这种顾客时应富有条例性，不慌不忙，做出正确结论，给他们丰富的信息

顾客接待的基本程序具体如下。

1. 热情招呼、捕捉时机

顾客临柜，营业员应面向顾客，面带微笑（微笑要发自内心，要自然，表达的意思是看到你我很高兴，我愿意随时为您服务），并使用招呼用语：“您好！欢迎光临。”并随时准备为顾客服务。

以下情况可走近顾客，并主动招呼：

- 当顾客在柜台前脚步放缓，并浏览商品时。
- 当顾客长时间凝视某一种商品时。
- 当顾客触摸某一种商品时。
- 当顾客抬起头与营业员的目光相对时。
- 当顾客的目光在搜寻时。（顾客好像在找什么东西）

根据顾客的活动情况灵活调整站位，最好是与顾客保持1米左右的空间距离，不要长时间站立在一个位置，也不要总是站在顾客想挑选的商品旁边，或总是跟在顾客的身后，使顾客有一种被监视的感觉。

2. 判断顾客的来意

营业员应采用灵活多样的技巧，接待不同身份、不同爱好的顾客：

- 接待新顾客——注重礼貌。
- 接待老顾客——注重热情。
- 接待急顾客——注重快捷。
- 接待精顾客——注重耐心。
- 接待女性顾客——注重新颖、漂亮。
- 接待老年顾客——注重方便、实用。

3. 介绍、拿递、演示商品

- 面对顾客，要微笑、亲切地看着顾客讲话，用语：“您好，您需要看点什么？”

"我帮你拿一下""请稍等""这个商品的特点是……，我给您试一下"等。

- 当顾客为选购商品的品种、型号或颜色犹豫不决时，你应该提出明确的个人建议，帮助顾客决定，切忌模棱两可的答复，更不能请顾客先买回去试一下，不行再换。
- 当顾客代人购买服装、鞋等商品，而又不能明确商品型号、大小、颜色时，应仔细了解穿着者的体型、爱好等详细情况，最好能与现场人员的体型、商品的大小、颜色进行比较，协助顾客作出较为准确的判断。
- 耐心、细致地解答顾客提出的问题，善于突出门店经营或商品的特色，坚定顾客的购买信心。

在这一个阶段，特别要注意的是介绍商品应实事求是，要主动热情，介绍重点和要点，介绍商品要有连贯性，不要问一句答一句；拿递商品要轻拿轻放；在推介商品时，应对公司、商场、楼层组织的促销活动进行宣传。

4. 促成生意并介绍关联商品

针对顾客的顾虑进行讲解，顾客往往会表露出他的顾虑来"这个商品的款式是不是太过时了""这个商品的质量怎么样"等，针对顾客的顾虑来讲解，努力促成生意。如购买相机时提示顾客是否购买电池和胶卷等。介绍过程要诚实，要让顾客感到你是善意的，而不是强行推销商品，也不要过早左右顾客的判断。

5. 顾客需求评审、开售货小票

营业员在形成合同前（开售货小票）要进行评审。评审包括：根据顾客的需要查询柜台和周转仓是否有现货，数量是否满足顾客的需求，安装、送货是否能保证，并通过试机（大电器除外）来保证所售商品的款式、颜色、性能、质量等方面能满足顾客的要求，此过程应迅速、利落，不可让顾客等待时间过长。

6. 付款、交付

顾客同意购买，了解顾客是否持有 VIP 卡，开售货小票→顾客付款→收回小票，核对电脑小票（核对数量、金额、印章等无误后，方能付货）→提示顾客检查数量、规格、型号、外观、配件及注意事项→开发票（包括商品质量保证单、三包卡、保修卡等）→包扎。

要点如下：

- 包扎应将生、熟、冷冻食品分开，将具有腐蚀性的日化用品（如洁厕灵）与其他商品分开。
- 贵重物品（如黄金首饰、高档电器、高档服装等）、易碎商品包扎或装袋前，应再次提醒顾客检查核对商品。可以说："您再检查一下，我这就为您装起来。"

- 易碎商品应加以防护（如用报纸、包扎紧实），包扎或装袋过程一定要当着顾客进行，并做到迅速、利落。
- 对除超市、封闭式柜台以外的所有开放式柜台可代顾客交款。如顾客交付港币，要跟顾客说明商场的汇率；磁卡和信用卡暂不可代交。但应首先保证接待好柜台其他顾客，若柜台仅一人当班，需代顾客交款时，应招呼相邻柜台员工帮忙照看柜台。

【开拓视野】

唱收唱付

（1）首先告诉顾客："您要的商品一共×××钱，我收了你×××钱（唱收）"；

（2）得到顾客确认后，再验明真假钞；并询问顾客："您需要开发票吗？"如要，需问顾客："发票台头写什么？"以免因不清楚而浪费时间，让顾客久等；

（3）将找赎的钱及电脑票据双手递至顾客手中，并说："您刚才给我×××钱，这是找回的×××钱和电脑小票，请您清点一下，请拿好。"（唱付）

项目四 收银员的现场服务规范

1. 仪表仪容规范

（1）收银员上岗前须化淡妆，头发梳扎整齐，不戴夸张耳环、首饰，按着装规范穿着制服。

（2）收银员站立收银台应姿势端正，女生右手搭左手上，两脚脚跟靠拢、脚尖略微分开。男生双手放在身后，右手搭左手上，两脚略微分开，脸带微笑，脸面向卖场，精神饱满。

2. 服务规范

（1）顾客走向收银台时，在5步距离内收银员开始目视顾客，并面带自然微笑说："欢迎光临，请出示您的会员卡"，还卡时微笑说："谢谢，××先生或××小姐（女士）。"

（2）提醒顾客将东西拿上来说："麻烦您将商品拿上来。"

（3）商品放置在收银台注意其高度，玻璃及易滚动品应固定好，避免由于输送造成破碎、损伤。

（4）商品输入确认应以打印声为准，防止遗漏，同时防止在扫描时，因不必要的动作，重复扫描，造成顾客麻烦、抱怨。

（5）手工输入商品条码或货号时，应三指（食、中、拇）并用，做到准确、迅速。

（6）商品价格输入后，出现总金额，收银员说："一共××元。"顾客付钱时，收银员双手接钱，点清后说："收您××元。"

（7）顾客付款前，帮顾客装袋，并按食品与非食品、热食、冷食、熟食、生食的划分原则装袋。

（8）将收取纸钞用验钞机检验。若遇伪钞嫌疑，应请顾客更换一张，避免发生冲突。

（9）找零及发票单以双手递与顾客手上，并唱票，说："找您××元，这是您的发票，谢谢光临。"

（10）每台收银机准备两块抹布，一块干抹布，一块湿抹布，挂在放置马夹袋的挂钩上。每结完一位顾客后迅速擦拭机台，保持机台台面清洁干燥，每日午餐、晚餐时，清洗抹布。

（11）被安排离机时，应将暂停牌放在收银台上，然后继续为放置在暂停牌前的顾客结账，并且对后面结账的顾客致歉，主动介绍到附近的收银台，使用语："对不起，请您到××号收银台结账好吗？"如顾客不愿意，则给顾客结完账，不得造成顾客埋怨。

3. 与顾客交谈礼仪

（1）顾客至收银台结账时，收银员应热情主动，像与家人聊天一样与顾客交谈。

（2）当顾客在卖场购物感到很满意或提出建议时，收银员应诚挚的表示谢意。

（3）当顾客对公司规章表示不满或异议，收银员必须与管理人员联系来解释和解决。

（4）应在顾客面前谦恭有加，让他们感到轻松自在，使其购物经历成为愉快的回忆。

4. 突发状况处理

（1）结账时，顾客不慎将东西打破，收银员应首先询问检查顾客有无受伤、受惊。若有伤害，即刻通知账管中心优先协助处理。若无，再询问顾客是否要再去取一瓶并通知清洁人员处理。事后告知账管中心记录并通知营运部门做库存调整。

（2）当顾客会员卡的卡号无法输入时，收银员应请顾客至账管中心，由账管中心人员处理；账管中心人员查询锁卡原因，若为挂失卡则收回，其他原因由账管中心人员按会员资料修改流程办理。

（3）结账时，顾客钱款不够，收银员应做到：

- 收银员应告知顾客卖场有提款机，可提款结账。若顾客有银行卡并愿意提款，收银员在没有按确认键时，可删除品项，待顾客取完钱后再结账。若已按确认键，可取消交易（由账管课长同意）。
- 若顾客没有银行卡，在尚未按确认键前，可删除品项；若已按确认键，则须取消交易，重新算好总价结账。

（4）结账时，顾客对结账后的总金额有疑问，要求先看明细再付款或重新结账。收银员应告诉顾客，结账后会将明细表交给顾客核对，如有疑问至账管中心核实有误后会退款给他（她），故请顾客先付款结账，以加速其他顾客的结账速度，避免影响他人结账。

（5）结账后，顾客发现所找的钱短少又回来索要时。如果在结账时按话述“收您××元，找您××元”可以减少这类事件。但如果仍发生，一时无法解决，则通知账管中心人员协助处理。首先由账管中心人员做解释工作，告知顾客钱钞当面清点。如顾客不能接受，可由账管中心人员列印日结报表与收银员的钱款核对，如确实有多，交还顾客并道歉，如没有则向顾客解释。

（6）顾客发现价格差异。收银员应先道歉，再解释处理方法，最后请问顾客要不要该商品，如要则先结账，再请顾客至账管中心处理——先输入原发票号，列印发票（或送货单），再于新发票（或送货单）上注明原货号、原价及新价，顾客签名为凭。如顾客不要则删除该商品。

（7）打印机卡纸或色。收银员应作作废登记，请账管中心人员在留底联填上发票号码签名，请顾客至账管中心重开发票。

（8）顾客欲向收银员换钱时，收银员应请顾客至服务台更换（结账机台上严禁换零钱给顾客，以确保安全）。

（9）顾客受伤时，收银员应利用收银机台电话与账管中心联系请求协助处理。此时，亦应告知后面排队顾客状况，请其稍后或转柜结账。

（10）电脑收银机故障时，若全部机台发生故障，应立即通知电脑资料作业人员协助处理；如少数几台故障，协助顾客将商品转台结账，并向顾客表示歉意。

（11）零钱不足时，收银员应尽量动员顾客配合，收取货款或请其他机台支援调配；或到账管中心兑零。

项目五

服务台的现场服务规范

服务台是提供购物之外的服务场所，主要由顾客服务部承担，职责范围包括总服务台、存包处，工作内容涵盖商品售后服务，顾客投诉处理，退调货管理，各种便民服务，赠品发放管理，店内广播管理，咨询服务，顾客意见、建议的汇总、分析、回复等。

一、接听电话

电话服务规范如下：

（1）电话铃声响起的三声之内，必须接听电话。

（2）电话接听的声音须轻柔，语速中等，不要太快。

（3）接听电话时，必须备好纸笔，将接听的重要内容做记录。

（4）接听电话的态度要亲切礼貌，使用标准的电话接听用语。

（5）找人的转接电话应请对方稍等，并稍后确认是否已经接通，如果超过一分钟无人接听时，应向对方说明情况。

（6）接听电话的过程中，应适时作出回应，或适当地重复对方的话，好让对方明白你正在仔细聆听。

（7）通话完应后，应将听筒轻声放下。

二、提供咨询、导购

顾客咨询的问题一般包括：卖场的经营功能、商品的位置、投诉等。要为顾客提供良好的咨询服务，服务人员必须首先对卖场的布局、功能、服务、商品等相关信息有充分的了解，才能为顾客提供及时、正确的信息。回答顾客的咨询应做到：

（1）语言清晰简单。

（2）面带微笑、体姿端正，必要时使用手势。

（3）态度积极、耐心、热情。

（4）回答完毕时感谢顾客。

三、广播服务

（1）常规内容：包括开店、关店广播以及每日店内背景音乐的播放等。

开店播音示范：亲爱的来宾，早上好！某某店现在开始营业，欢迎各位光临。今天是×月×日，星期×，今天的天气……本店全体员工竭诚为您提供优质的服务。祝您购物愉快！

关店播音示范：各位顾客，晚上好！这里是××店，现在离本卖场营业结束时间还有××分钟，请已经先购好商品的顾客抓紧时间到收银台结账，以免影响您的购物。亲爱的来宾，本卖场全体员工中心感谢您的惠顾，祝您晚安！谢谢！

（2）促销短讯：商场的促销活动、特价商品促销、部门的促销活动等内容。

（3）紧急内容：包括火警、儿童丢失、紧急疏散、雷阵雨、停电等事件的内容。

（4）安全广播：包括提醒顾客关于防盗、看护儿童等方面的内容。

（5）其他广播：包括顾客寻人、部门找人等方面的内容。

凡属于非日常播音的内容，必须经过申请，由顾客服务部经理批准后才能广播。

四、顾客寄包服务

1. 寄包须知

（1）顾客进入卖场购物时，必须将包闭合后交寄包柜保管，领取并核对寄包牌或存入电子寄包柜并领取密码条。

（2）顾客包装内的货币、有价证券、金银饰品及其他贵重物品，请随身携带，自行保管。

（3）严禁寄存易燃、易爆等危险物品，否则，后果将由当事人负责。

（4）顾客应凭牌取包。

（5）顾客遗失寄包牌或电子寄包柜的密码条，必须等商场日营业结束以后凭本人身份证，经核对无误后领取，领取的同时在顾客失物登记簿上签收，并收取寄包牌工本费。

2. 存取包的规定（人工寄包或电子箱寄包）

（1）顾客必须遵守公共秩序，取包时凭存包牌领取。

（2）顾客必须在当日营业时间结束前取走所寄存的物品。

（3）丢失存包牌，顾客应该立即通知存包处，并按规定予以赔偿。

（4）卖场有权拒绝贵重物品的寄存。

（5）卖场不接受敞开包裹的寄存。

（6）卖场对丢失包有一个最高的赔偿金额的界限。

（7）顾客使用电子箱寄包时，因操作不当导致的物品缺失，责任由顾客本人承担。

3. 寄存包处工作人员的服务规范

（1）保持区域内的整洁，营业开始和结束时做好清洁卫生工作。

（2）应确保每一张存包牌都与柜子的号码保持一致，营业开始和营业结束时对存包牌进行核对，及时补充丢失、破损的牌子。

（3）在顾客存取包时保持面带微笑、热情积极、礼貌用语、动作迅速。

（4）接待顾客时，要问候“您好!”送走顾客时，要关照“请拿好!”“欢迎下次再来!”“谢谢!”等，不能沉默不语，不打招呼。

（5）存包牌要递到客人的手中，不能放在台面上。

（6）包要轻拿轻放，放在客人的面前。

五、商品退换及发票管理

1. 退换货的标准

退货是指顾客在购买商品后的一定时间内，对确有质量问题的商品要求卖场给予退还等价现金。

换货是指顾客以某种理由要求卖场予以更换商品，或卖场对顾客购买的有质量问题的商品，按有关规定只能作换货处理。

2. 一般退换货的标准

（1）退货的时限。一般商品在购买 30 天内可办理退换货，影音家电商品自售出 7 天内，发生质量问题，可以退货；8 ~ 15 天内有质量问题可以换货，超出 15 天一般作代理保修处理。

（2）退换货的一般性标准。按国家有关规定，有质量问题的商品，在退换货的时限内，允许退换；有质量问题的商品，超出退货的时限，但在换货时限内，允许换货；一般性的商品无质量问题，但不影响销售的，允许换货。其他的商品不能退换。

3. 发票管理

（1）发票由专人负责领取、开具、归还，每日营业结束前必须归还发票到现金室。

（2）客服部只能开普通销售发票，增值税专用发票以及其他专用发票由财务部门开具。

（3）发票只有在顾客购物付款后凭小票才能开具。

（4）凭收银 POS 单在一周内可以开具发票。

（5）开发票时，必须按由小到大的号码连续开，不能跳跃开发票。

（6）开发票时按实际的品名、金额、数量填写，不虚开发票，不开空白发票。

（7）发票必须有开票人签名，用蓝色或黑色的圆珠笔写，且必须符合发票书写的规范。

（8）作废的发票必须全联保留，加盖“作废”章，并粘在原发票联上。

（9）发票遗失不补办。

（10）发票不能涂改、划破、粘贴。

（11）发票一旦遗失，迅速上报管理层及财务部，以便及时到税务部门办理遗失手续和遗失声明。

六、赠品管理

赠品是销售者或供应商为促进某商品的销售，对购买一定数量该商品的顾客给予奖励性质的搭赠物品。赠品发放通常有两种形式：供应商店外发放和顾客服务部发放。

1. 赠品发放原则

（1）赠品的发放必须以告示及传单所公布的发放方法为准。

（2）卖场内不许任何厂商现场发放赠品及广告活页。

（3）赠品凭购买 POS 单发放，发完即止。

（4）发出的赠品不予换货。

（5）赠品的发放须有台账记录，有相关人员及顾客的签名。

（6）活动结束后，要进行清点。

2. 供应商提供赠品的发放流程

（1）由供应商提出发放赠品的申请和方案，报请采购部门批准。

（2）采购部批准后，将赠品清单及方案提前一周传到运营部门。

（3）收货部根据采购清单及订单进行赠品收货，在商品上贴赠品标签后填写“赠品携入/携出明细表”。

（4）收货部将赠品和明细表中的客服联送至客服部，客服部清点后归仓。

（5）顾客凭 POS 单票领取赠品，客服部人员画线盖章，注明“画线商品赠品已发”。

（6）活动结束后，客服部当日与部门主管核对赠品数量，剩余赠品由供应商取回，供应商如未取回的，移交店内有关部门处理。

3. 商场提供赠品的发放流程

（1）由总店采购部或店长批准促销活动所需赠品的品项、数量、价值。

（2）如果所需要的赠品是门店的商品，部门经理须执行库存更正程序，商品在电脑中心贴标签后，与客服部作实物交接。

（3）客服部按活动规则发放赠品。

（4）活动结束后，若有剩余赠品，由客服部将商品拿回电脑中心，申请库存更改，由部门经理收回继续销售。

4. 赠品仓库的管理

（1）赠品的出入库管理。赠品进出仓库必须有清单记录，清楚显示每日的进出账，进以收货清单为准，出以发放的为准。每日营业结束后，根据电脑中的销售数据，核对发出的赠品数量是否一致或小于销售数。每日营业结束后，核对仓库的库存数字是否与发出的数量相吻合。

（2）赠品仓库的制度。赠品仓库随时保持清洁、整齐，赠品按供应商进行分类，注意商品保持期。赠品仓库由客服部赠品发放处人员专门管理，严禁外人进出。赠品仓库必须符合安全、消防的要求。

项目六

现场服务其他注意事项

当顾客选购商品较多时，营业员应主动上前，为顾客递上购物篮或购物车。

门店入口处的营业员对每位进入的顾客都需要温情问候“您好”或“欢迎光临”；对大件包裹及与门店同类商品提请顾客存包；帮顾客准备好购物车（篮）；礼貌提醒顾客（包括内部顾客）从出口处离开，防止顾客把商品带出门店。

顾客询问某一商品的位置时，营业员应把顾客带到该商品所在的货架旁；如货架上没有顾客所要的商品，应请负责该柜的营业员前来解决。

当遇到大宗生意时，领班应主动安排营业员协助顾客，完成购买。

收银台如果有4个人以上排队时，增开收银台，并设置巡视人员，帮助顾客解决问题。

减少顾客等候的时间。做好周转仓的管理，分类摆放，便于查找，柜台设立账本，准确记录周转仓各商品库存数量，要求营业员熟悉仓库内各种商品的存放位置、数量。

>> 本模块小结

服务工作具有不可感知、不可分离、不可储存、差异性和缺乏所有权五大特点，服务的提供是可以通过低成本实现高收益的。因此，门店现场服务中应加强服务内容和规范管理。本章主要介绍了门店现场服务的类型以及营业员、收银员、服务台等直接与顾客接触的服务岗位的工作服务规范。

>> 本模块参考

1. 浏览网址：

[1] http://www.flyhorses.com

[2] http://www.ccfa.org.cn

[3] http://www.m91.com

2. 参考文献

[1] 金娟，王颖，毕春辉. 连锁超市经营管理. 深圳：海天出版社，2003

[2] 胡启亮，霍文智. 连锁企业门店营运与管理. 北京：科学出版社，2008

>> 思考题

1. 服务有什么特点？
2. 门店现场服务的类型有哪些？
3. 门店现场服务的主要内容包括哪些方面？
4. 营业员的现场服务规范有哪些？
5. 收银员的现场服务规范有哪些？
6. 服务台的现场服务规范有哪些？

>> 案例分析题

营业员的情绪对服务的影响

2002年7月26日下午6:30左右，某商场内人头涌动，好不热闹，员工有的在招呼顾客，有的在通道上整理商品，许多通道都被商品或纸箱堵塞，当然，这样就少不了顾客的埋怨声。几位顾客在拥挤的人流中来到鲜鱼档，鱼档商品品种很多，价格也比较适中。特别是盛有基围虾的池子边挤满了选虾的顾客，因为是傍晚，部分基围虾已死，顾客只好争先恐后地在池子里玩着捉活虾的"游戏"，不时传来一阵阵笑声。个子高的顾客猫着腰选虾有些累，难免抱怨死虾太多，选活虾花时间太长，干脆放弃不选了。

有位顾客大概花了20分钟时间捉了近两斤虾，高高兴兴拿到鱼档计量处，用手高高举着，小心地对服务员说："麻烦称一下重量好吗?"服务员没听见，顾客又提高了声音，服务员仍然没有反应。此时等待秤重量的顾客已有五、六人，每人都将手臂伸直，高高举起手中的虾或鱼。在这位顾客身旁的一位小姐买了两条福寿鱼，对着转身过来的服务员清晰地说道："我的鱼要杀。"面无表情的服务员接过她手中的鱼，在计量秤上秤完，马上用封口机封口，将打出的条码纸贴上，那位小姐急了，脱口而出："鱼要杀的!"小姐话音未落，服务员的无名火直往上冒，赌气将两条鱼摔在杀鱼的案板上，粗声粗气地说："早说呀！又不说。""我说过几次了，是你自己没听见。"顾客也非常生气，嘴里直嘀咕服务员的态度差，说下次不来了。

思考：

1. 作为一名营业员没有将顾客放在第一位，急顾客之所急，而是将自己的情绪带到工作中，把怨气发泄到顾客身上。试想一下，若自己是这位顾客接受了如此的服务之后，还会再来吗?

2. 在零售业竞争日趋激烈的今天，和硬件方面都大同小异的情况下，软件服务是否也提升到了一定的高度？服务不到位是流失顾客的一个重要原因，那么，顾客到底需要什么样的服务呢？如何才能把服务做到位呢?

模块七

门店客户关系管理

>>学习目标

1. 了解客户关系管理的基本概念和内涵
2. 掌握门店服务的项目及客户的满意度
3. 掌握客户满意度调查的方法
4. 掌握客户管理的方法
5. 掌握客户开发的途径

【案例导读】

英国最大的零售商Tesco的客户关系管理

Tesco（特易购）是英国最大、全球第三大零售商，年收入为200亿英镑。Tesco在客户忠诚度方面领先同行，活跃持卡人已超过1400万。Tesco也是世界上最成功、利润最高的网上杂货供应商，到1999年，网上购物的客户数量是25万，网上营业收入为1.25亿英镑，利润率为12%（零售业一般利润为8%）。Tesco还出资3.2亿英镑收购了中国乐购的90%股份，是外资零售巨头在中国最大的收购案，大举进入中国市场。

Tesco同沃尔玛一样在利用信息技术进行数据挖掘、增强客户忠诚度方面走在前列，通过磁条扫描技术与电子会员卡结合的方式来分析每一个持卡会员的购买偏好和消费模式，并根据这些分析结果来为不同的细分群体设计个性化的每季通讯。

Tesco值得借鉴的方法是品牌联合计划，即同竞品的几个强势品牌联合推出一个客户忠诚度计划，Tesco的会员制活动就针对不同群体提供了多样的奖励，比如针对家庭妇女的“MeTime”（“我的时间我做主”）活动：家庭女性可以在日常购买中积累点数换取从当地高级美容、美发沙龙到名师设计服装的免费体验或大幅折扣。而且Tesco的会员卡不是一个单纯的集满点数换奖品的忠诚度计划，它是一个结合信息科技、创建和分析消费者数据库，并据此来指导和获得更精确的消费者细分、更准确的消费者洞察和更有针对性的营销策略的客户关系管理系统。

通过这样的过程，Tesco根据消费者的购买偏好识别了6个细分群体；根据生活阶段分出了8个细分群体；根据使用和购买速度划分了11个细分群体；而根据购买习惯和行为模式来细分的目标群体更是达到5000组之多。而它们为Tesco带来的好处包括以下几个方面。

（1）更有针对性的价格策略：有些价格优惠只提供给价格敏感度高的组群。

（2）更有选择性的采购计划：进货构成是根据数据库中所反映出来的消费构成而制定的。

（3）更个性化的促销活动：针对不同的细分群体，Tesco设计了不同的每季通讯，并提供了不同的奖励和刺激消费计划。因此，Tesco优惠券的实际使用率达到20%，而不是行业平均的0.5%。

（4）更贴心的客户服务：详细的客户信息使得Tesco可以对重点客户提供特殊服务，如为孕妇配置个人购物助手等。

(5) 更可测的营销效果：针对不同细分群体的营销活动可以从他们购买模式的变化看出活动的效果。

(6) 更有信服力的市场调查：基础数据库的样本采集更加精确。

以上所列带来的结果，自然就是消费者满意度和忠诚度的提高。

资料来源：百度文库。

项目一 客户关系管理概述

一、客户关系管理的概念

客户关系管理是指企业为了赢取新客户，巩固既有客户，以及增进客户利润贡献度，而不断地沟通，以了解并影响客户行为的方法。自美国的 Cartner Group 第一个提出客户关系管理（CRM）概念后，客户关系管理理论就受到了广泛的重视。随之而出现的客户关系管理系统也受到了众多企业的青睐。它的目的是用来帮助服务人员，让他们的日常工作变得更为有效。

二、客户关系管理日常的管理内容

阶段一：识别客户

- 将更多的客户名输入到数据库中。
- 采集客户的有关信息。
- 验证并更新客户信息，删除过时信息。

阶段二：对客户进行差异分析

- 识别企业的“金牌”客户。
- 哪些客户导致了企业成本的发生？
- 企业本年度最想和哪些企业建立商业关系？选择出几个这样的企业。
- 上年度有哪些大宗客户对企业的产品或服务多次提出了抱怨？列出这些企业。
- 去年最大的客户是否今年也订了不少的产品？找出这个客户。

- 是否有些客户从你的企业只订购一两种产品，却会从其他地方订购很多种产品？
- 根据客户对于本企业的价值（如市场花费、销售收入、与本公司有业务交往的年限等），把客户分为A、B、C三类。

阶段三：与客户保持良性接触

- 给自己的客户联系部门打电话，看得到问题答案的难易程度如何。
- 给竞争对手的客户联系部门打电话，比较服务水平的不同。
- 把客户打来的电话看作是一次销售机会。
- 测试客户服务中心的自动语音系统的质量。
- 对企业内记录客户信息的文本或纸张进行跟踪。
- 与他们主动的对话给企业带来更高价值的客户。
- 通过信息技术的应用，使得客户与企业做生意更加方便。
- 改善对客户抱怨的处理。

阶段四：调整产品或服务以满足每一个客户的需求

- 改进客户服务过程中的纸面工作，节省客户时间，节约企业资金。
- 使发给客户邮件更加个性化。
- 替客户填写各种表格。
- 询问客户，他们希望以怎样的方式、怎样的频率获得企业的信息。
- 找出客户真正的需要。
- 征求名列前十位的客户的意见，看企业究竟可以向这些客户提供哪些特殊的产品或服务。

项目二
服务项目和客户满意度调查

一、服务项目

门店服务的形式多种多样，具体如下。

1. 预订购物

为了满足客户的消费需求，对于市场上名牌的耐用消费品，可以在成交前由客户预交一定比例的订金，货到后按预定顺序结算付款。

优势表现：可以使客户提前获得购买名牌耐用消费品的拥有感，并加速商品的销售速度。

2. 设置问讯处（咨询处）

问讯处工作人员一般是笑脸常开、精通业务的年轻小姐。她们的主要任务，是让所有踏进商场的客户高兴而来，满意而归。服务人员热心地向客户介绍店内布局，指导客户到他们想去的柜台，充当客户的购物参谋。有的问讯处还设有缺货登记簿，请客户留下所需货品名称、数量及联系方法，一旦有货，即通知客户，或者送货上门，除此之外，问讯处一般还负责大额货币兑换、出借电话、出售月票等工作。

3. 金融方面的服务

零售店在通常情况下是以现金交易为主，但是为了消费者购物方便及大金额的交易，也提供其他金融方面的服务。

（1）信用卡付款。客户使用银行发行的信用卡购物，可以省去携带大量现金的麻烦和不安全感。

（2）分期付款。分期付款服务，一般是对价格较高的商品，在售出时只要求购买者先付一部分货款，客户可以在买回商品后的一定时期内每期偿还一部分，期满结清货款。

这种服务既可以帮助客户解决想买商品而又暂时财力不足的矛盾，又有利于加速本店商品和资金的周转，提高经济效益。

（3）赊销。赊销是零售店提供的最受欢迎的服务项目之一，它允许客户先把商品买回家，晚些时候再付款，所以它也是一种花费比较大的服务。但是，只要处理得当，它可以推动客户购买，带来更多的营业额。当然，如果赊销政策过于宽松，也可能使利润减少。

4. 包装服务

为客户购买的商品予以妥善的包装，是不可缺少的服务项目。这种服务可能很简单，只要将商品放在纸袋或塑料袋中就可以了；也可能比较复杂，像精致的玻璃器皿，需要放在专门防破碎的盒子中。

门店一定要使所提供的包装服务，与自己经营的商品，以及商场的形象相适应。薄利多销的食品、杂品，只要简单地放在袋中，就可以了；高级服装则往往放在合适的盒子或美观的购物袋中，以利于客户携带回家。也可以将客户购买的商品放在预先包装好的礼品盒中进行销售，以符合自身的整体形象。

5. 送货与安装服务

对于体积大、较笨重的商品，门店应为客户送货上门，必要时还要为用户安装调试。这种服务既给客户提供了较大的方便，又避免用户在安装调试过程中出现不必要的事故，影响到商品与用户人身财产的安全，还可增加回头客。

6. 邮购服务

邮购服务，是指对外地消费者求购的商品通过邮局寄送给客户。这项服务方式的优点是节省客户购买商品所花费的时间和费用，促进商品销售。

客户要求邮购的商品，一般体积较小，需求时间较紧，所以提供这种服务时，一定要注意弄清楚客户地址，把商品包装牢固，并尽快发出。

7. 商品的退换

做好商品的退换工作，是门店提高服务质量的一项重要内容。退换政策如何，在很大程度上影响着客户的信任程度，进而影响到营业额。商品退换根据《门店的商品退换货制度》进行。

8. 商品的修理

为客户提供此项服务，将为门店带来更多的销售额，因为对客户来讲，所买商品出现故障以后能否得到及时的修理，是非常重要的。

9. 形象设计服务

这是一项新兴的服务形式，此项服务很受客户欢迎，大大刺激了客户的购买欲，而且很多客户是服装、饰物整套地购买。

商家与客户之间的关系，是服务与被服务的关系，这项服务设身处地为客户考虑，投其求美的心理，有效地调动了客户的购买欲，从而达到了促销目的。

10. 租赁服务

客户在生活中有时会用到价格较高、但使用机会很少的商品，开展租赁服务，可以使这些商品尽快进入使用过程，尽早发挥商品的使用价值，并且提高这些商品的利用率。另外，客户在租借和送还这些商品的时候，还可能会顺便从商场买走一些相关商品。

11. 临时幼儿托管

现在很多大型超市或商场设有幼儿托管室，凡携带幼儿来商场购货的客户，都可以把幼儿寄托在这里，商场有专人负责照料。幼儿托管室除了备有各种玩具供幼儿玩耍之外，还提供一些糖果、点心等。这项服务很受携带儿童购物者的欢迎，有了幼儿托管室，客户可以放心购物了，购物时间延长，商场交易额自然会增加。

12. 提供休息室

店内开辟客户休息室，准备一些报纸、杂志供客户阅览，有的还播放音乐、影片、新闻，并出售各种饮料和小点心，供客户来此休息和交谈。

13. 提供连带销售

为方便客户，一些门店在出售其主营商品之外，还兼营一些其他的商业项目。如免费停车场、公用电话、彩色胶卷扩印、美容，为客户购买的裤子免费签裤角等等，为客户及附近居民提供了极大的便利。

二、客户满意度管理

1. 客户满意度的概念和目的

客户满意度主要是指消费者通过对产品和服务的可感知的效果（或结果）与他的期望值相比较后，所形成的愉悦或失望的感觉状态。进行客户满意度调查的目的是考察消费者对企业产品和服务的满意程度（包括满意率、客户忠诚度、客户抱怨以及他人推荐率等重要评价指标）。另外，通过对客户满意度的调查可以使企业从消费者的角度看到一些现存的缺憾或问题。

2. 客户满意度的评价

客户的满意程度可细分为实物质量感知满意程度、服务满意程度、价值感知满意程度、用户抱怨和投诉（不满）综合满意程度。常用于测量客户满意程度的指标有“客户满意率”“客户满意度”和“服务质量指数”三种测量方法。

客户满意率是指在被访问的客户中表示满意的客户所占的百分比。

客户满意度指数（CSI）是指客户的需求和期望被满足程度的一种指标。它运用了计量经济学的理论来处理多变量的复杂总体，全面、综合地度量客户满意程度。

服务质量指数是通过服务的提供过程、提供能力、绩效三个方面综合评价的新型工具。

客户忠诚程度如今已被普遍理解为客户在对某一产品或服务的满意程度不断提高的基础上，重复购买（光顾）以及向他人热情推荐可能性的一种测量。客户忠诚包括行为忠诚（重复购买）、意向忠诚（向他人推荐）和情感忠诚（对该组织或品牌其他产品和服务的购买，对竞争对手促销手段的抵御）。这里列举几种测量客户忠诚程度的方法。

- 顾客保有率 $=\dfrac{\text{本年度拥有的老顾客数}}{\text{老顾客平均总数}}\times 100\%$
- 顾客流失率 $=\dfrac{\text{本年度流失的老顾客数}}{\text{老顾客平均总数}}\times 100\%$
- 顾客重复购买率 $=\dfrac{\text{愿意再次购买的顾客数}}{\text{调查样本的总数}}\times 100\%$
- 顾客推荐率 $=\dfrac{\text{向他人推荐的顾客数}}{\text{调查样本总数}}\times 100\%$
- 忠诚顾客贡献率 $=\dfrac{\text{老顾客销售收入}}{\text{销售总收入}}\times 100\%$

其中，“老客户”指两年以上的客户；“老客户”也可按“上年末客户数量”统计；上述两项分子中不含本年度的新增客户数。

需要注意的是，提高客户满意度和忠诚度并不一定需要提高所有客户的满意度和忠诚度。可以引用“20:80”理论，20%的客户创造了组织80%的价值，所以门店应该识别出其中20%的重点客户，区别对待，努力提高这部分客户满意度，培养他们的忠诚度。

3. 如何提高客户满意度

（1）预先考虑客户需求。所谓众口难调，虽然客户的需求是各种各样，但作为客户都有一个共同的购物心理，只要我们懂得了这个道理，就可以预先考虑客户需要什么。比如，客户在购买一罐油漆后，我们还可以问客户是不是有足够的油漆刷、稀释液和砂纸；当客户买了件衬衫，我们可以建议这位客户是否需要搭配一条适合的领带，以及西裤或西服等。

为客户服务不仅要为客户解决问题，而且还要给客户快乐的心情。

（2）质量的好坏由客户说了算。不管做什么事情，一定要追求品质。品质最简单最精确的定义是：让客户感到满意。店铺之间可以比服务、比价格，但是唯一无法替代的是产品的品质。品质是做出来的，而不是检查出来的，只有具备严谨的品质观念，才能拥有一流的品质。

世界上任何一种高品质的产品都是一种不断改进的过程，而这个改进过程一定少不了客户的参与。只有做到产品质量的好坏由客户说了算，才能真正提升产品的品质以及增加客户的满意度，正如全球最大的零售企业沃尔玛的创始人沃尔顿先生所言：“客户才是真正的老板。”

（3）尽可能地为客户提供方便。现在是一个快节奏、高效率的时代，时间很宝贵。在为客户服务的时候，首先要考虑如何节省客户的时间，为客户提供便利、快捷的服务，设身处地为客户着想，以客户的观点来看待商品的陈列、商品采购、商品种类、各项服务，这样才会让客户感到方便、满意。

项目三 客户管理的方法

对客户进行管理，需要采用科学的管理方法，主要的有巡视管理和关系管理两种。

一、巡视管理

巡视管理就是深入现场，在客户之间巡视，实质是倾听客户意见，与客户保持接触。进行客户管理，必须了解客户，了解客户的一种切实可行的办法是实施巡视管理。一个卓越的营销管理者在巡视的时候，要进行许多活动，归纳起来，至少有三个方面。

1. 要制定有效倾听的策略

（1）鼓励他人说话。友好的态度和全神贯注地倾听对方的谈话，能够鼓励他人畅所欲言。诸如"我对你的观点感兴趣"等语言，也能激发客户打开话匣子。

（2）反馈性归纳。即不时地把对方谈话的内容加以总结并征求意见，如"你刚才说的话是这个意思吗?"这也说明巡视管理者对客户的观点慎重考虑，并使客户有重申和澄清其本意的机会。

（3）进入角色地倾听。在倾听客户所谈内容的同时充分理解客户的感情。

（4）避免争论。当客户在说一些没有道理的事情时，不要急于去纠正。在谈话开始的时候要避免谈一些有分歧的问题，而是强调一些双方看法一致的问题。

2. 要采用有效倾听的方式

倾听有许多进行方式，概括起来，主要是"走出去""请进来"和利用通讯系统与客户沟通。

（1）拜访客户。即深入到客户中间，倾听他想说的事情和了解他不想说的事情。一个服饰店铺管理层抽出时间与客户在一起是非常重要的，可以进行相当广泛、详细的市场调查，了解客户对店铺及企业所提供的产品是否满意。

（2）客户会议。即店铺定期把客户请来举行讨论会。

（3）利用通讯系统与客户沟通。一是认真处理客户来函来信，及时消除客户疑虑；二是安装免付费用的"热线电话"来处理客户抱怨。

无论采用哪一种方式，要求对客户意见答复处理要及时。这种答复制度要严格，巡视管理者必须亲自过问。有许多公司高层管理者的助手，他们所干的活只有一件，那就是对用户的每一条意见必须在 24 小时内给予答复，这就充分证明及时与客户沟通的重要性。

3. 教育

教育是相互的，一是对客户进行教育，引导客户树立正确的消费观念，教会客户如何看待店铺一切服饰产品。二是接受客户教育，将客户信函、来电公布在店铺醒目的公告牌上，把真实、完整的信函和来电内容告知大家，就能使职工心里产生极为不同的感觉。

4. 帮助客户

帮助客户解决购买前、购买中、购买后所有问题，为客户提供优质服务。

二、关系管理

关系管理是指门店如何与客户打交道。拓展客户难，维持客户更难，经济越是不景气，客户资源就越是稀缺，于是客户关系管理越来越风靡。越来越多的经营者认识到提高门店的核心竞争力有一项不可或缺的能力，那就是客户关系管理的能力，它能把一次性客户转化为长期客户，把长期客户转化为终身忠诚客户。做好店铺关系管理，要注意以下几点。

1. 让客户更方便

要让客户更便于取得店铺的服务，就如同家门口的杂货店，随时都能得到自己想要的信息。但实践证明，高频率的电话占线率已经成为电话沟通的重要阻碍。当今时代，店铺必须让客户自己选择是由电话、网站、传真、电子邮件或面对面等不同沟通方式，与店铺接触，取得产品信息、服务或是提出建议。

2. 对客户更亲切

由于过分重视科学技术及其设备，使得很多店铺、企业与客户接触时，变成了冰冷的“自动贩卖机”，尤其当店铺与客户间的关系纯粹只有给钱和交货时，客户对店铺的选择也只有价格，所以只要有更便宜的供应来源，客户就流失了，因此客户对店铺毫无忠诚度可言。

3. 个人化

店铺要把每一个客户，当做一个永恒的宝藏，而不是一次交易，所以必须了解每一个客户的喜好与习惯，并适时提供建议。

4. 立即响应

店铺对于客户行为，必须透过每次接触不断学习，并且很敏感地立即响应。信息时代的客户关系管理，就是建立方便、关怀、个性化、立即响应的经营模式，透过网络与技术让千里以外的客户都能感受到店铺的关怀。由此，店铺的商机将迅速增加。

【开动脑筋】

客户关系管理中，过分的热情会带来什么样的负面影响？

客户开发的途径

一、老客户的维系

门店的业绩都来自于两类客户：新客户和老客户。门店要长久发展，必须维持与老客户的良好关系，培养老客户对门店的信任和忠诚，争取让老客户介绍新客户。

1. 维系老客户忠诚的意义

（1）带来稳定收入。相对于新客户而言，忠诚老客户的购买频率较高，且一般会同时使用同一品牌的多个产品和服务。只要有需求，他们就会选择企业推出的产品，同时，企业推出新产品，也会刺激客户产生新需求。这样可以给企业带来稳定的收入和利润，有助于保证企业的长期生存。

（2）维持费用低而收益高。据统计分析，新客户的赢利能力与忠诚老客户相差 15 倍。因为老客户的重复购买可以缩短产品的购买周期，拓宽产品的销售渠道，控制销售费用，从而降低企业成本。与老客户保持稳定的关系，使客户产生重复购买过程，有利于企业制定长期规划，设计和建立满足客户需要的工作方式，从而也降低了成本。

【开动脑筋】

有调查资料显示，吸引新客户的成本是保持老客户的 5 ~ 10 倍。美国的一项研究表明，要一个老客户满意，只需要 19 美元；而要吸引一个新客户则要花 119 美元，减少客户背叛率 5%，可以提高 25% 的利润。

假如某个门店一周内流失了 100 个老客户，同时又吸引了 100 个新客户，请问该门店的销售额将发生明显的变化吗？该门店维系客户的花费发生了什么变化？

（3）不断带来新客户。忠诚客户对企业的产品或服务拥有较高的满意度和忠诚度，因此会为自己的选择而感到欣喜和自豪。由此，也能自觉或不自觉地向亲朋好友夸耀、推荐所购买的产品及得到的服务。这样，老客户因口碑和亲友推荐就会派生出许许多多的新客户，给企业带来大量的无本生意。

（4）宣传企业形象。随着市场竞争的加剧、信息技术的发展，广告信息轰炸式地满天飞，其信任度直线下降。除了传统媒体广告以外，又加上了网络广告，人们面对这些眼花缭乱的广告难辨真假，在做出购买决策的时候更加重视亲朋好友的推荐，于是，忠诚客户的口碑对于企业形象的树立起到了不可估量的作用。

（5）带来更多商业机会。在企业拥有的忠诚客户当中，可能有部分客户是具有丰富的资源和极大的影响力的，如果能与他们保持良好的关系，在互动的交往中无疑会给企业带来更多的商机。

2. 维系老客户忠诚的方法

（1）树立真正以客户为中心的经营理念。企业应从客户为自己创造终身价值的高度建立起客户导向观念。

【开拓视野】

美国乳品大王的经商法则

斯图·伦纳德是美国的乳品大王，他在美国经营着一家超市，他说每当看到一位愤怒的客户就像看到5万美元从他的店中流走一样。因为他的客户平均每周开支100美元，一年到商场购物50次，并且在该区生活10年，所以如果客户有一次不愉快的经历，并转向其他超级市场，伦纳德就会损失5万美元。如果再考虑到失望客户不良传播的影响而导致其他客户离去，这一损失还被低估了。由此，伦纳德的经商法则有两条：法则1，客户永远是正确的；法则2，如果客户错了，请参照法则1。

（2）尽可能提供零缺陷的产品。留住老客户的关键是把以客户为中心的观念转化为实际行动。在此，企业要清楚地认识到，客户购买产品和服务的真正需求是希望由此获得舒适和快乐，若产品质量或服务存在令人不满的缺陷及问题，客户就可能断绝与企业已有的联系而转向其他企业购买。同时还要认识到，零缺陷的产品所满足的还只是客户需求的预期，而要超越其预期，创造客户的高度满意和忠诚，仅停留于此是远远不够的。

【开拓视野】

理解顾客的意思

“现代营销学之父”菲利浦·科特勒指出：消费者说的话有时是需要翻译的。比如客户说想要一辆“昂贵的汽车”，作为经营者来说必须深入全面理解这位消费者的各种需要：

1. 说出来的需要（客户想要一辆昂贵的车）。
2. 真正的需要（这辆车虽然价格不菲，但开起来省钱）。

3. 没有说出的需要（客户想获得优质服务）。
4. 满足后令人愉悦的需要（客户买车时，附赠一份道路图）。
5. 秘密需要（客户想被他的朋友看成是识货的人）。

（3）制定公平合理的价格策略。制定一个有助于同客户形成持久合作关系的价格策略，即关系定价策略。企业的利益是建立在客户的利益之上的，企业理应对忠诚的老客户进行关照，特别是用价格这一直观有效的手段予以回报。

关系定价策略常用的是长期合同和多购优惠两种基本方式。一是运用长期合同向客户提供价格和非价格刺激，使双方处入长期关系之中，将一系列相当独立的交易转变为一系列密切联系的关系。如会员制就是其中的一种。二是多购优惠促进客户长期重购、多购，以不断增多的让渡价值维系与老客户的关系。

（4）积极建立与老客户的情感联系渠道。老客户之所以忠诚于企业及产品，是因为他们不仅对产品有一种理性的偏爱，而且更有一种情感上的依恋。

因此，企业在为客户提供优质产品和服务的过程中，还要做到心系客户，把客户当作自己一生的朋友来对待，并利用感情投资向其注入亲人般的情感和关怀，以努力建立“自己人效应”。

感情联系的方式、方法很多，如通过经常性的电话问候、特殊关心、邮寄销售意见卡和生意贺卡、节日或生日贺卡、赠送纪念品、举行联谊会等来表达对老客户的关爱，加深双方的情感联系。

【开拓视野】

吉拉德的小卡片

美国汽车商吉拉德经销汽车 10 多年，每年卖出的新车比其他经销商都多。他在谈到成功的秘诀时说：“我决不会在客户买了车之后，就把他们抛到九霄云外，我每月要寄出 1.3 万多张卡片，使客户每个月都会收到一张不同款式的像工艺品一样精美的卡片，并长期保存。”他记住了客户，客户也牢记了他。吉拉德的小卡片成了联系买卖双方情谊的“纽带”，良好的人际关系，使许多客户乐意和他长期打交道。

（5）建立客户资料库。客户资料库指与客户有关的各种资料，包括新老客户的一般资讯，如姓名、性别、住址、电话、传真、电子邮件、收入及家庭状况、个人特性和一般的行为方式等；交易资讯，如订单、咨询、退货、投诉、服务要求等；产品资讯，如客户购买什么产品、购买习惯、购买频率和购买数量等，另外还有记录客户对促销资讯的接受及反应情况等。企业运用电脑系统把客户资讯整理成有条理的资料库，可以建立起详细的客户档案资料，经常保持与老客户的沟通和交流，了解其需求变化情况，及时调整营销方案，有效防止客户的经常性流失。同时，利用资料库，还可以对客户进行差异分析，从中识别出企业“金牌”客户。企业 80% 的利润往往是由 20% 的客户带来的，这 20% 的客户是企业最具盈利能力的客户，即为“金牌”客户。利用资料库资料分析，能方便地识别这些客户，努力与其维持一生的关系。

二、大客户的开发和服务

大客户是指对门店价值贡献较大的对象，通常指商业团体客户。根据 80% 的营业额来自于 20% 的客户的法则，门店对大客户的开发有着很重要的意义。

1. 大客户的开发

（1）确定大客户开发的对象。一般选择 20 人以上的公司、企事业单位、机关等，通过电话号码簿或是派人实地收集他们的基本资料，包括单位名称、地址、电话、大约人数等。

（2）开发大客户。通过电话预约，派专业人员上门洽谈，向大客户说明价格方案、服务优势等。有促销活动时，一定要用促销吸引大客户，拜访完后要做访谈记录。

（3）关联店的联合。联合与店铺相关联的店，互相交换同等数量的基本客户资料，相互寄放或联合寄发 DM，举办区域性联合促销活动或是共同举办社区休闲、公益活动，提升店铺形象。

关联店的选择一般考虑商圈范围一公里以内，客户层与本店有互补作用，消费频率高，而且主力客户为本店的目标客层。可以优先考虑连锁企业。

在与关联店联合运作时，应注意掌握如下要领。

①收集商圈内适合作关联店的店铺名单，按照行业互补性程度及店铺来客频度多少排列顺序。

②按先后顺序安排拜访日程表，事先以电话预约的形式和对方的店长或企业取得联系。

③带齐资料依约拜访，说明自己的构想，讲明联合的原因、好处以及合作方式等细节，并征求对方的意见，以达到共识。

④回来后将愿意合作的联合店名单及合作的有关事项报送上级公司批准。

⑤得到批准后，与联合店签约。

（4）增加客户数量的方法。

①改善销售和服务水平。店员热情优质的服务，可以吸引更多的新客户。因此，对营业员的服务技能的培训，是吸引更多新客户、增加客户信任度的基本方法。

②宣传单和进行广告宣传。在店铺附近的街区发放店铺宣传单，是一种成本较低、吸引新客户最直接有效的办法。

③品种齐全、物美价廉、信誉好。当客户进店后，充足完美的商品可以满足他的需求，而且价格合理，质量又好，那么他们下次一定还会再来。

④良好的购物环境。如今人们在选择购物场所时，不仅仅是为了单纯满足购物的需要，购物过程甚至已经成为生活品质的一种表现，因此，良好、舒适的购物环境，会吸引大量的客户，也会使客户在店内的停留时间加长，从而为交易增加提供更多机会。

⑤良好的售后服务。客户购买行为，通常不仅仅是购买产品的特征，他们购买的是可满足需要或者解决问题的商品或是服务。对于很多产品，特别是家用电器，售后服务的好坏，直接影响着客户的购买欲望，良好的售后服务会得到更多客户的认可，会增加店铺的市场竞争能力，从而使更多的客户光顾。

⑥电话营销。店铺经营过程中，可以通过电话向老客户推荐商品或服务，也可以邀请客户参加相关活动。电话营销已经成为店铺经营中有效开发客户且成本较低的手段之一。

电话营销的主要对象包括：曾在本店留下资料的老客户和可查寻到电话的公司、企业、单位及个人。

2. 大客户的服务

（1）优先给予大客户充足的货源。由于大客户的商品消费量较大，占门店销售比例较高，因此优先满足大客户对商品数量及系列化的要求，是大客户管理的首要任务。尤其对存在淡旺季特点的商品，要随时了解大客户的销售与库存情况，以便及时与他们就市场发展趋势、客户库存量及客户在销售旺季的需货量进行商讨，并在销售旺季到来之前做好各项协调准备工作，以保证大客户在旺季的商品需求，避免因货物断档导致大客户不满的情况出现。

（2）对大客户进行回访。一个有着良好业绩的门店店长，每年大约有 1/3 的时间都要在拜访客户中度过，而大客户正是他们经常要拜访的主要对象。因此，安排合理的日程，有计划地拜访大客户，对门店有重要的意义。

（3）调动与大客户销售相关的一切资源因素。调动与大客户销售相关的资源因素，是指在为大客户提供服务时，调动客户中一切与销售相关的因素，不但包括其上层主管，还包括最基层的导购，以全面提高门店对大客户的销售能力与服务能力。

（4）在大客户之间进行新商品的试销。当大客户在对一个商品有良好的销售业绩之后，在它所在的圈子就会形成较强的商业影响力。如果能够将新商品在大客户之间进行试销，并收集客户及最终消费者对新商品的意见和建议，则便于经营者及时做出有关决策。因此新商品在试销之前，门店应提前做好与大客户的前期协调与准备工作，以保证新商品的试销能够在大客户之间顺利进行。

（5）与大客户举办座谈会。门店可以每年组织一次领导层与大客户之间的座谈会，听取大客户对门店商品、服务、营销等方面的意见和建议，对未来市场的预测，或者对门店下一步的发展计划进行研讨等。这样的座谈会不但有利于经营者做出有关决策，而且可以加深与客户之间的感情，增强客户对门店的忠诚度。

（6）关注大客户的商业活动。大客户作为门店市场营销中的重要一环，对大客户的一举一动，门店都应给予密切关注，并利用一切机会加强与客户之间的感情交流。譬如，对于客户的开业周年活动、客户获得特别的荣誉、客户重大的商业举措等，门店管理层应随时掌握信息并报请经营者，要求给予支援或协助，以密切与大客户的关系。

项目五 客户数据库管理

做好客户数据库管理，能保持门店与客户的沟通，了解客户需求的变化，对客户进行差异化分析，调整门店销售方案。因此，要做好客户数据管理。

一、建立数据库的步骤

1. 认识客户

客户是每一个能影响企业盈利的人，它是一个庞大而又多层次的集团。店铺的客户是终端客户，即使用者。对店铺来说，如果不能满足购买者，就不能成功。

2. 建立客户档案

将所确定的客户的有关情况一一建文件，并输入到数据库中。客户数据库的主要内容主要是指与客户有关的各种资料，包括：

- 老客户的一般信息：姓名、性别、年龄、地址、电话等。

- 交易信息：订单、咨询以及投诉等。
- 购物信息：曾购买过什么商品、购买习惯、购买数量以及购买频率等。
- 客户促销活动的态度及建议。
- 客户对店铺产品及服务的满意程度。
- 了解客户需求的变化，调整店铺经营方案，维系客户数量。
- 客户信息存储。

3. 客户系列化

客户是一个庞大而又多层次的集团。一家门店少则几十、几百个客户，多则几千，甚至上万客户。如何管理好如此众多的客户是一项十分重要而又急需解决的问题。实行客户系列化就是这样一种化繁为简、行之有效的管理方法。具体操作时，可使用两种不同的方法。

（1）按照客户对待产品态度管理客户。可将客户分为忠诚客户（包括新产品的率先使用者）、品牌转移客户和无品牌忠诚客户三类。客户管理的重点，就是培养对本店铺忠诚的客户和率先使用者。

（2）按客户购买产品金额管理客户。在客户管理中，就是把全部客户按购买金额的多少，划分为A、B、C。A类，大客户，购买金额大，客户数量少；C类，小客户，购买金额少，客户数量多，一般客户，介于A和C之间。管理的重点是抓好A类客户，照顾B类客户。

二、客户数据库的应用

针对不同类型客户的特点，进行双向沟通。数据库营销运作的一个重点步骤是适当的交流——向相应的客户提供适当的信息并能通过一定的方式获取客户的反馈信息。一部分信息可通过某种媒介传给所有客户，但大部分信息仅仅针对特定客户传递，即进行一对一营销。

1. 针对忠诚的客户，采用细节服务策略

每个企业都有自己的忠诚客户群体，这部分客户是企业的利润的支柱，但并不是每个企业都觉察到了或有足够的重视，首先企业要辨认出这部分客户群体，然后，可以采用重点维护管理的策略来保持和利用这种关系。

2. 针对摇摆的客户，提升附加利益

对于摇摆型的客户，首先要分析摇摆的原因，明确他们目前的消费目的、消费特点；要尽量做到了解这部分客户群体的需求以及选择其他企业或产品的原因，然后要做的是如何去争取这部分客户。

要把摇摆型的客户发展为忠诚的客户，首先要肯定他们是有消费能力的，然后运用数据库进行一对一营销，增加产品的附加值，提升他们对企业的归属感和忠诚度。

3. 针对潜在的和竞争的客户，需要激活或是放弃

这两部分客户没有产生消费或很少来消费，目前还没有给企业带来效益。企业应该分析这两部分客户的特点、消费动机以及需求和欲望，还要分析竞争者的特点及相关信息，决定针对这两部分客户考虑是放弃还是招回，针对不同的原因采取相应的措施。

4. 测试、完善数据库

根据数据库的使用情况，要不断地总结分析，测量使用的沟通方式及相应的策略是否有效，及时调整措施，以达到预期的目的。

通过对效果的测试结果，要随时更新数据库的内容。数据库营销是一个不断发展的过程，若数据库资料没有及时更新，对企业而言就等于失去了利用价值。只有不断增补新信息，定期删除不符合要求的过时信息，采取质和量并重的方式，才能提供在深度、广度上均符合要求的客户信息，从而提高营销的效果。

>> 本模块小结

客户关系是保持门店旺盛生命力的重要环节。本章对客户关系管理的基本内容进行了介绍，针对目前连锁企业门店提供的服务内容，提出了进行客户满意度管理的意义和方法，然后介绍了客户管理的方法和开发客户的途径，并结合前面客户关系管理的内涵，提出客户关系管理数据库的开发和应用。

>> 本模块参考

1. 浏览网址

[1] http：//www. usachina. org

[2] http：//www. ctiforum. com

2. 参考文献

[1] 肖建中．王牌店长．北京：北京大学出版社，2008

[2] 郭汉尧．超级店长17项实战能力．北京：中国经济出版社，2008

[3] 曹泽洲．连锁企业门店营运与管理．北京：清华大学出版社等，2008

[4] 店铺成功经营管理研究项目组．专卖店经营一点通．北京：中国经济出版社，2004

>> 思考题

1. 什么是客户关系管理？
2. 客户关系管理的日常管理内容包括哪些？
3. 门店服务的项目有哪些？
4. 什么是客户满意度？如何评价？
5. 提高客户满意度有哪些策略？
6. 客户管理的方法有几种？
7. 如何进行客户开发？
8. 客户数据库是如何进行构建的？
9. 门店如何利用好客户数据库系统？

>> 案例分析题

屈臣氏的客户发展与管理

屈臣氏是现阶段亚洲地区最具规模的个人护理用品连锁店，是目前全球最大的保健及美容产品零售商和香水及化妆品零售商之一。屈臣氏在"个人立体养护和护理用品"领域，不仅聚集了众多世界顶级品牌，而且还自己开发生产了600余种自有品牌。在中国大陆的门店总数已经突破200家。

在CRM战略中，屈臣氏发现在日益同质化竞争的零售行业，如何锁定目标客户群是至关重要的。

屈臣氏纵向截取目标消费群中的一部分优质客户，横向做精、做细、做全目标客户市场，倡导"健康、美态、欢乐"经营理念，锁定18～35岁的年轻女性消费群，专注于个人护理与保健品的经营。屈臣氏认为这个年龄段的女性消费者是最富有挑战精神的。她们喜欢用最好的产品，寻求新奇体验，追求时尚，愿意在朋友面前展示自我。她们更愿意用金钱为自己带来大的变革，愿意进行各种新的尝试。而之所以更关注35岁以下的消费者，是因为年龄更长一些的女性大多早已经有了自己固定的品牌和生活方式。

屈臣氏深度研究目标消费群体心理与消费趋势，自有品牌产品从品质到包装全方位考虑顾客需求，同时降低了产品开发成本，也创造了价格优势。

屈臣氏靠自有品牌产品掌握了雄厚的上游生产资源，就可以将终端消费市场的信息第一时间反馈给上游生产企业，进而不断调整商品。从商品的原料选择到包装、容量直至定价，每个环节几乎都是从消费者的需求出发，因而所提供的货品就像是为目标顾客量身订制一般。哪怕是一瓶蒸馏水，不论是造型还是颜色，都可以看出“屈臣氏”与其他产品的不同。

自有品牌在屈臣氏店内是一个独特的类别，消费者光顾屈臣氏不但选购其他品牌的产品，也购买屈臣氏的自有品牌产品。自有品牌产品每次推出都以消费者的需求为导向和根本出发点，不断带给消费者新鲜的理念。通过自有品牌，屈臣氏时刻都在直接与消费者打交道，能及时、准确地了解消费者对商品的各种需求信息，又能及时分析掌握各类商品的适销状况。在实施自有品牌策略的过程中，由零售商提出新产品的开发设计要求，与制造商相比，具有产品项目开发周期短、产销不易脱节等特征，降低风险的同时降低了产品开发成本，也创造了价格优势。

“买贵退差价”“我敢发誓保证低价”是屈臣氏的一大价格策略，但屈臣氏也通过差异化和个性化来提升品牌价值，一直以来并不是完全走低价路线。屈臣氏还推出了贵宾卡，加强了对顾客的价值管理，凭贵宾卡可以购物积分和积分换购店内任意商品，双周贵宾特惠，部分产品享受八折优惠。会员购物每十元获得一个积分奖赏，每个积分相当于0.1元的消费额，可以随心兑换，有多种产品可供选择，也可以累计以体验更高价值的换购乐趣。还有额外积分产品、贵宾折扣和贵宾独享等优惠，相信将给顾客带来更多的消费乐趣。

思考：

1. 谈谈你对屈臣氏的客户管理的看法。
2. 从屈臣氏锁定目标客户的做法中，你能得到什么启发？

模块八

门店商品损耗管理

>>学习目标

1. 正确认识防损的重要性
2. 了解损耗产生的原因及具体现象
3. 掌握门店损耗的防范措施
4. 掌握生鲜商品的防损管理方法

【案例导读 1】

“家贼”掩护父母窃超市

某连锁经营门店收银员高某趁当班之际，掩护父母将价值千余元的商品从超市盗出，被超市保安发觉。高某一家三口已被行政拘留。

2010 年 5 月 15 日中午 11 点多，保安小李在收银台附近巡视时，发现一对中年夫妇推着满满两车商品在收银台附近，但未见他们付款就推车走出来。小李说，他看到夫妇手中的购物小票只有五六厘米长，“按说，一次购买这么多商品，购物小票怎么也得有四五十厘米长”。

小李感觉其中有蹊跷，便悄悄跟在夫妇二人身后，在他们出门时抢先拦住，要求他们出示购物小票。当时，二人相对无言。小李叫来同事，将中年夫妇带到超市保卫部。二人承认在超市负责收银的女儿高某掩护下，他们盗窃商品的事实。小李向派出所报警，民警将夫妇二人及高某一并带至派出所审查。

经查，高某承认与其母秦某、继父鲍某合伙盗窃超市财物。高某交代，案发前晚，鲍某说家里没米面了，她便提议父母在她当班时去超市，结账时由她掩护把商品带出。案发当天，高某刚上班没多久。于是，第二天近 11 点时，两人推着冒尖的两车商品到高某所在的收银台前结账。为掩人耳目，结账时，高某把商品条形码翻过来扫描，商品信息未输入计算机，她只在最后把七八个塑料袋的价格输入计算机。

据警方介绍，鲍某夫妇所盗窃的商品价值约 1200 元，大都为食用油、米面等食品。被抓后，鲍某夫妇及高某十分懊悔。警方依法对参与盗窃的 3 人行政拘留 14 天。

【案例导读 2】

装饰商品不是赠品

某天，一位顾客来到商场生鲜部购买商品。当时顾客带的小孩又哭又闹，一位员工看到后，就顺手拿了一个布猴递给小孩（卖场里装饰有许多布猴，但也是商品），并说：“送给你玩吧。”小孩拿到布猴后就不再哭了，顾客挑选好商品后就去收银台进行结算。顾客出收银台时，防损员发现小孩手中的布猴未买单，就对顾客进行提示，要求顾客补单。顾客很恼火：“是你们里面的员工把布猴送给我小孩玩，怎么现在又要求买单？”防损员说：“我们的员工没有权利把商品送给您。”“哦，那你是说员工没送，是我偷了你们的东西？”顾客认为防损员的语气态度不好，反过来要求防损员向他道歉。防损员认为自己的做法没有错，未当面道歉。顾客就亮出了她的警察证，对防损员说："你说我小孩偷了你们的东西，你侮辱了我，侵犯了我的权利，你必须向我道歉。"防损员认为自己没有做错，依旧没有当众向顾客道歉。顾客就去前台进行投诉，并扬言要将此事投诉到当地报纸。前台接待处给顾客留下了防损部的电话。顾客回去后又给防损部打电话，防损部主管给顾客解释到："不管当时事情是怎样的，我们的员工都没有权利赠送商品，但不管错误如何发生，只要您在我们商场出现不愉快，都是我们的服务没有做到位。我在此向您表示道歉，并欢迎您能再次光临我们商场。"顾客表示她本来已经对该商场失去信心，这样一来，她还是相信它的。

项目一 门店损耗管理概述

一、损耗的概念及危害

商品损耗，是指那些看得见的损坏商品并且不能出售或折价出售的商品（促销商品不在此内）与看不见的丢失商品，当然也包括由于商品品质等原因售出去后被顾客退回来的商品等。

在日常工作中，损耗是非常耳熟的字眼，但是，并不意味着连锁企业的每位职员都能完全明白其含义。对于大多数员工来说，以为损耗源于盗窃，也有一部分员工则认为是由商品损坏所致。其实，损耗是由盗窃、损坏和其他各种因素共同引起的。也就是说，损耗是企业进货时的商品零售值与售出后获取的零售值之间的差额。当然，损耗会受到一个或多个因素的影响，出现任何一个因素，都会减少利润额，增加损耗。控制和维持损耗的最低水平，可以防止对利润的蚕食，相对加大企业的发展空间。减少和控制产生损耗因素，是连锁企业管理高层乃至每个员工永远的责任。

损耗包括实物损耗和价值损耗。实物损耗是指商品或耗材等实物受损而产生的损耗，如商品丢弃、失窃、浪费、损坏等；价值损耗是指商品实物没有受损而产生的损耗，如降价、清仓、单据错误而导致的损耗。

损耗对门店的经营有严重的危害，例如，损耗直接危害经营的业绩和利润；损耗的控制直接反映超市的管理水平，损耗会破坏营运流程，降低员工对企业的忠诚度，人心涣散，使企业失去竞争力；除了直接看到商品失窃等有形损耗外，还有很多无形的损耗会吞噬大量的经营成果，如商业贿赂、供应商欺诈、安全事故损失等。

二、损耗管理的意义

商品损耗在商品流通过程中是一种不可避免的现象，据有关报道，全世界零售业每年的商品损耗高达1600亿美元；在我国，这一数字也高达250亿元人民币。上海某超市第一个月的营业额为60万元，但商品损耗却超过10万元，后因损耗过于严重而经营不下去。在激烈的竞争环境下，零售业的利润空间已经非常小，所以严格控制商品损耗、降低商品损耗已经成为零售企业挖掘潜力的主要利润来源。防损主要有三个方面意义。

第一，降低经营成本。损耗只能控制，但无法完全避免，防损的作用就是将损耗降至最低点。科学的防损管理将降低不必要的开支，减少商品损耗、设备损耗、人员损耗，增加公司的纯利润。

第二，监控稽核流程。防损部门要监督、稽核经营流程是否规范，以达到防漏纠偏的目的。

第三，防范安全风险。一旦发生安全事故，后果不堪设想。防损部门通过消防安全管理，降低和减少安全风险，杜绝重大安全事故，达到为营运业绩增值、为营运保驾护航和目的。

三、防损管理理念

要有效地进行防损工作，首先要有先进的防损理念。

1. 全员防损

防损不仅是防损部门的工作，也是全体员工的责任和义务。因为企业为每一个大类商品制定控损的目标，这些指标量化到店长以及各个岗位员工业绩考核中（包括防损部门），一旦发生超标的损耗，将损耗责任落实到人。因此，控损业绩与营运业绩都是评价防损部、店长和员工工作业绩的主要指标。全员防损的目标是：员工积极配合并遵守防损管理规定，积极参与防损监督和举报，及时为防损部门提供损耗线索。

2. 全过程防损

任何一项工作流程中的错误都会直接或间接导致损耗。因此，要求防损员对每一个可能出现损耗的环节进行有效监控。它的关键是：流程合理高效，员工都能按质按量完成工作。

3. 防损等于增加纯利润

商品损耗是企业的损失，而降低损耗是取之不尽的利润源泉。商品销售带给企业的是销售毛利，但商品损耗不仅会损失商品的价值，还会损失运输成本、包装成本、人工成本等。因此，损耗损失的不仅是利润，还是纯利润。

4. 防损工作以“防”为主

防损工作的重点在“防”字，防患于未然。控制损耗在发生之前，才是成功的防损。事后的防损主要在于尽量的弥补损失，其目的是防范和避免类似损耗。

项目二 损耗产生的原因

门店损耗产生的原因主要有两大类，一类是不可抗拒的自然灾害造成的损耗；另一类是人为因素造成的商品数量和价值损失。自然灾害主要有水灾、台风、地震等；人为原因是管理不善所造成的，如火灾、停电、偷盗、员工作业不当或违法行为等。见图8－1。

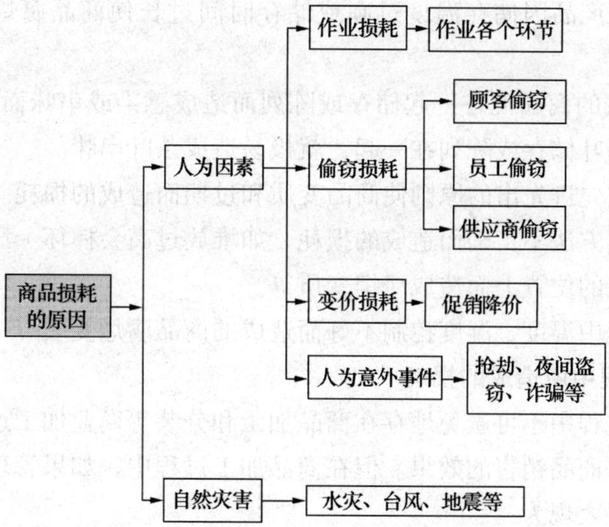

图8－1 连锁企业门店商品损耗的原因

一、作业错误造成的损耗

除了重大灾害事故外，日常经营过程中的商品损耗绝大多数是由于作业不当所导致的。下面是商品作业损耗的几种情形。

1. 商品进货过程中所导致的损耗

商品采购和进货过程中，由于工作人员职业道德和敬业精神存在问题，最容易导致商品的损耗，主要表现为：

- 进货人员不掌握或不了解销售情况和库存情况，或者直接接受供应商的贿赂而有意多进货，造成积压或滞销。
- 采购人员和收货员串通合谋，购进质量低、价格高的商品而造成积压。
- 收货员缺乏敬业精神，责任心不强，没有认真检查货物质量和清点货物数量造成质量和数量上的损失。
- 收货员发现破包、破损商品没有及时处理，最后导致没有退货而带来的损失。
- 搬运人员因为野蛮装卸或工作不小心损坏商品。

2. 商品储存和陈列过程中所导致的损耗

商品储存和陈列过程中，工作人员如果缺乏商品保管和维护知识，特别是食品和鲜活产品，保管不当会造成严重的商品损耗，主要表现为：

- 食品和鲜活农产品因储存温度过高或储存时间过长使商品腐烂、变质而造成的损耗。
- 需要分别储藏的商品混在一起储存或陈列而造成感染或串味而造成的商品损耗，如化妆品和茶叶储存或陈列在一起，就极易造成茶叶串味。
- 储存时不能按先进先出的原则使商品变质和过期而造成的损耗。
- 商品陈列方式方法不正确而造成的损耗，如堆放过高会摔坏、压坏商品，热销商品没放在显眼的位置上而造成滞销变质等。
- 商品陈列过程中温度、湿度控制不好而造成的商品腐烂变质。

3. 商品加工过程中所造成的损耗

连锁门店经营过程中不可避免地存在商品加工和分装等商业加工过程，这样可以达到提高附加值和促进商品销售的效果。但在商品加工过程中，如果管理不善，有可能造成商品的损耗，主要表现为：

- 大宗零散商品未能深加工或包装、分装和分等级，有可能造成数量损失或质量差价损失。如质量没有差别的散货商品经过简单的分装可以降低数量的损失，质量上有较大差别的散装鲜活商品分等级分装，可以提高商品附加值，并且减少损耗。

- 商品加工中未能按照技术标准配方配料，而造成的原料损失。
- 加工过程中操作不当而造成的残品、次品和风味变差等，如面包烤焦了，馒头没发起来等。
- 袋装商品分量不足，短斤少两难以按正常标准销售而造成的损失。
- 卫生防疫、器具消毒等方面造成食品污染，从而造成商品损失。商品卫生如果处理不好，造成的损失往往是巨大的，这类损失不仅包括销毁被污染的食品的损失，更严重的是一旦发生食品安全事故，损失更是巨大的。

4. 收银作业错误导致的损耗

收银是卖场销售的最后一个环节，也是实现销售的关键环节，在这个过程中也会有损耗发生。比如，收银机故障产生收银不准，员工工作疏忽产生漏扫、扫描错误等，还有可能是收银员与人勾结故意飞单，都属于收银损耗。

二、偷窃损耗

近年来，由于社会结构的转变、人们道德意识的薄弱、商店经营形态的改变以及个人心理等因素，造成连锁企业门店商品被窃的比例逐渐升高，成为商品损耗的主要原因之一。商品偷窃主要有员工偷窃、供应商偷窃和顾客偷窃等多种类型。据有关人员统计，尤以员工偷窃最为严重。相关报道称，即使在超市管理水平比较高的美国，员工偷窃也比较普遍，偷窃数量比顾客偷窃高出 5 ~ 6 倍。这些都表明，防盗已成为连锁门店防损管理的首要工作（连锁门店安全管理的重要内容见模块十）。

1. 顾客偷窃

顾客偷窃的行为主要表现为：顾客利用衣服、提包等藏匿商品，不付账带出卖场；顾客更换包装，用低价购买高价的商品；顾客在大包装商品中藏匿其他小包装的商品；顾客未付账白吃卖场中的商品；顾客撕毁商品的标签或更换标签，达到少付款的目的；顾客与店员相互勾结，进行盗窃活动；盗窃团伙的集体盗窃活动。

2. 员工偷窃

员工偷窃是指在岗员工利用职务之便通过不正当或违法的行为实施使门店的财物或金钱受到损失的行为。

员工偷窃的行为主要包括：员工直接偷取门店的商品、赠品、用品；员工未按有关程序而故意丢弃门店的商品，以逃避责任；员工与员工或外人勾结、策划、协助进行盗窃或一条龙的盗窃活动；员工偷吃门店的商品或未经许可试吃商品；员工未经过正常的程序，故意将价格标低，使自己的朋友、亲属受益；员工未按门店的程序，私自将露面的文具、工具、用具拿来自己使用；员工未经许可，私自使用或拥有供应商提供的赠品；员工贪污公款、携款潜逃；收银员从收银机中盗窃钱款；收银员为亲属、朋友的商品少结账或不结账；客服人员利用退货、换货等名义窃取门店的财物；员工私自接受供应商的回扣、礼品、各种招待、用餐、购物卡等各种形式的贿赂行为。

3. 供应商偷窃

连锁企业门店除总部配置供货以外，为了降低成本，有些货物由供货商直接供应到各连锁门店。这样一来，难免发生供应商舞弊、偷盗的现象，给门店造成损失。

供应商的舞弊和偷窃行为存在很多形式，主要包括：供应商派驻的促销人员偷窃；将已经收货完毕的商品，重新按未收货点数，重复计算；利用收货员忙乱疏忽，趁机偷窃门店的商品；在收货员过磅称重时占损耗，以少充多；随同退换货夹带正常商品出店。

三、变价损耗

变价损耗主要是指竞价促销时，为吸引顾客而降低商品售价所发生的损耗。主要包括：固定促销变价，如定期特价活动、周年庆、开幕庆等；临时促销变价，即为应对竞争店而临时降价或生鲜商品因各种原因降价出清存货；厂商调降市面零售价，存货因而产生降价损耗；因商品食用期限或使用期限已过2/3，为求销量增加，成立特价区而降价销售；在月底或年关将近时，为减少库存所做的促销变价；部分促销商品在促销期结束后未能及时变更会原价，顾客要求以促销价购买产生的零售损耗。

四、意外损耗

意外损耗主要包括两类：一是自然意外灾害，如火灾、水灾、地震、台风等；二是人为意外事件，如抢劫、夜间盗窃、诈骗等。

【开动脑筋】

员工偷窃造成的损耗有哪些？除了偷窃，商品损耗的原因还有哪些？商品防损与安全管理有没有联系？

项目三

门店损耗的控制与防范

连锁企业门店经营管理过程中商品的损耗是不可避免的，关键的问题是门店必须加强管理，根据损耗的原因，有针对性地采取措施，使门店损耗降到最低的程度。下面从营运作业过程管理、商品偷窃损失防范、重点区域管理等几个方面讨论防范与控制损耗的主要措施。

一、营运作业过程中的损耗防范与控制

1. 每日开店/关店

（1）开店前的巡视。值班的安全主管或经理，每日在开店前利用 10 ~ 15 分钟的时间迅速对整个门店进行一次例行的巡视，主要检查开店前的各种安全保安工作和存在的危险隐患，确保为顾客提供一个安全的购物环境，并排除商品损耗的隐患。

（2）闭场前的巡视。当超市营业闭场或施工结束时，必须进行必要的安全检查，排除商品损耗的隐患。

2. 加强门店进货业务管理

商品损耗主要是在商品进货过程中发生的，所以在进货过程中要加强管理，做好以下工作。

（1）做好商品验收工作。在核对送货单据和商品时，应认真检查以下项目：检查商品名称和规格、大小是否相符；检查商品数量；对于外表有破损或污垢的商品，要打开检查；检查商品上的生产日期和保质期；对于破损的商品，要在送货员面前确认破损的数目。

（2）问题商品一律拒收。对于商品的有效期已逾 1/3 以上的，一律拒收；对于品名、数量、价格、标签、重量不符者，一律拒收。

门店对问题商品的具体处理方式是：验收商品数量不同或数量过多时，要当场点清，退还给送货员；当商品数量不够时，要在货品不足的账目里予以记录，并由送货员和验收人员同时签章和签名，给予确认；日后补送不足的商品时，要加以确认；商品有破损时，按照破损数量，全部退货。

（3）特殊商品的验收。验收人员必须仔细检查书面登载的品名、数量有无差错，并将送货单保管起来，待进货传票送至时进行对照，然后在验收单上签字。

3. 提高收银作业的质量

收银作业过程中要严明收银员的作业纪律，并制定相关管理规范和处罚条例，严格执行。收银主管要严格按程序组织并监督收银员的交接班工作，要认真做好记录，以备日后查证，除特殊情况收外，应严禁收银员采用人工输入方式结账时，否则要强加追查。特殊情况下，如条码标识错误、未贴条码、扫描器无法显示等，收银员采用人工输入方式结账时，应严格按照公司规定的作业方式进行操作。

【开拓视野】

沃尔玛的“BOB先生”与“LISA小姐”

在沃尔玛公司有两个代名词，一个是“BOB先生”，一个是“LISA小姐”。这听起来是对两个人的称呼，而实际上它们各有含义。

“BOB”是指顾客拿在手中或放在购物车及购物篮里的、未被收银员注意到的商品，如小孩手中拿的糖果、小玩具，放在购物车下面的整箱酒、饮料、大袋的米和面，或烫衣板等。收银员在顾客结算时，要主动帮助顾客把商品从购物车或购物篮中拿到收银台上。这既可以显示出收银员对顾客的热情，又可以看清有无漏掉的商品。

“LISA”是指所有非原始包装且包装内可放其他物品的商品，这必须开箱检查，如棉被、箱包、电饭煲等，因为里面可放些牙膏、鞋油、面包等小件的商品，或把贵重的商品放入廉价的包装盒内。诸如此类，容易造成损耗的商品很多。

如果收银员在忙碌之中忘记做防损工作，须由周围的同事（领班或主管）提醒。但为什么要这样称呼呢？就是怕直接指出来会使顾客反感，误以为把他当成小偷。所以，同事要像找人一样的提醒收银员：“有没有见到BOB或LISA在哪里？”使收银员在顾客没有任何察觉的情况下做好防损工作，为公司挽回不必要的损失。

4. 加强员工日常作业管理

员工的日常作业质量是影响商品损耗的重要因素之一。因此，员工日常作业需要有较高的敬业精神和熟练的业务技术。

这主要包括：定期检查商品价格的标示有无错误或漏标现象，促销结束后价格是否恢复；由于顾客不小心或商品堆放不合理而造成的损失或破包，可以在仓库里留出一小片地方作为退货商品堆放区，并由专门的资深员工负责退货和管理，把损耗降到最低；定期检查货架上的商品的有效期限，做好先进先出的商品管理；仓库中的库存品也应定期检查，除畅销品外，其他商品不应有太多库存；对于提高售价的商品，应该立即更换标签。

5. 特殊品项的商品控制

特殊品项是商场中比较容易引起损耗的商品。它们或是高单价商品，或是包装很小容易被偷盗的商品，或是比较贵但又很刺激人们消费的品种。主要包括：贵重酒类；贵重保健品、礼品；香烟类；贵重化妆品；精品百货（手表、照相器材、贵重笔等）；小家电（收录机、剃须刀、CD/VCD、计算器）；电池；小糖果、巧克力等；各种精品小文具；进口婴儿奶粉；卫生用品（牙刷、洗发水、牙膏，毛巾、袜子、卫生短裤、文胸等）。

对于特殊品项的控制措施，见表 8－1。

表 8－1　　特殊品项的控制措施

品　项	易出现的问题	控制的重点
贵重酒类	被盗、包装损坏	感应标签、台账、柜台锁、监视系统
贵重保健品/礼品	被盗、包装损坏、掉包	感应标签、监视系统
香烟类	包装拆散、被盗	监视系统、人员监管
贵重化妆品	被盗	试用品管理、感应标签、台账、柜台锁、监视系统
精品百货	被盗、退货	台账、柜台锁、监视系统、退换货
小家电	被盗、包装丢失、配件不齐	监视系统、柜台锁、商品管理
电池	被盗	自用品管理、监视系统、人员监管
小糖果	被盗、包装损坏、包装拆散被盗	商品管理、人员监管
各种小文具	被盗、包装损坏、包装拆散被盗	商品管理、人员监管
进口婴儿奶粉	被盗	监视系统、人员监管、感应标签
卫生用品	被盗、污浊、拆包、退货	人员监管、试衣间管理、退货

二、商品偷窃损失的防范与控制

防盗对于薄利多销的连锁企业门店来说是一件生死攸关的大事。因为被偷了一件商品，需要 5～6 个商品的销售毛利才可弥补损失。如果商品的价格很高，就要卖掉更多的商品。所以绝对不能姑息偷盗行为。

1. 顾客偷窃的防范与处理

(1) 顾客偷窃的防范。可以采取以下几个方面的措施来防范顾客的偷窃行为。

①选择正确的防盗系统。不同规模的连锁企业门店，可以采用不同的防盗系统。

对于小型门店，可以采用被广泛应用的防盗镜。在门店卖场的各个角落安装防盗镜，能让理货员方便地监视整个卖场的情况，再加上合理的商品陈列、理货员巡视，一般都可以起到防盗的效果。

对于大型门店，由于卖场面积较大，经营的商品品种较多，员工负责区域较广且以理货为主要职责，因此有必要安装 EAS 电子商品防盗系统和闭路电视监控系统（见图8－2）。

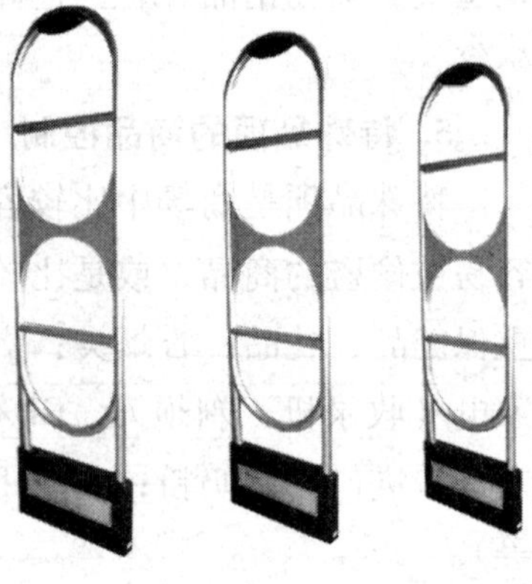

图 8－2　EAS 电子防盗系统

【开拓视野】

防盗工具的选择

防盗镜是一面从店铺角落的天花板上垂下的一面镜子。通过它，店员可以看到店铺中各个角落的情况。但在某些情况下，它也可以成为小偷反观店员注意力的工具。因此，在这种情况下，安装防盗摄像头则成了一种明智的辅助防盗措施。

②设置专职的便衣安全员。设置便衣安全员是一种有效的防盗手段。专职便衣安全员的隐蔽性好、反盗窃业务能力强，能准确地分析判断出顾客的行窃动机和行为，发现可疑的顾客可以实行跟踪监督，防止行窃。因此，门店要根据自己的实际情况配置一定数量的便衣安全人员。

通常，安全人员通过观察分析顾客以下异常行为来发现外盗：挑选的商品明显不符合顾客的身份或经济实力；选择商品时，不进行挑选，大量盲无目的地选购；在门店开门时和关门前，频繁光顾贵重商品区域；在卖场内来回走动，不停地东张西望或寻找隐蔽角落佯装挑选；撕拆标签，小商品往大包装商品中放；往自己提包、衣兜里放商品；几个人同时围在贵重商品柜台前，向同一个售货人员要求购买商品；表情紧张、慌张、异样等。

③对全体员工进行防盗知识培训教育。门店防盗不仅仅是保安人员和保安部门的职责，也是所有员工的责任。门店应对全体人员进行防盗知识教育，使人人有很强的防盗意识，并掌握必要的防盗知识和技巧。若发现可疑的顾客时，工作人员面带微笑地走过去，佯装工作，或主动跟他打招呼，从而制止其行窃。如果发现顾客已经实施了偷盗行

为，应立即通过电话或对讲机通知保安人员前来处理，不可以当面质疑顾客。

④采用适当的防盗措施。常用的防盗措施除采用人工监控的方法外，还采用电子防盗标签、张贴各种警示标语、广播、在门店的墙壁上安装玻璃镜、利用收银员附近的货架或利用橱窗将贵重商品锁起来等手段和方式进行多方位的防盗监控。

(2) 顾客偷窃案件的处理。对顾客偷窃案件的处理是一件非常严肃的工作，要按一定的程序进行，特别是对青少年顾客，切不可采取粗暴的行动，以免造成不好的结果。处理方式皆以收回被偷之物品、金钱即可。

对顾客偷盗行为的处理，要注意以下几个问题：一是如监视系统或员工发现可疑对象，不要马上质问，要有安全员在卖场内秘密跟踪；二是在出口结账处仔细观看顾客是否将所有商品全部结账付款，；三是在顾客离开超市的时候，可直接盘查和检查，请其出示所有商品结账凭证和单据，如果没结账，请顾客到安全办公室谈话处理；四是对盗窃顾客态度不要太粗暴，切勿使用过激手段，若顾客有反抗，几个保安协同将其带入安全办公室；五是谈话取证，要与当事人当面谈话取证，并做笔录，笔录后共同签名留手印。处理过程中要注意，不要对盗窃者采取过激的手段和人身伤害，也不要私自罚款、扣留和扣押证件。

对顾客偷窃的处理方式有以下几种：一是教育和解，主要适用于盗窃情节不严重、涉及金额少或未成年人；二是做谈话记录并通知单位，适用于成年人偷窃商品在400元以下者；三是批评教育，通知监护人或学校将人带走，适用于14岁以下（含14岁）的未成年人；四是送公安机关处理，适用于偷窃商品在400元以上，情节严重者。

对盗窃情节特别严重、数额巨大，并且到超市行窃的惯偷，或属盗窃团伙，或是认错态度不好，可移送司法机关处理。

另外，店内班人员要具有一定的法律知识，案件处理过程中不要有违法行为，不要对偷窃者进行人身伤害和人身攻击，不要公开其姓名、照片或当众出丑、羞辱偷窃者，以免自己触犯法律，造成不良后果。

【开拓视野】

安全人员违法行为

由于部分安全人员认识上的误区和法律知识的缺乏，常常导致一些违法事件的发生。如果给当事人造成人身伤害、人格侮辱，引起法律纠纷，会使公司蒙受巨大损失。下列行为是安全人员超权限执法的行为：搜身、殴打、扣押、逼供、恐吓、人身侵犯、游行、公开身份等。

2. 员工偷窃的防范与处理

（1）员工偷窃的防范。内部偷盗防范不仅是门店一项安全防损的措施，也是门店人力资源管理的一项重要工作。偷窃事件的发生，不但使门店蒙受财务损失，也给员工的职业生涯带来不利的影响，因此要做到防患于未然，杜绝员工的偷窃行为。具体措施有以下几个方面。

①对员工进行职业预防教育。从员工入职开始就要进行不间断的教育工作，首先是职业道德的教育，要使员工认识到工作中所经手的财物是劳动的对象或手段，不是自己的私有财产，因此决不能据为己有，这是最基本的职业道德规范。同时必须阐明，企业具备严格的管理制度和监视系统；企业对偷盗有严厉的措施和处罚方法；员工偷窃将给个人带来严重的后果，包括承担刑事责任。教育可以采用正面的、反面的案例，可以采用开会、板报、活动等多种形式。

②建立严格的偷窃处理制度。偷窃处理制度具有一定的威慑作用，使员工在发生行窃行为前心理上产生一种强烈的震慑作用，从而阻止行为的发生。一般来说，只要某员工被认定有偷窃行为，立即解聘，并处以罚金；情节严重的，移交司法机关处理。

③建立内部举报制度。内部举报必须是实名举报，不接受匿名举报。企业对举报者的举报姓名、内容予以保密。可以设立举报电话、员工信箱，也可以采用电子信箱举报或短信举报。获得举报信息后，店内安全部门要立案查证，并在规定的时间内完成。对于经查证属实者，根据所挽回的经济损失，对举报者给予一定的经济奖励。

④严格店内员工上下班检查制度。上下班时，员工一定要通过员工通道出入，并自觉接受保安人员的检查。上班员工不得将皮包等带入卖场或作业现场，禁止员工在上班时间购买商品和预留商品。下班时间购买商品，需有收据和发票。

⑤坚持内部安全调查。安全调查不仅仅是案件发生后或接到举报后进行的取证工作，也指日常工作中随时对正在进行的偷盗行为予以制止和查处。当一些员工出现异常迹象时，管理层就要提高警惕，防患于未然。如员工背大包上下班、上下班时间内未从员工通道进出、擅自离开岗位、未到下班时间中途下班、夜间作业的员工场所发现较多的商品空包装、收银员有大金额的收银短账或经常有小差额的倾向等。

（2）员工偷窃案件的处理。员工偷窃事件的处理，同样是一项非常严肃的工作，必须按照一定的程序来进行，否则门店容易出现过错，还很有可能带来许多难以预料的不良后果。

员工偷盗事件的处理程序一般是：第一步，发现内盗现象。要认真仔细地分析举报信息和监控系统提供的资料以及安全监督人员所提供的信息，做到去伪存真。第二步，调查取证。根据相关信息，对证据进行核实取证，确定作案当事人。第三步，谈话取证。与作案当事人进行当面谈话，当面对质确认其偷窃行为，并可进一步调查其作案的原因和动机。所有谈话要进行笔录和录音，笔录要有笔录人签字和当事人签字，以作为案件处理的合法依据。第四步，处罚处理。要根据偷窃事件的损失状况和情节确定案件的性质，然后根据公司相应的制度进行处罚。

对内盗当事人的处罚，一般应遵循以下几个原则。一是企业有权通过合法途径追回被盗商品或要求赔偿被盗商品的定额价值；二是企业视情节严重程度和损失大小，有移送司法机关处理的权利；三是对内盗人员，无论盗窃财物多少，都有充分理由给予解聘处理，四是内盗案件不宜也不得在企业以外公开处理，不要在企业职工范围内公开行窃人的私人信息资料，更不能在大众媒体和公共场所公开，以免引出不测事件。

3. 供应商偷窃的防范与处理

（1）供应商偷窃的防范。供应商舞弊和偷窃的防范措施重点要放在供货商与收货人员的关系监督和收货过程的监督检查上。主要措施有以下几点。

①加大监管力度，防止供货商和收货人员勾结。不法供应商常常采取贿赂手段收买收货人员和检验人员，达到其作弊的目的。门店要有严格的监督管理制度，同时有必要不断地轮换收货人员岗位，以避免时间久了容易串通，给门店造成损失。

②严格收货过程管理。收货过程中应有收货人全程负责收货，将已收货和未收货的商品严格区分开，防止重复计数现象的发生。

③严格退货管理制度。要由店面操作人员和收货人员共同统计应退货物数量，特别是生鲜货物，不要因人手少而交给供应商代办，否则容易使供应商趁机丢弃退换的货物，从而导致少退货。

④要严格对供应商的进出实行监管。对进出携带的物品实行严格检查核实，一般情况下不允许供应商进入仓库。

（2）供应商舞弊偷盗的处理。对供应商的舞弊偷盗行为，一经发现，应严肃处理。特别是买方市场，多数供应商出售的产品并非紧缺商品，对不守信用的供应商，及早断绝业务关系是必要的，以免造成更大的经济损失。但也要按照一定的程序进行处理。如果发现供应商有作弊和偷盗行为，首先要由保安部门进行调查取证，并做书面记录，对方人员要对书面记录签字并按手印，使其具有法律效力。第二步，通知总部采购部门，提出赔偿数额，并建议采购不给予处罚。第三步，采购部门就供应商给门店造成的经济损失进行索赔，也可酌情进行罚款处理。对因此而中断合作关系者，要计算给企业未来销售带来的损失，并让其进行赔偿。

三、重点区域管理

一些大的连锁门店由于面积较大，员工众多，顾客人流复杂，使防损工作的难度更大。所以，除了上述环节的管理，比较大的门店对一些重点区域必须加强管理。以下列出了重点区域与防损有关的监管要点。

1. 员工出入口的管理

员工出入口设置安全员，只要员工通道打开，岗位就要实行连续值勤制度。可设置防盗电子门，用来防止员工等偷盗商品的行为，设置储物柜，为来访人员暂时存放物品。

监管要点如下。

- 禁止员工等携带物品进入商场：员工是否将私人物品带入商场，如属于必须带入商场的物品，是否已进行登记处理。
- 防止员工偷盗商品：员工是否盗窃公司财物，是否将禁止带出商场的物品带出，特别是防盗门报警的时候要引起注意。
- 接待店外的来访人员：对来访人员进行电话证实、登记、携带物品等。

2. 收货口的管理

收货口设置安全员，只要收货通道打开，岗位实行连续值勤制度。收货口卷闸门设置防盗报警系统，未经密码许可强行打开，则报警。

监管要点如下。

- 门禁管理：安全员同收货部主管共同负责收货门的打开/关闭，协助维护现场的收货秩序。
- 查处收货员和供应商的各种不诚实行为、作弊行为，查处收货员接受贿赂或赠品的行为。
- 供应商人员进出管理：供应商人员必须在收货区指定的范围内进出，超出范围或需要进出超市楼面的，必须办理登记等相关手续、出入安全检查手续。
- 员工的管理：任何部门的任何人员（除授权员工和授权岗位），都不能从收货口进出。
- 所有商品的进出都必须有清单同行。
- 收货的管理：对重要的收货程序进行检查，保证所有收货数量、品名正确，保证所有已经进行收货的商品放入收货区域内。
- 检查是否是本店的员工亲自进行点数、称重的工作，有无供应商帮助点数、称重现象，或重复点数、称重的现象。

- 退/换货的管理：对每一单退换货，必须进行核实，核实品名、包装单位、数量、换货的品种是否正确以及单货是否一致，保证所有出超市的商品正确无误。

3. 收银出口的管理

收银出口处设立安全员，在营业时间内实行不间断的值班制度。收银出口处设立电子防盗门系统。

其监管要点如下。

- 正确、快速、满意地解决防盗报警问题。
- 维护好出口处的顾客秩序，保证所有顾客能从进口进入、出口出去。

4. 精品区的管理

精品区及其出口处设置安全员，营业时间内实行连续值勤制度；设置电子防盗门系统，对偷盗商品进行报警；设置门禁系统，对无密码开门进行报警。

其监管要点如下。

- 顾客只能从进口进入，从出口出去。
- 顾客不能将非精品区的商品带入精品区，只能暂放外边。
- 顾客在精品区内购买商品，必须在精品区结账。
- 检查顾客的小票是否与商品一致，特别是收银员的包装是否符合精品区商品的包装要求。
- 解决电子防盗门的报警问题。

5. 高损耗区域的管理

高损耗区域指除精品区外，比较容易产生损耗的区域，如日化用品、文具用品、高档内衣用品、鞋类区域、试衣间等。

节假日或日常，不定时地安排安全员巡视该区域，以发现异常顾客。

其监管要点如下。

- 监管顾客的不良行为，及时发现盗窃行为。
- 检查楼面人员在防盗方面的工作疏忽和漏洞。
- 检查试衣间的员工是否执行试衣间的发牌/收牌、检查核实制度。

6. 垃圾口的管理

垃圾口需要打开时，安全员到岗位开关通道进行检查。垃圾口卷闸门设置防盗报警系统，如未经密码许可强行打开，则进行报警。

其监管要点如下。

- 检查生鲜垃圾桶是否有异样情况，所有的垃圾是否属于该丢弃的范围，垃圾是否经过处理。
- 检查垃圾，保证没有可以回收的废品，回收废品离开超市不走垃圾口，经过收货口办理手续。
- 检查门店的垃圾袋，保证没有未执行报废手续的商品混杂在垃圾中。
- 检查收货部的垃圾桶，保证所有报废商品经过相应的处理程序和处理手段，使其彻底失去使用价值。

7. 门店入口的管理

门店入口设置安全员岗位，营业时间实行不间断值勤制度。

其监管要点如下。

- 禁止所有员工在上班时间内从门店入口处出入。
- 所有顾客进场秩序良好，无拥挤现象。
- 超过尺寸的提包，提醒顾客进行寄存后才能入场。
- 顾客不能将与本门店类似或难以区别的商品从入口带入，要进行寄存后才能入场。

8. 现金室的管理

现金室的结构设置必须符合金融管理的有关规定，有防盗系统、门禁系统、监视系统和严格的保安措施。现金室营业时间设置安全员值班岗位。在提款等重要事项上，有安全员随时跟随。

其监管要点如下。

- 所有进出现金室的人员，必须是授权人员，非规定的人员必须取得批准并得到监控人员的认可才能进入。
- 现金室的门禁系统、监控系统全天24小时处于工作状态。
- 现金室的资金必须按公司程序予以正确处理，确保安全。所有资金提取、进出，必须有安全人员陪同。
- 现金室的钥匙管理、密码管理必须符合公司的规定。
- 现金室人员必须保持同时有3人以上的人员作业。进餐、交接班共同进行。
- 现金室的任何改动，必须在管理层和安全员的共同监督下进行。

9. 家电提货口的管理

大型家电检测提货口应设置安全员，营业时间实行不间断值勤制度。大型家电检测提货口卷闸门设置防盗报警系统，如未经密码许可强行打开，则进行报警。

其监管要点如下。

- 每一单提货的大型家电商品，必须有安全员检查签字。安全员检查是否有收银小票，收银小票是否有异常，商品品名、型号、货号与小票是否一致，已经提货的商品的小票是否盖有检测、提货章，商品的包装是否已经封好。
- 提货的门是否随时关闭，内提人员是否对出门的商品进行登记。

四、不同报警情况的处理

顾客购物出门通过电子防盗装置时，如果报警装置报警，要查明报警原因，根据不同情况进行处置。

1. 防盗报警的处理原则

（1）证据原则。当系统报警时，不能认定一定是商品被偷窃，除非掌握确凿的证据，应该以每一位顾客都是清白的为原则。

（2）顾客服务的原则。当系统报警时，安全员要迅速到报警现场，必须以热情、得体的态度服务顾客，不能因为自己的态度、表情、语言、行为不当得罪顾客，引起纠纷和赔偿。

（3）和平解决问题的原则。坚决避免与顾客在门口发生争执，不能影响其他顾客的正常通过，不能引起堵塞和围观。

2. 防盗报警的处理程序

防盗报警包括针对商品引起的报警和针对顾客引起的报警两种情况。在处理防盗报警时，应维护顾客的自尊，遵从以下程序。

首先，将商品与人进行分离，确认是否是商品引起报警。如果是商品报警，进一步查找商品报警的原因。

其次，通过目测，查看有无带感应标签的商品，将其取出核实是否属于未经消磁的商品；查看收银小票，查看有无未结账的商品。如有未结账的商品，应礼貌地请顾客到收银台结账。

再次，如确认引起报警的不是车中、购物袋中的商品，让顾客经过安全门 2～3 次，确认是顾客引起报警。

最后，礼貌地请顾客自行检查是否有忘记结账的商品放在身上，顾客若承认，则请顾客结账；顾客若不承认，则请顾客到安全办公室协助处理，而不要在出口处发生争执。

项目四

生鲜损耗的控制

生鲜食品已成为连锁门店的一大卖点，它除了有很好的利润外，更以保质、保量、保鲜吸引了一大批的目标顾客。由于生鲜食品经营的特殊性和复杂性，损耗在经营过程中极易发生。生鲜食品的经营管理在很大程度上影响着生鲜食品乃至整个门店的盈亏兴衰，如不能有效地抑制损耗，就会直接侵蚀门店的纯利润，由此可见损耗及成本控制对生鲜经营的重要性。

一、生鲜商品损耗产生的原因

生鲜食品属于非标准、保存条件特殊的商品，再加上现场生产加工所涉及的管理过程和环节比一般商品繁琐复杂得多，如果供、存、产、销之间的衔接协调不当，产生的损耗就多。生鲜食品的损耗按生鲜区的管理流程，主要有以下几类。

1. 生产责任原因

（1）部分由连锁企业自行加工的产品质量达不到出品标准要求，而造成减价和报废所致的损失。

（2）产品卫生问题。生产环境卫生达不到标准，影响其品质及外观，最终影响销售。

（3）生产正常损耗。指在产品加工过程中由于水分散失或工具沾带等原因造成的一定比例的损耗，这是所有损耗中唯一可视为合理的损耗。

2. 管理方面的原因

（1）变价商品没有正确或及时处理。由于生鲜商品因鲜度和品质不同，致使价格变化比较频繁，如果管理不到位，变价商品得不到及时、准确的处理，就会产生不必要的商品或价格损失。

（2）店内调用商品没有登记建账。生鲜经营各部门之间常发生商品和原料相互调用的情况，如果各部门的有关调用未建账或记录不完整，就会在盘点账面上出现较大的误差，造成库存流失。

（3）订货不准。生鲜部门订货管理人员对商品销售规律把握不准或工作不够细致，原材料或外购商品订货过量，往往无法退换或逾期保存而造成商品或减价损耗。

（4）员工班次调整。在员工班次调整期间，由于新的岗位需要一段适应时间，损耗在这个阶段属于高发期。

3. 后仓管理原因

一个卖场一般设置一个后仓和一个前仓，后仓用于存储和整理，前仓（也就是店面）用于销售。后仓管理不善的原因有以下几个方面。

（1）有效期管理不当。生鲜商品和原料需要进行严格的有效期管理，做到先进先出，如果管理不当，就会出现较大的损失。

（2）仓管商品和原料保存不当而变质。生鲜商品和原料的保存环境和温、湿度条件达不到要求，也会造成变质损失。

（3）设备故障导致变质。因冷藏、冷冻陈列和储存设备运转不正常或出现故障，导致变质损失。

（4）破损、索赔商品管理不当。破损及索赔商品在待赔期间管理不当，发生丢失等，将无法继续获取赔偿。

4. 销售前区管理原因

（1）标价错误。生鲜销售区的商品标价错误，包括各种价格标签、POP 和品名等错误，造成售价损失。

（2）收银机计数错误。这类错误常出现在两个环节：一是非标准生鲜品在称重计量时打错商品名称，出现计价错误；二是收银台对商品扫描时发生计数错误。

（3）内部和外部偷盗行为。生鲜商品和原材料因其可直接食用的方便性，偷盗发生率较高。一般来说，水果、熟食、面点等商品的偷盗损耗会高一些，而且一旦失窃，不易查证。

（4）顾客索赔退换损失。因顾客对商品投诉出现的退、换货损失。

二、控制生鲜损耗的措施

针对生鲜损耗产生的原因，可以从以下几个方面控制生鲜食品的损耗。

1. 进货控制

生鲜商品必须严格控制库存，订货一定要由部门主管或资深员工亲自参与。生鲜厂商送货时，用续订单核对数量、品相、质量标准，严格遵守验货规定。保存期限超过 1/3 者或外包装箱有缺陷者，均拒绝收货。厂商送货车辆欲离去时，要接受检查，是否有夹带，经检查无误，方可放行。

2. 卖场管理

加强门店机动性促销活动，以及各种零星散货的及时回收和处理。要加强员工出入管理，防盗、防偷吃管理。

3. 鲜度管理

门店对作业员工加强鲜度的技能培训，各种工作工具的测试，如电子秤、打标机的检查；冷冻冷藏设备要定期检查，发现故障及时排除，一般每月3次为宜；生鲜商品有些需当日售完，如鱼片、绞肉、活虾等，可在销售高峰期就开始打折出售，以免成为坏品。生鲜商品的管理人员应彻底执行翻堆工作，防止新旧生鲜商品混淆，使鲜度下降；同时，工作人员应尽量避免作业时间太长或作业现场湿度过高，从而造成商品鲜度下降。要定期检查与整理冷藏、冷冻库、冷柜，监控温度的变化情况；正确建立档案，追踪并记录损耗率。送货、销货、库存、盘点均要正确记录。

4. 分析解决

分析损耗过高的品项，提出解决方案。对于内部转货所造成的损耗，部门应相互协调；对于加工所造成的损失，应制定合理的商品价格；对耗材应严格管制，正确使用。

项目五 门店商品的报损

一、商品折价处理

商品折价处理规范的目的是为门店不可退换且有使用价值的商品折价处理提供工作依据，确保折价处理工作规范化。其适用范围是：门店不可退换且有使用价值的商品折价处理的工作过程。需折价的商品主要指残次商品、临到期商品、滞销商品中不可退换的商品等。

折价处理工作范围包括收集、申请、审批、打印折价条形码、销售、跟踪、统计等环节。

具体工作流程、工作要求如下。

(1) 收集。理货员定期整理需折价商品；各区主管根据需折价商品提前填写《折价商品处理明细表》中的商品条码、编号、商品名称、原价栏交收货区主管；收货区主管根据《折价商品处理明细表》确认各区汇集的需折价商品数量填在库存数量栏处交给店长。

（2）申请。店长对各区上报的《折价商品处理明细表》与各区主管协商后填写建议零售价报采购部。

（3）审批。采购部对需折价商品进行审批，决定是否折价及现售价并填写在《折价商品处理明细表》上交信息部。

（4）打印折价条形码。信息部根据《折价商品处理明细表》打印出折价条形码并交给各门店，交一份折价商品申请表到财务部存档。

（5）销售。各区主管负责将折价条形码交由理货员粘贴在折价商品上，粘贴时要核对商品与折价条形码是否一致；各区主管将已粘贴折价条形码的商品统一摆放在特价区域内销售，必要时做一些宣传广告或利用广播系统。

（6）跟踪。各区主管跟踪折价商品的销售情况，及时做出相应的处理，再折价或调整陈列位置。

（7）统计。财务部每月统计一次门店折价商品总金额，交总部管理部、采购部和执行副总经理，以便各部门能及时了解相关信息，以作出相应的调整、统计。

二、商品的报损处理

制定报损处理规范的目的是为门店商品报损处理提供工作依据，确保报损工作规范化。其适用的范围是：门店对不可退、没有使用价值的商品及物品的报损进行处理的工作过程。

报损处理工作规范包括填表、申请、审批、销毁、打印损益表、记录、统计等工作内容。

具体工作流程、工作要求如下。

（1）填表。收货区主管确认各区域汇集的特殊报损商品为不可以退换商品，并且已没有使用价值与实用价值；填表时需将商品的各项信息填写清楚；门店每月在固定的日期前填写完毕；门店会计员填写报损商品表，填写内容包括品名、现售价、数量、合计金额等。

（2）申请。门店店长审核《报损商品明细表》并亲自查看实物，不符合报损条件的要责令主管重新填写，填此表后统一交到商场管理部。

（3）审批。商场部经理审阅各门店汇总的《报损商品明细表》，然后统一交到财务部审批。

（4）销毁。财务部在每月固定的日期前到各门店进行现场报损核查，一旦无误，则签字确认。

（5）打印损益表。同意报损的商品，在财务部人员的监控下，由店长安排人员进行销毁，注意要去掉本公司的标签、价格牌等。电脑录入人员打印损益表，财务人员在表上签字。

（6）统计。门店会计人员每月统计本店报损商品总金额并分析原因交给店长，店长根据报告做出相应的防范措施，以便控制损耗；财务部根据《报损商品明细表》对门店进行财务处理，每月统计各门店的报损金额，作为门店年终业绩考核的依据。

>> 本模块小结

本模块主要介绍了门店商品损耗管理的重要性，分析了门店商品损耗的原因，从卖场重点区域管理和门店营运管理两方面陈述了门店损耗控制的方法，还重点介绍了生鲜商品的损耗原因及损耗控制。

>> 本模块参考

1. 浏览网址

[1] http://www.jinghua.cn/

[2] http://www.cfi.net.cn/

2. 参考文献

[1] 金娟，王颖，毕春辉．连锁超市经营管理实务．深圳：海天出版社，2003

[2] [日] 竹内著．陈刚，张晓东译．24 小时店经营．北京：科学出版社，2005

[3] 崔太康，张秀广．连锁企业门店营运与管理．北京：北京大学出版社，2009

[4] 余文声．连锁经营管理工具：卖场管理．广州：广东经济出版社，2006

>> 思考题

1. 连锁企业门店损耗的产生是由于顾客的偷窃，你同意这样的观点吗？请说明理由。

2. 员工偷窃造成损耗的原因与手段有哪些？

3. 连锁企业门店易发生偷窃的场所有哪些？

4. 对于连锁企业门店经营中的生鲜产品，可通过哪些措施进行损耗控制？

5. 连锁门店应如何进行商品的折价和报损？

>> 案例分析题

购物“七族”让超市很受伤

1. 捏捏族

很多超市里都有食品被“虐待”的现象，方便面、薯片、饼干这些容易被揉捏的食品常常成为一些不文明顾客的目标，由此，还诞生了一个新名词——“捏捏族”。所谓“捏捏族”，是指一些压力过大的年轻人通过在超市捏碎各种食物来发泄情绪、缓解压力。

被捏揉的食品中，尤以方便面、薯片最多，甚至还有一些饮料被拧开瓶盖“放气”。其他顾客在选购时，自然会跳过这些被“虐待”过的食品，寻找完好的商品。

食品被捏的现象很普遍，但企业对这些顾客毫无办法，而那些被捏碎的产品很难再卖出去，造成了超市的损失。

2. 拆拆族

“拆拆族”也是超市内常见的不文明现象。

超市内被拆开的商品大多是一些包装好的日用品，比如内衣、袜子、床上用品等。在挑选货品时，大多顾客都会拆开产品的包装，摸摸材质或看看款式。一些好的顾客会整理好后放回包装袋，但大多数顾客却是随手一扔，一走了之。

3. 调包族

超市都是开放式货架，给顾客提供一个无拘无束的购物环境，但少数顾客却利用无人监管的盲区，对商品标价甚至是商品“偷梁换柱”。

遇到顾客购买的牙膏、化妆品一类商品的包装上有拆过的痕迹时，收银员一般会把盒子打开，查看里面的商品型号、规格与外包装上的是否一致，这增加了收银时间，降低了效率。更有甚者，有些顾客被发现后往往一口咬定是超市失误。

4. 尝尝族

考虑到卫生因素，散装食品是不允许品尝的，但一些顾客对“禁止品尝”的提示语视而不见，始终改不掉随手取食的坏习惯。一些顾客在买龙眼、蜜桔等水果之前，都要先剥一个尝尝，并把果皮四处乱扔。每当员工发现这类不文明行为而上前制止时，有的顾客还会理直气壮地反问道："不吃怎么知道味道好不好?"

5. 乱放族

一盒新鲜猪肝被放在奶粉货架上，猪肝渗出的血水粘到了一罐奶粉上；而一袋速冻饺子竟然出现在内衣的货架上，饺子已经融化变形；零食货架上躺着一双袜子，一只电烤鸡则被扔到酸奶冰柜里……在收银台前的柜台上，类似被"遗弃"的商品更是数不胜数。

顾客随意乱放东西的情况很普遍，超市为此专门安排人员搜寻遭"遗弃"的商品，然后分门别类再次上架。但是，有的商品因被顾客放在不起眼的角落很难被发现，对于一些熟食和冷冻产品来说，等到发现时可能已经过期或变质，这给超市带来不小的损失。

6. 挑选族

白菜等叶类蔬菜常常被顾客剥得只剩下一棵菜心才去过秤，而其他各类能剥的蔬菜大部分也遭受相同的命运。不仅如此，有的顾客甚至还将捆绑好的青菜拆开，挑走中间最好的部分。

除了蔬菜外，水果也是被挑选得最厉害的。一些顾客从堆头底部掏出卖相好的水果，其余没被"相中"的则被随意丢在一旁。

7. 占道族

各家大型超市卖场的入口处经常摆放着购物车和购物篮，方便人们购物，但这些东西在完成"使命"后，却被顾客随意摆放，有的甚至占了行路的过道。

许多超市每隔一会儿就会回收购物车，推回超市入口，但回收的速度总赶不上顾客随意乱放的速度。

思考：

本案例中这些不文明的行为，连锁企业门店很难判断是故意的还是无意的，但确实给门店经营带来了人力、财力的损失。连锁企业门店面对这样的不文明行为，应该怎样加强防损管理措施?

模块九

门店投诉管理

>>学习目标

1. 正确认识投诉的价值
2. 掌握客户投诉的原因
3. 掌握处理投诉的原则
4. 熟练运用处理投诉的程序与技巧

【案例导读】

正确对待顾客投诉

在美国有一家地方性超级市场，这家超级市场的规模不大，它是由父子俩联手经营的。但由于其建立特殊的关系制度，以至于许多顾客不远千里开车来购买商品。它的成功秘诀是什么呢？根据其经营者的介绍，他们的做法如下：

（1）每天在店内与顾客寒暄打招呼，并寻找机会询问顾客的意见。

（2）设置顾客意见箱，每天早上将前一天顾客投入的意见书逐一地进行审阅，并寻求门店的改善之道。

（3）每一周一次邀请热心的消费者，以座谈会的方式与消费者进行双向沟通意见，了解门店的需改之处。

正是因为经营者非常重视如何正确处理顾客关系，因而门店的许多建设性的改善做法大都来自于顾客的意见。这样做也让提案的顾客感觉真正受到重视，而且这是他们参与规划的卖场或商品，自然要常来捧自己的场了。

例如，该超市原先所销售的鱼产品，一直是加工处理好包装后再销售的。但常常接到顾客的抱怨，认为鱼产品被包装在宝丽龙盒中，可能不新鲜。鱼产品部门听到此类抱怨，心理很不快，因为这些鱼产品都是每天早上直接从渔港运来的，非常新鲜，而且到目前为止，还没有发生过顾客买不到新鲜的鱼产品的事件。尽管如此，该超市还是很慎重地进行了多方面的讨论，最后鱼产品部门的主管提出一个方案，即增加一处鲜鱼面对面的销售场所，这些鲜鱼与其他已包装好的鱼，唯一不同的就是它以未包装形态放在碎冰上，让顾客可以触摸。结果，原来已包装好的鱼产品销售量非但没有减少，反而增加了一倍的鲜鱼销售量。

由于这种良性循环，顾客觉得每天来超市逛一逛、看一看、买点东西，心情很愉快，同时顺便来监督一下，看看这家店还有哪些地方不符合自己的理想，来帮助它改善一下。如果连锁企业都能做到这样的程度，那么还用担心没有市场吗？

投诉是每个提供产品和服务的组织都会遇到的问题。据研究表明，遇到问题不投诉的客户再次交易的意向很低，只有9%；而投诉后即便问题没有得到解决，客户再次交易的意向也会提高到19%；那些投诉后主要问题得到解决的客户再次交易的概率是54%；那些投诉后问题马上得到解决的客户再次购买的概率提高到了82%。由此可见，客户的投诉既是企业面临的挑战，同时也是机遇。有效解决客户投诉是企业提高客户满意度的必然要求。

项目一

客户投诉概述

一、投诉的概念

客户投诉是指客户因对企业组织的产品质量或服务不满意，而提出的书面或口头上的异议、抗议、索赔和要求解决问题等一系列行为，也包括客户的投诉企业组织未能及时有效地给予回复并使所投诉的问题未能得到满意解决的不满意的表示。

二、投诉的分类

根据客户投诉的动机，可将投诉分为两类，一类是正常投诉，另一类是非正常投诉。本文所提及的投诉仅指正常投诉。

正常投诉，即客户对门店所提供的产品或服务的良好愿望和期望值得不到满足时表现出来的抱怨或要个说法的行为。

非正常投诉，即我们平时所说的“恶意投诉”，指在非正常心理（包括敲诈钱财、破坏声誉、打击销售等）影响下，客户向门店提出的超过法律、法规、规章规定或双方约定的要求，并使门店难以实现或根本无法实现的投诉。

三、投诉对门店的价值

20 多年前，投诉还是一个陌生的名词，绝大多数企业包括连锁门店在内都非常恐惧客户对其进行投诉，认为投诉是一种“无理取闹”“没事找茬”的行为，并断然认为投诉仅会对企业带来不利影响。但随着改革开放的不断深入，人们已认识到投诉也有其价值，即有着积极的作用。

1. 投诉是连锁企业门店反观自身不足的契机

通过对投诉的分析处理，为门店发现自身存在的问题和不足提供了可能。如可从收到的投诉中发现门店对产品或服务的宣传不太全面、准确，及时修正可避免将来被认定为“欺诈”的风险；或可发现产品的严重质量问题等。事实上，很多门店正是从投诉中提前发现严重问题的，然后进行改善，从而避免了更大的危机出现。

2. 投诉能为连锁企业门店提供免费的市场信息

投诉是联系客户和连锁企业门店的一条纽带，它能为门店提供许多有益的信息。研究表明，大量工业新产品的构思来源于客户的需要，客户投诉一方面有利于纠正企业营销过程中的问题与失误，另一方面还反映出企业的产品和服务所不能满足的潜在市场的需要。仔细研究这些需要，可以帮助企业开拓新市场。

3. 投诉能给连锁企业门店带来预警提示

在现实生活中，并不是所有的客户都会在其购买产品或服务的愿望和期望值没有得到满足时向连锁企业门店进行投诉。研究表明，只有5%以下的不满意客户会投诉。所以，连锁企业门店要明白，一个客户的投诉，意味着市场上隐藏着更多的不满意客户，连锁企业门店应敲响警钟，以免将来因客户离去导致市场丢失而后悔不已。

【开拓视野】

有些客户为什么选择不投诉

客户不投诉的原因主要有以下几个（按发生频率的大小排列）：

（1）不值得花费时间和精力。

（2）担心没有人会关心他们的问题或有兴趣采取行动。

（3）不知道到哪里去投诉及怎样投诉。

（4）有很大比例的投诉者反映他们对投诉的结果不满意。

（5）有时候它是一种文化或背景的反映。如日本有21%的客户对投诉感到尴尬或不适。

4. 投诉是连锁企业门店留住老客户的机会

现代市场竞争的实质就是争夺客户资源的竞争。向连锁企业门店投诉的客户，一方面要寻求公平的解决方案，另一方面说明他们并没有对该门店绝望，反映了客户对门店的信任，如果投诉得到解决，他们还会再次到连锁门店购买产品和服务。

美国运通公司的一位前执行总裁认为：“一位不满意的客户是一次机遇。”相关研究进一步发现，50%～70%的投诉客户，如果投诉得到解决，他们还会再次与公司做生意；如果投诉得到快速解决，这一比重上升到92%。因此，客户投诉为企业提供了恢复客户满意度的最直接的补救机会，鼓励不满意客户投诉并妥善处理，能够阻止客户流失。

5. 投诉可减少对连锁企业门店的负面影响

一般来说，不满意的客户为了维系自己的心理平衡，会向外界诉说自己的不满。如果他不直接向门店投诉，而是向他人诉说自己的不满，将会给企业带来非常不利的口碑传播。

据研究发现，一个不满意的客户会把他的经历告诉其他至少9名客户，其中13%的不满意客户会告诉另外的20多个人。研究还表明，公开的攻击会比不公开的攻击获得更多的满足。一位客户在互联网宣泄自己的不满时写到："只需要5分钟，我就向数以千计的客户讲述了自己的遭遇，这就是对厂家最好的报复……"

但是，如果连锁企业门店能够鼓励客户在有不满时向门店投诉，为客户提供直接宣泄的机会，使客户不满和宣泄处于企业控制之下，就能减少客户找替代性满足和向他人诉说的机会。且投诉如果能够得到迅速、圆满的解决，客户的满意度就会大幅度提高，且大都会比投诉发生之前更具有忠诚度。

项目二

客户投诉的类型

客户投诉的类型见图9－1所示。

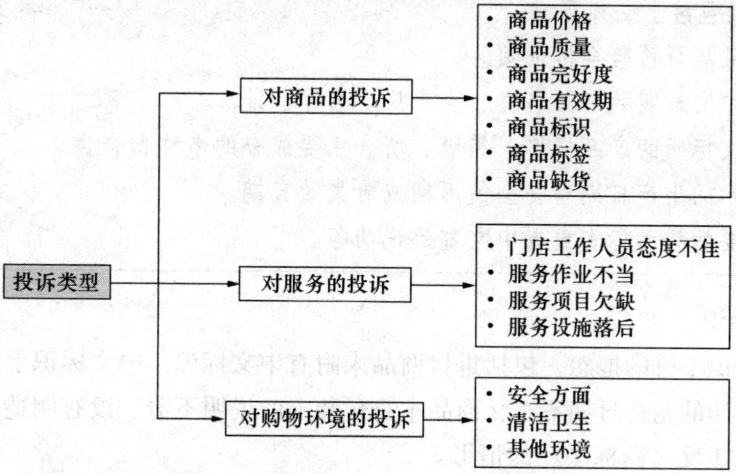

图9－1 客户投诉的类型

一、对商品的投诉

1. 商品价格的投诉

商品价格是大多数消费者都较为敏感的因素。客户对连锁企业门店价格不合理的投诉一般集中在虚假折价、虚夸标价、虚假标价、虚构原价行为等。如许多经营场所打着“全市最低价”等文字进行宣传，误导消费者购买。

2. 商品质量问题

商品质量问题是指商品存在瑕疵、缺陷、劣质、假冒等问题。有些商品品质的好坏无法从外观发现，往往是客户买回去之后才发现商品的品质不佳。例如，生鲜品的味道、颜色、品质呈现不新鲜；冷冻商品不易解冻，或者食用后发生腹泻及食物中毒的现象；干货类商品的内部变质（异物、长虫）；家电商品功能损坏；服装开线，鞋子开胶等。

3. 商品完好度

例如商品买回去之后，发现零组件不齐全，或发现商品有瑕疵等。

4. 商品有效期的投诉

客户发现所购买的或放在货架上待售的商品，超过有效日期。

> **【开拓视野】**
>
> **产品包装上的必备标识**
>
> 产品或其包装上必须要有：
>
> （1）产品质量检验合格证明。
>
> （2）有中文标明的产品名称、生产厂厂名和厂址。
>
> （3）中文标明的产品规格、等级、所含主要成分的名称和含量。
>
> （4）明示的生产日期和安全使用期或者失效日期。
>
> （5）必要的警示标志或者中文警示说明等。

5. 商品标识

客户对标识不符的抱怨，包括进口商品未附有中文标识，中文标识上的制造日期与原装商品上打印的制造日期不符，商品本身包装上的说明不清、没有制造日期、用途说明等，或其他违反《商标法》的情形。

6. 商品标签

商品的价格标签模糊不清或有数个价格标签。

7. 商品缺货

常发生特价品或降价品的缺货。因销售情况佳，以致出现商品卖完补货不及时的缺货现象，或店内没有销售客户想要购买的商品。

二、对服务的投诉

开架式售货服务虽然以客户自助服务为主，但客户还是有要求服务和协助的时候。客户的投诉意见往往集中在以下几个方面。

1. 门店工作人员态度不佳

门店工作人员不尊敬客户，缺乏礼貌；语言不当，用词不准，引起客户误会；不理会客户的询问，或对客户的询问表现出不耐烦、敷衍、出言不逊等。

2. 服务作业不当

包括专业知识不够、服务技巧不足、售后服务不到位等多方面的原因。例如，食品工作人员不遵守卫生规章操作，操作速度太慢或称重计价发生错误；促销人员的过激促销行为或者误导客户购买的语言；退换货不能满足客户的要求；收银人员不熟练，速度太慢，商品登录错误造成多收货款，少找钱给客户或不找零给客户，遗漏消磁、遗漏扫描客户的商品，或者排队等候结账的时间过久；客户寄放物品遗失或者寄放物品存取发生错误；自动寄包机收费；抽奖或赠品发放等促销活动不公平；客户填写门店发出的客户意见表未得到回应；客户的投诉意见未能得到及时妥善的解决；等等。

3. 服务项目欠缺

服务项目欠缺包括常规服务项目欠缺和特殊服务项目欠缺。常规服务项目指门店通常推出的服务项目，如寄存包、广播服务、开具发票等。特殊服务项目指门店针对特定时期特定对象推出的服务项目，如哑语导购、残疾人推车等。连锁门店目前能提供的服务项目较少，很难满足消费者日益增长的消费需要。

4. 服务设施落后

服务设施是服务行业的硬件形象，是衡量服务水平的一项重要内容。服务设施落后会导致客户不满，并引发投诉。如没有洗手间或者洗手间条件太差，没有停车场等。

三、对购物环境的投诉

1. 安全方面的投诉

客户购物时意外伤害事件的发生、购物被盗窃；地面积水多易滑倒；儿童发生意外；商品运输时影响行人的交通；货物规程有安全隐患等而引起客户抱怨。

2. 清洁卫生的投诉

门店对废弃物即垃圾物处理不当，造成卫生环境恶劣；货架货柜或者商品上的污渍、灰尘过多；生鲜销售区污水横流，有严重腥臭味；地板有纸箱废纸、杂物等；购物车/篮太脏；洗手间太脏。

3. 其他环境的投诉

如店内的音响太大，播音员吐字不标准，人工现场促销声音太大等。

此外，门店管理不善、广告误导、客户自身使用不当等因素也是客户产生投诉的原因。

项目三 客户投诉的方式

当客户对连锁企业门店提供的产品或服务不满意并选择投诉时，可选择以下几种方式进行投诉，见图 9－2 所示。

1. 现场投诉

如果因产品存在严重的质量问题或交易金额较大的，客户基本上都会返回门店现场投诉，或者客户离门店地址不是很远，即便产品的质量问题不严重或交易金额不大，也会选择到现场进行投诉。如果投诉是因门店的服务或硬件等原因引起的，则基本上是在门店当场投诉了，客户往往不会离开现场后再返回投诉。

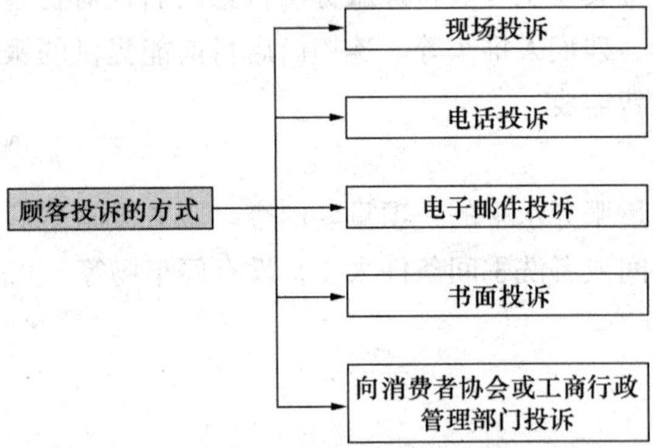

图 9－2　客户投诉的方式

2. 电话投诉

这里的电话包括连锁企业门店的固定电话或连锁企业提供的统一的客服热线电话。有时候客户因为时间或经验问题，或其他一些原因，如某些产品必须在使用后才发现存在质量问题，往往不能在购买产品或服务时当场进行投诉，事后才通过电话向门店进行投诉。

3. 电子邮件投诉

现代的通讯方式非常多样且方便。

不愿意直接与门店对话的客户往往会采用电子邮件的方式进行投诉。用这种方式进行的投诉，一般来说产品或服务所存在的问题不是非常严重。

4. 书面投诉

如填写连锁门店提供的意见簿或反馈信息卡。

5. 向消费者协会或工商行政管理部门投诉

一般是客户在使用前面几种投诉方式都未见效的情况下才使用这种方式投诉，当然也不排除某些客户在遇到问题时直接向这些部门投诉。消费者协会或工商行政管理部门在接到客户的投诉后都会将投诉信息通报给连锁企业门店，并要求门店给予答复。

【开动脑筋】

如果你是一位客户，向门店人员咨询时，该人员一边嚼着口香糖一边回答你的问题，你有何反应？

项目四

客户投诉的目的和处理原则

一、客户投诉的目的

在解决客户投诉问题之前，首先确定客户投诉的目的是什么，即客户通过投诉想得到什么。大多数客户投诉的目的并不是为了贪图便宜或简单地发泄不满，而是希望有一个满意的处理结果，达到合理的补偿，并希望看到连锁门店的改进。具体有以下几种。

1. 问题能很快地得到响应

从投诉这一行为而言，投诉的过程本身就不是一件愉快的事情，需要占用客户的一定时间、精力和金钱，甚至会给客户带来焦虑的心情。因此，客户希望快速、简捷地处理问题。

2. 客户能得到尊重和理解

在连锁门店与客户交往的过程中，客户求尊重的心理一直十分明显。他们总认为自己的意见是正确的，希望受到有关部门应有的重视，要求别人尊重他们的意见，关注他们的内心感受，向他们表示歉意，并立即采取行动，恰当地处理投诉。

3. 恰当地解决问题

希望客户对投诉的问题得到一个能接受的解决方法，如问题是因为什么造成的，谁是责任方，该责任方应采取何种行动，以免问题的再次发生。

4. 获得补偿或赔偿

如果是因使用产品或接受服务时人身或财产受到损害的客户，在进行投诉的同时必然要求连锁门店能够根据损害的程度给予补偿或赔偿。

二、处理投诉的原则

处理投诉的原则，是指与处理客户投诉相关活动的带有普遍意义的指导原理。这也是制定和实施处理客户投诉技巧和方法以及程序的指导思想和理论根据，它体现着连锁企业对投诉处理的根本要求和宗旨。处理各种投诉的原则，概括而言是：在合理合法的前提下，追求客户的满意度最大化，连锁企业的损失（经济损失、品牌和名誉损失、市场网络损失等）最小化。

1. 感谢原则

任何投诉都需要花费客户一定的时间和精力甚至金钱成本，因此，对于任何投诉，都必须首先表达真诚的感谢。

2. 透明原则

任何一个连锁门店都应将怎样投诉以及在何地投诉、投诉处理程序等信息向客户、门店员工以及其他相关人员公布。

3. 可行原则

连锁门店制定一套投诉及其处理渠道和程序，该渠道和程序便于所有投诉者使用。投诉相关信息通俗易懂、形式多样并容易获取，易于投诉者理解和使用。

4. 反馈原则

受理每项投诉时应及时告知投诉者，应根据情况迅速采取行动，及时将投诉处理的进展情况告知投诉者。如投诉者是通过向消费者协会或工商行政管理部门投诉的，则还应将进展情况及时向有关部门反馈。

5. 公正原则

在处理投诉过程中，要求连锁门店以诚相待，平等地、公正地对待每一位客户的每件投诉。公正原则包括：对投诉处理的渠道、程序进行公开宣传；平等地对待投诉所涉及的所有人员，包括投诉者、被投诉者或证人等；保证参与投诉调查的人员与被投诉者没有利害关系；对投诉进行全面调查，了解相关事实真相；根据每件投诉的特点、差异和需要，采取不同的合理的处理措施。

6. 免费原则

有关投诉的渠道、程序等投诉信息的获取、投诉的进行以及整个投诉处理都不应向客户收费，如设置免费投诉电话等。

7. 保密原则

在处理投诉过程中所获得的客户的一切信息，非经客户书面同意，不得以任何方式将其泄露或披露，该信息只能在处理投诉时使用。同时，也要对被投诉者的相关信息视情形予以保密。

8. 客户原则

这是指在处理投诉过程中，始终要尊重客户——尊重客户自身、尊重客户的体验、尊重客户的处境、尊重客户的想法、尊重客户的兴趣和激情。从客户的角度去考虑投诉的处理方案，维护客户的利益。

9. 改进原则

通过处理投诉，不断改进处理投诉过程，以及持续改进产品和服务的质量。

【开动脑筋】

1. 你以前是否有投诉的经历，在投诉时你是怎么想的？你投诉的目的是什么？你希望投诉后能得到什么结果？

2. 如果你是负责处理投诉的人，某天接待了一位客户，她提着一瓶刚打开盖的酸奶来投诉，说是刚从这个门店购买的，但回家尝试后发现味道与以前的不一样，就赶紧打车过来了，要求门店处理。请你判断这个客户想通过投诉达到什么样的目的。

项目五

客户投诉的处理程序

相关研究表明，争取一位新客户所花费的费用是保住一位老客户所花成本的5~6倍。因此，连锁门店应制定一套规范的处理程序，以使所有的投诉都能快速、有效、公平地得到解决。在处理客户投诉意见时，应遵循的流程如图9-3所示。

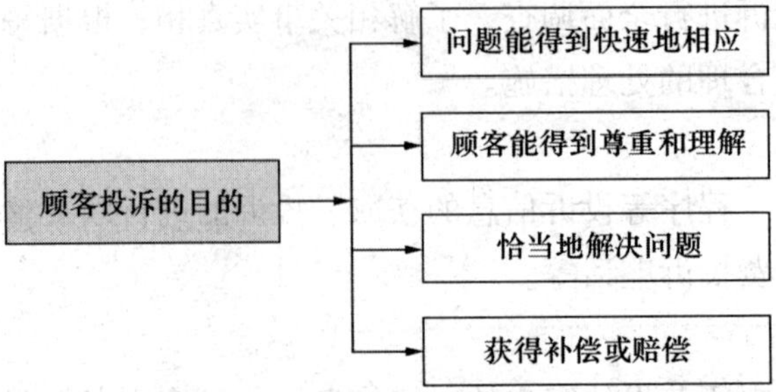

图 9-3　客户投诉的目的

1. 受理

受理投诉是处理投诉的开端，为保障投诉处理的正常进行，应设置专门的人员或部门来接待客户的投诉。

设置专门的人员或部门来接待客户的投诉，一方面可使客户感受到连锁门店很重视客户；另一方面可避免出现因受理人员的不固定而使投诉程序烦琐的情形出现。如果客户是通过信函、电子邮件等非直接对话方式进行投诉的，负责接待客户投诉的人员应立即与该客户联系，告知他有关投诉的信息已经收到，并已经进入处理程序，会随时向他通报最新的处理结果。

2. 倾听

面对客户的投诉，接待人员要认真倾听，并详细记录客户投诉登记表，记录完毕后应让客户确认并在上面签字。投诉登记表应记录投诉者的详细信息，包括姓名、住所、电话、性别、民族、宗教信仰；记录被投诉的产品名称或服务内容等产品和服务信息；记录被投诉者的姓名或岗位工号；记录投诉的事由或事情的经过；记录客户的投诉处理要求；并记录接待人员的姓名。

3. 感谢与道歉

听完客户的倾诉后，要真诚的向客户感谢与道歉。不要急于向客户辩解或答复，而是真诚地感谢他对门店的关注与信任，然后就门店的产品或服务给客户所带来的不便和麻烦致以诚挚的道歉。

4. 初步评估

根据客户的投诉初步评估，在充分了解客户的投诉内容后，接待人员应判断，如果在其权限范围内即可做出投诉处理方案的，可立即做出处理方案并与客户协商；若客户接受该处理方案，就应立即执行该方案。如果接待人员在其权限范围内无法立即做出投诉处理方案的，应立即向门店内有该项职权的部门报告，并着手进行投诉调查，同时应将门店对投诉进行调查的事情本身向投诉的客户通报，说明原因和确切解决时间，到时主动约见客户。

【开拓视野】

初步评估

初步评估包括分析客户的情绪激烈程度、投诉内容的复杂情况、是否存在安全隐患、投诉问题的影响范围、可能采取的措施等，分析评估客户投诉属于哪一方面，是产品质量问题，还是服务问题，或是使用问题、价格问题，投诉理由是否充分，客户的要求是否合理合法，以及具体问题属于哪个部门，需要采取何种措施等。

5. 核实调查

投诉调查应当尽可能调查所有有关投诉的背景和信息。调查时应选派合适的人员组成投诉调查组。调查组可以向门店有关工作人员、其他客户、投诉的客户、被投诉人员、有关部门等了解情况。

6. 提出解决方案

制定处理方案时，应依据本门店相关制度、《产品质量法》、《消费者权益保护法》、《合同法》等相关法律规定。调查组在进行详尽的调查后，决定是赔偿、以旧换新，还是培训客户指导使用等处理方案。

同时应制作调查报告。调查组应向门店内有该项职权的部门递交调查报告，取得其书面确认。调查报告应说明投诉调查的经过、投诉发生的时间和地点、投诉问题发生的全过程、投诉责任分析以及处理方案。报告应包括有关现场调查记录、照片、权威部门的报告、物证等原始资料。

7. 与客户协商

接待人员及时将调查结果和拟处理方案告知客户。如客户同意，则把处理意见登记在《客户投诉登记表》上并让客户签名确认。如果客户不同意，要与客户协商解决，在合理合法的前提下，尽量满足客户的要求。如果确实无法和客户就解决投诉达成一致意见的，则立即引荐给上层领导解决，以期圆满解决客户投诉。如果有被投诉人员的，接待人员还应将处理方案告知被投诉人员。

8. 实施处理方案

如果客户接受处理方案，则应立即实施该方案，并将实施结果进行记录。如果客户和门店不能最终解决投诉问题，应告知客户其他可以采取的内部或外部解决手段，并记录在案，进行追踪，一直到投诉的最终解决。同时，如果客户投诉是通过消费者协会或工商行政管理部门进行的，门店还应将处理过程、方案和结果向这些部门通报。在客户层面，投诉的处理程序到此就结束了。但在门店内部，还要完成后面的程序。

9. 总结与改善

连锁门店应每隔一段时间对所发生的投诉进行归类分析评估，并将有关经验和教训告知有关工作人员，提高投诉处理的规范性和高效性。

归类分析评估是分析投诉的问题类别、发生投诉的原因和责任、投诉处理方案等内容，确定各类投诉是偶然还是经常发生的，门店可以采取何种措施来消除投诉潜在的起因，尽可能减少同类投诉再次发生，并研究处理该类投诉的最好方式。

【开动脑筋】

如果客户要求确实“太离谱”，属于恶意投诉的话，门店该如何处理？

项目六

客户投诉处理的基本技巧

一、客户投诉的心理分析

1. 求尊重的心理

尽管客户的投诉动机可能是自尊心受到伤害，自身利益蒙受损失，甚至是误会、误解导致，但在采取投诉行动之后，都希望别人认为他的投诉是对的，他是有道理的，希望得到理解、同情、尊敬和重视，希望有关人员、有关部门立即受理，向他表示歉意并立即采取相应的行动。

2. 求发泄的心理

客户遇到令他不快、烦恼、沮丧的事情时，或者是被讽刺、挖苦甚至辱骂之后，心中充满了怒火，要利用投诉的机会发泄出来，以维持他们的心理平衡。

3. 求补偿的心理

客户在受到物质和精神损失时，希望通过投诉得到补偿。如弄脏了衣服希望免费为其干洗，丢失了东西希望得到赔偿，不礼貌的待遇希望得到制止直至道歉。

4. 逃避责任心理

客户因自身某种原因损坏了商场的设施或别的业主的财产，被管理人员发现，为免赔偿，企图开脱责任，甚至反诬陷店方管理人员，希望蒙混过关。

5. 极端敌视心理

个别客户对本店的品牌、名气有抵触情绪或不服气，总是希望本店不再辉煌，因此小事也要看大，避免刻意制造和带来大的麻烦。

二、处理投诉的基本技巧

处理客户投诉是门店服务客户的继续，从广义上来讲，处理投诉也是服务的一项重要工作，是发现问题、改进工作的重要途径，也是提高客户满意度和忠诚度的一个重要手段。因此，在处理投诉时应掌握一些方法和技巧，有效地处理投诉。

1. 认真倾听，态度诚恳

连锁门店的接待人员一定要耐心地、认真地倾听客户对所发生问题的描述。不论客户情绪多激动，或是说得多久，都应仔细听完，倾听时面部表情与身体姿态都应表现出关心、真诚，不可以在客户很生气时微笑。在听客户投诉的过程中，应适当的有所回应，如点头、交流、眼神、口头应答等。这让客户觉得接待人员的确是在急他们之所急。记住：接待人员只需细心聆听，不能打断客户的陈述。客户只有通过陈述发泄完不满情绪后，才会听接待人员说话。

2. 感谢与道歉，平息不满

不论何时，连锁门店接待人员应想办法平息客户的情绪，并向客户表示歉意和致谢。同时，接待人员应克制自己的情绪，始终以一种礼貌友好的态度对客户，就会使客户的怒火慢慢降低。客户恢复平静，问题就好解决了。

【开拓视野】

礼貌对待客户

1. 平息客户情绪的方法：如请客户到安静的地方，如办公室或贵宾室，并倒杯温度合适的茶水等，以缓解他们的不快情绪。

2. 向客户道歉不是认错，道歉是让客户知道，门店对他的遭遇表示遗憾，门店很在意他的烦恼，并且会想办法尽快改正。道歉要恰当、合适，不是无原则的道歉，要在保持门店尊严的基础上道歉，道歉的目的一则为了承担责任，二则为了消除客户的“火气”。如可以说“对您使用本产品（服务）带来的不便，我代表门店向您表示歉意”，或者说“大热天让您从大老远跑来实在不好意思”等等。

3. 感谢客户提出了有利于门店在产品或服务方面亟待改善的问题。

3. 换位思考，理解同情

漠视客户的痛苦是处理客户投诉的大忌。接待人员必须诚心诚意地表示理解和同情，尽可能地为客户提供选择的机会。在不十分清楚的时候可以适当提问，请客户进一步说明，提问时要注意措辞，不要让客户有被查问的感觉。适当的给客户一些补偿，使客户心理上得到平衡。

4. 不可争辩，不指错误

即使客户的投诉是不合理的、错误的，也不可与客户争辩；即使是客户的错误，也不要直接指出，避免激发矛盾。

5. 首诉负责，快速反应

受理投诉以谁受理谁负责，实行“首诉负责制”，如因权力限制可向有权管理者请求授权批准，严禁推诿扯皮。当然，如门店有专门负责处理客户投诉的人员或部门时，需直接把客户投诉交由专职人员来处理。

6. 客户参与，适当补偿

在处理投诉的过程中，一定要让客户参与，体现对他的尊重和重视。如对于解决方案，尽管接待人员从专业的角度提出了相应的解决方案，但还应征询客户的意见：“您希望我们怎么做?”这样客户感到了尊重，投诉也好解决。

为了弥补门店经营中的一些失误，可以在解决客户问题之外给一些额外的、适当的补偿。包括心理补偿和物质补偿。

【开拓视野】

心理补偿

心理补偿是指门店承认确实存在着问题，也确实造成了伤害，并进行道歉。物质补偿是指可以送给客户其他一些东西，比如：优惠券、免费礼物，或同意他或她廉价购买其他物品。但要注意的是，一定要先将问题解决后才进行补偿，否则将会造成误解，使客户误以为门店将其视为贪图便宜之人，用小恩小惠就能息事宁人，并引起客户的反感，加剧客户的不满。

7. 及时跟踪，持续改进

在投诉处理完毕后，需要追踪客户的感受。跟踪服务的形式有打电话、发电子邮件或信函。通过追踪服务，向客户了解解决方案是否得到执行，是否有用，是否还有其他问题。一定要与客户保持联系，给客户留下一个门店重视客户的印象，以吸引客户继续在门店购买产品或接受服务。

总而言之，处理客户投诉是一项相当复杂的系统工程，发生了客户投诉，门店只要以认真、谨慎的态度，积极采取措施，及时、妥善处理，就能变不利为有利，巩固住客户，并不断拓展市场，收到良好的服务效果。

【开动脑筋】

1. 如果你是客户，你希望门店负责处理投诉的人员如何对待前来投诉的你？
2. 如果你是负责处理投诉的人员，面对暴跳如雷、情绪非常激动的客户，你该怎么办？

项目七

门店客户投诉管理体系的建立

一、门店客户投诉管理的基本原则

1. 预防性原则

门店员工应该认识到满足客户需求、避免投诉发生是投诉行为管理的最佳方式。对此，门店应该组织各种形式的活动，来培养“以客户为关注焦点”“客户至上”的员工意识，并通过调查研究、与客户沟通等方式，了解和识别客户明示的或隐含的需求，及时向全体员工传达、交流、落实，以求预防和减少投诉的发生。

2. 鼓励性原则

市场营销学研究表明，每开发一个新客户，其成本是保护一个老客户的5倍，而流失一个老客户的损失，只有争取10位新客户才能弥补。因此，门店应当鼓励客户在面临问题时能够向有关部门投诉。例如，海尔公司告诉它的客户，“如果你使用我们的产品很满意，请告诉你的朋友；如果你不满意，请告诉我们”，这是值得众多企业学习和借鉴的。

3. 透明性原则

让客户知道如何投诉并递交所有的信息，例如在报刊、营业网点、宣传资料上公布投诉电话，和客户联络的一切资料上都提供投诉方式，制作一本如何投诉的小册子，让客户知道投诉进展状况，在投诉受理点公开张贴投诉流程和须知信息，及时通知客户投诉处理的结果，等等。

4. 便利性原则

让客户在供应链的任何一点都可以容易投诉，例如提供多种投诉渠道（如口头、书面、电话、网络等），设立免费拨打电话（如800电话），全天候处理投诉，授权一线员工处理投诉（如业务员、送货员、维修人员），简化流程，加快反映的快速，等等。

5. 公平性原则

客户投诉行为管理应该对客户和员工都是公平的。确保客户得到公平的对待，无论他是老客户还是新客户，是重点客户还是普通客户，是当面投诉还是电话投诉。同时，也要保证被投诉的员工得到公平的对待，他有权利知道投诉的真相，也有权对投诉进行申诉。

6. 全员性原则

企业高层领导应高度重视并积极参与投诉行为管理，包括制定投诉管理方针和目标，在企业内部进行沟通、宣传，让全体员工认识到妥善处理客户投诉行为的重要性。员工则应当明确自己的岗位职责，承担起对投诉行为管理的责任。不仅如此，员工还应当参与到有关决策活动中去，积极、自愿地为实现企业投诉行为管理目标作出贡献，在解决客户投诉过程中得到满足感。

二、客户投诉行为管理系统的构建

一般而言，客户服务部门是企业对客户投诉行为进行管理的主要机构，但客户投诉行为管理系统还必须涉及企业所处的外界市场环境以及企业内部环境。这是因为，客户投诉最先产生于外界市场环境中，而企业内部环境则为客户服务部门管理客户投诉行为提供了各方面的支持。

1. 客户投诉预警系统

企业不仅要通过客户的抱怨和投诉来确定企业产品质量或服务的问题所在，更要主动地查找潜在的失误，即在问题出现前能够预见问题，从而避免发生。

2. 投诉行为响应系统

一个良好的投诉行为管理系统，应该能够提供快速的、个性化的响应。一旦问题发生，企业必须迅速解决，否则失误会扩大并升级。如果投诉的问题可能影响到许多其他客户时，企业应采取进一步的行动，以防止问题进一步扩散，如对公众发出警告、通知所有客户、免费修理、召回更换、退货甚至赔偿等措施。为了达到快速响应目的，门店可以对一线员工进行授权，这是因为一系列的审批程序会放慢反应速度，加大客户的对立情绪。

3. 投诉信息分析系统

企业不仅要掌握产品和服务质量的变化趋势，及时采取补救和预防措施，防止投诉的再次发生，还必须通过对投诉信息的分析了解客户的需求变化，挖掘客户潜在需求的宝贵资源。例如，美国宝洁公司的客户信息中心每天把数以万计的客户投诉意见分类整理，分析后再转给不同的部门，其中重要的信息直接送往最高管理层，为公司的发展战略、产品研发、资源管理等各方面的决策做参考。

4. 投诉增值服务系统

客户投诉给了企业第二次满足消费者需求的机会，企业应当用更高价值的产品或服务来回报客户。假设客户第一次购买的产品或服务的实际价值为 V_1，投诉成本为 C，那么企业第二次满足客户需求的产品或服务的价值 V_2 应当大于（至少等于）V_1+C，这样才能赢得客户的满意和信赖。可以说，客户投诉增值服务系统输入的是客户投诉，输出的是客户满意。

5. 内部投诉信息传递系统

客户投诉信息应该在企业内部通过适当的方式沟通，以使投诉处理过程能够得到充分理解和有效执行。企业可以采用多种沟通形式，如电话、面谈、通知、会议、剪报、内部邮件等，将投诉信息及时准确地传递给相关部门和人员，包括投诉当事人、责任部门、技术支持部门、管理部门、主管领导等。此外，内部投诉信息传递系统还应当包括有关客户投诉行为管理的体制建设、例会等。

6. 人力资源系统

在客户投诉行为管理过程中，员工的配备和培训是十分关键，企业必须明确每一个员工在投诉管理体系中所处的角色以及承担的职责。企业投诉行为管理人力资源系统通常分为四个层次：有机会和客户接触的一线员工，如营业员、客户经理、业务员、送货人员、安装维修人员等，他们往往是第一时间感觉到客户不满和接受客户投诉的人；指定的投诉受理部门，如投诉咨询服务中心、客户服务部、市场部、售后服务部等；技术支持部门，如技术开发部、生产部、工程建设部、系统维护部、网络运行部等；投诉管理部门，如质量管理部、总经理办公室、市场经营部、服务督察部等。有关客户投诉行为管理的培训，不能局限于客户服务人员，所有与客户接触的员工都需要掌握公司政策和相关流程方面的知识。

7. 服务绩效监督系统

为判定投诉管理过程是否达到企业投诉行为管理目标的要求，企业需要定期对客户投诉数据、客户满意度指标、目标达成情况等进行评审，以对投诉行为管理人员的绩效给以评定。此外，企业还可以使用一些特殊方法来对服务人员的绩效进行定期稽核，如互动调查等。

客户投诉预警系统、投诉行为响应系统、投诉信息分析系统、客户投诉增值服务系统、内部投诉信息传递系统、人力资源系统以及服务绩效监督系统共同构成了企业的客户投诉行为管理系统。

在市场竞争日趋激烈和买方市场全面形成的今天，企业的成功与否取决于能否使客户满意，能够形成高于竞争对手的客户忠诚度，客观形成“以客户满意度为中心”的经营理念。客户投诉是客户向企业表达不满的行为，快速、有效地解决客户投诉关系到企业能否赢得客户的满意和忠诚，客户投诉行为管理系统则是企业赢得竞争优势的重要武器，企业经营管理者必须对此给予充分的重视，并在实践中加以实施。

>> 本模块小结

本模块要介绍了客户投诉的概念和种类，分析了客户投诉的价值，陈述了投诉的原因和方式，以及投诉的目的和处理投诉的原则，重点介绍了处理投诉的程序、方法和技巧。

>> 本模块参考

1. 浏览网址

[1] http：//www. ccn. com. cn/

[2] http：//www. chinatousu. org/

2. 参考文献

[1] ISO10002：2004 质量管理客户满意组织投诉处理指南标准

[2] GB/T19012：质量管理　客户满意　组织处理投诉指南标准

[3] 胡启亮，霍文智．连锁企业门店营运与管理．北京：科学出版社，2008

>> 思考题

1. 若你是门店的管理人员，你希望客户向你投诉吗？为什么？

2. 产品一般会存在哪些方面的问题？

3. 产品或者其包装上应有什么标识？

4. 客户为何会投诉？

5. 客户投诉的方式主要有哪些？

6. 客户投诉的目的是什么？

7. 处理客户投诉应遵循的原则有哪些？

8. 接待客户投诉的人员在语言、体态上应注意哪些方面？

>> 案例分析题

变质牛奶惹的祸

某日，顾客卢先生在门店购买某厂家牛奶一箱，3 岁小孩刚开始饮用时发现变质，因当时小孩身上有伤口在恢复期，饮用奶时半躺着，致使口感不对的奶溢出沾在脖子上、胸前，又不能用清水清洗，因此造成伤口面感染，起红点。

接到顾客投诉后，客服部负责人第一次时间赶到顾客家中探望，首先随意打开两袋牛奶，发现已呈现水奶分离状，有臭味（但生产日期在保质期内）。顾客拒绝带小孩到医院就诊，声称家中无钱，要求公司先赔偿 2000 元看完病再说事后问题。该牛奶厂家售后人员对此事也非常关注，与店方曾三次到顾客家中协商此事，未果。顾客投诉当地工商局，要求索赔现金 2000 元，而且小孩以后伤口无碍要厂方作保证。

工商局工作人员从顾客实际情况考虑，为避免事态扩大，晓之以理，经三次调解将顾客索赔要求降至 300 元，由厂方一次性支付解决。

此事件，纯属因商品质量问题给顾客间接造成伤害，对此采取了特殊的处理方法，同时得到工商管理部门的帮助，化干戈为玉帛。

思考：

1. 处理客户投诉的过程中，有哪些至关重要的环节？

2. 在处理投诉的过程中，遇到矛盾进一步激化时，应该怎么处理？谈判僵持时，应该如何处理？

3. 负责该投诉事件的负责人在事件处理过程中有哪些值得我们借鉴与学习之处？

模块十

门店安全管理

学习目标

1. 正确认识安全管理的重要性
2. 了解门店日常安全管理知识
3. 掌握一般突发事件的处理程序
4. 掌握严重突发事件的处理程序

【案例导读1】

孕妇购物摔倒，超市被判赔偿

孕妇王女士去M超市购物摔倒，最终导致流产。经法院一审认定超市未能尽到安全保障义务，判决赔偿王女士30万余元。

2009年5月27日上午，孕妇王女士在丈夫的陪同下，前往M超市东八里庄店购物。在卖鸡蛋处，王女士摔倒在地。当晚，王女士感觉腹部疼痛，立即前往医院就诊。医院诊断王女士为外伤后先兆流产，后进行保胎治疗。两天后，她早产下一名女婴，但因不足月很快去世。王女士将M超市及其东八里庄店告上法庭，要求二者承担医疗费、新生儿死亡赔偿金等55万余元。

庭审中，M超市的代理人辩称，王女士当天确实到东八里庄超市处购物，也有摔倒的事实，但地上并没有杂物，当时王女士摔倒起来后并没有任何反应，并继续购物。三四天后，王女士才通知超市此事。王女士购物到入院，中间相差12个小时，不能保证该段时间王女士没有出现其他事故。故仅同意赔偿医疗费2300余元。

法院调取了超市的监控录像，认定王女士在从超市东八里庄店中购物时，确因踩到一个类似鸡蛋的杂物而摔倒。M超市没有对消费者人身安全尽到合理的安全保障义务，因此应承担民事责任；而王女士作为有完全行为能力的成年人，自身应承担部分责任。

最终，法院一审判决M超市及其东八里庄店赔偿王女士新生儿死亡赔偿金、精神抚慰金等30万余元。

【案例导读2】

超市买刀被割伤　消费者获赔千元

一消费者在超市购物时意外被刀割伤，超市与消费者在赔偿金额上争执不下，消费者最终在调解下获赔1500元。

消费者倪女士日前到石景山某超市买白菜，当她伸手到菜筐里挑拣时，正巧超市工作人员在用刀切白菜的根，倪女士的两个手指被切伤，到医院缝了20针。

事发后超市指派专人陪同倪女士就医，支付医疗费和交通费共计3000元。但倪女士提出的营养费等赔偿问题多次与超市协商未果，于是到工商部门投诉。在工商部门人员的调解下，双方最终达成一致，由超市一次性再赔付倪女士1000元现金，另送一张500元购物卡。

项目一

连锁企业门店安全及管理

一、门店安全的概念

所谓门店安全，是指门店及其顾客、员工的人身和财物在门店所控制的范围内没有危险，也没有其他因素导致危险的发生。即：门店以及顾客、员工的人身和财物在门店所控制的范围内不受侵害，门店内部的生活秩序、工作秩序、公共场所秩序等保持良好状态。门店安全不仅指门店及其人员的人身和财产不受侵害，而且指不存在其他因素导致这种侵害的发生，门店安全是一种既没有危险因素，也没有发生危险的一种状态。

连锁企业门店如果存在下列因素，没有相应的防范措施，就可能导致危险或伤害的发生。例如，门店中混进了盗贼、骗子、精神病人和其他违法犯罪分子，连锁门店通道地面湿滑且没有警示，安全通道不通或安全门失灵打不开，店里有漏电情况，消防设施不健全、不齐备，门店经营的食品管理混乱或出现不清洁、受污染等。这些因素会在一定条件、一定场合、一定时间内突然发生危险，从而造成人身伤亡和财产损失。所以，连锁企业门店安全是要把门店的各个方面的安全因素作为一个整体加以反映，而不是单指门店的某一个方面的安全。

二、门店安全管理的意义

门店的安全管理是对门店所控制的范围内所有潜在的安全隐患的排查和排除。即要使门店在经营上无危险存在和无可导致发生危险的因素存在。加强安全管理可以消除存在的各种隐患和风险，通过对不安全状态的控制和管理，最大限度地预防和避免意外事故的发生。安全作业管理的意义主要表现在以下方面。

1. 确保消费者购物的安全

由于企业经营形态的演变以及消费者购物习惯的转变，使得连锁企业门店越来越受到消费者的欢迎。尤其是连锁超级市场、便利店已经成为现代人购物的主要场所，甚至是生活的一部分。特别是在节假日以及每日的顾客购物高峰时段，门店的顾客更是络绎不绝。同时，不仅顾客来源涵盖了几乎所有的年龄层，而且顾客的购物时间也从几分钟到长达数小时。因此，从顾客一踏进门店的营业区域，门店就必须保障消费者生命财产的安全。尤其是连锁企业门店搞促销活动时，必须特别注意安全管理。

2. 提供员工安全的工作环境

连锁企业门店的安全作业以及设备的完善与否，与员工的身体健康和生命安全息息相关。一个安全的工作环境是由门店自身塑造的，门店应该提供一个安全以及健康的工作环境给员工，这样受益的不只是员工，门店也是有所获益的。健康及安全的环境可以减少员工工作上的焦虑和压力，安心地执行任务，进而提高其工作效率，最终增加门店的盈利。

3. 减少连锁企业门店的财物损失

对于意外的发生，连锁企业门店除了必须面对卖场装潢，设备和商品被破坏所带来的财物损失之外，可能还须负担起员工以及顾客等众多直接受害者的庞大赔偿问题，进而影响到整个连锁企业的声誉。所谓防患于未然，完善的门店安全管理，不仅可以减少意外发生的几率，也可确保人员的生命财产安全，并将门店的财物损失降到最低的程度。

4. 维护良好的企业形象

通常，门店的日常作业活动总是在一定程度上对周围的住户或单位带来影响，因此完善的安全作业管理还可以达到维持良好的社区关系、维护连锁企业良好形象的目的。

【开拓视野】

完善的作业管理是维护门店形象的重要手段

门店在每日一次或几次的进出货作业方面，不仅数量多，而且人员出入又颇为复杂，这使得门店的各项活动直接或间接地影响到卖场四周的居民、单位或过路的行人。尤其是超级市场的顾客来源大多是来自邻近的住户，如果在作业上或管理上妨碍了他人的权益或安全，不仅会招致联合的抗议和抵制，也会影响到门店的正常作业和营业。因此，完善的安全作业管理还可以达到维持良好的社区关系、维护连锁企业良好形象的目的。

项目二

发生安全事故的原因

根据一些统计资料显示，门店发生的安全事故中，较多的意外突发事件，往往并不是意外，而是由于门店人为的疏忽。概括起来，门店发生安全事故的主要原因如下。

1. 门店设备的老化

许多连锁企业门店的设备老化，或是不作定期保养和检查。例如：门店的各项消防设施、工作器械（补货梯、卸货车、铲车）等。一旦使用，往往会导致安全事故。这样不仅可能危害到消费者的利益，门店内部员工的工作安全也无法得到保障，同时也损害了连锁企业自身的形象。

2. 员工基本常识的不足

门店的员工对于安全方面的常识往往不足，有时甚至在观念上也有偏差。例如：在用电方面，出现超负荷用电或电源使用不当；在工作方面，存在不良的作业习惯；在遇到意外伤害时，会出现不妥当的医疗护理和时效上的延误；在消防设施、设备和器材方面，员工不知如何操作和根本不重视消防设施的维护等等，这些都是造成门店安全事故的主要原因之一。

3. 员工警觉性的缺乏

门店的许多意外事故演变成重大伤害，往往是由于门店员工缺乏高度的警觉性，从而导致最终一发不可收的局面。例如：对于小火苗的发生掉以轻心，而演变成一场大火灾；使用各项器材设施，发现不良或故障时不引起注意；对于购物过程中顾客的特殊异常的行为或要求不予理会，而导致顾客受伤或使店内遭受财物损失等等。因此，门店员工良好的警觉性是减少门店意外事件发生的有力保证。

项目三

门店安全管理的基本原则

1. 进行安全教育，树立安全意识

门店从店长到员工都要进行安全知识方面的教育，树立安全观念和安全意识。安全知识教育要具体到各类安全知识，如消防知识、食品安全知识。安全知识教育还要结合案例和图片展示进行，通过活生生的案例和图片，使每个员工提高警惕。

2. 进行安全技术培训

门店应组织员工对安全问题和防范技术进行培训。如消防技术、逃生技术演习和演练，不同作业过程中容易出现的安全问题和防护操作技术。如果忽视对员工的技术培训，一味地追求销售任务的完成，这是对员工不负责任的工作方式，也达不到企业预期的效果，所以，对员工进行技术和作业培训是企业安全管理的重要环节。

3. 健全安全制度，强化安全纪律

门店要建立健全各类安全防范制度，如消防制度、食品安全制度、员工劳动保护制度等。要建立安全管理机构和配备相应的专职、兼职人员。在建立健全门店安全制度和机构人员后，关键的问题在于执行制度和落实制度，同时要强化安全纪律，对违反安全制度的人，要坚决按制度处理，以杜绝事故隐患。

4. 要有合理的工程设计

门店通过合理的规划布局、合理的工程设计、合理的设备安装、合理的作业流程设计，可以避免和减少很多不安全的因素和隐患，因此，合理的规划设计对安全管理至关重要。例如，某城市大型地下购物商场，选址就在这个城市的泄洪道旁。地下商场的外墙仅贴泄洪河道，开业不到几年，就遭遇了一次大洪水，损失惨重。规划设计不合理，往往存在着巨大的灾难隐患。

5. 要有相应的安全保护措施

在一些较易出现危险的地方，对员工和顾客要有相应的保护措施。如场内安全警示、安全提示。员工作业必要的安全鞋、手套、眼镜等。对机器设备也要进行安全维护和安全防护等。

总之，安全管理的基本原则是，一要科学，二要有组织，三要严格管理，这样才能保证门店安全工作不出问题。

项目四

门店日常安全管理

门店安全管理所包含的内容相当广泛。以地点而言，除了卖场购物区域外，还包括购物区以外的公共场地以及员工的工作场所；在对象上，除了人之外，还有财物的安全；在时间，更是随时都可能发生；在事件上，除了突发的意外事件之外，还有日常的例行作业。因而，门店必须作经常性的安全作业管理，并制定突发事件处理制度。

门店日常安全管理的重点项目是：消防、防抢、防偷、防骗及防意外事件发生等。

一、消防安全管理

火灾是威胁人类的重大灾害之一，往往给企业带来重大经济损失和人员伤亡。对于从事商业活动的连锁企业来说，门店的消防安全管理是安全管理的重点。目前的连锁企业门店，多数属于封闭式建筑，并且多数集中在闹市区，场区和店内顾客多，人员繁杂。另外，店内所经营的商品中，如纺织品、塑料制品多属易燃品。再者现在的门店装修业使用的诸如木材、油漆、橡塑之类的材料，电源、电线等多隐藏其中，所有这些都属于火灾隐患。因此，连锁企业门店必须做好消防管理工作，做到健全制度、建立组织、常抓不懈、防患未然。

连锁企业门店要设立消防中心。为使消防中心在消防工作上有一定的权威，店长要亲自担任消防中心的负责人，根据门店规模配备一定数量的专职工作人员。在专职消防人员和组织的基础上，配备和明确一定数量的兼职消防人员。门店消防中心的主要任务是：负责对门店员工进行消防业务知识培训，开展防火宣传教育；制定应灾灭火预案，同时不断配合进行防火演练；制定各种防火安全制度，督促各部门贯彻落实防火安全措施，负责调查违反消防规定的原因，提出处理的意见；负责购置和补充防灭火器材，对消防设备定期进行检测、保养和维修，及时排除消防设备故障；不断排查重点消防隐患，诸如隐蔽在工程内的电源、电路和电器是否匹配，是否有超功率、超负荷运转，是否有接触不良而引起短路等，检查消防通道是否畅通，检查消火栓是否漏水、无水，检查工作人员工作过程中容易导致火灾的环节等；负责对进店外来施工单位人员的安全监督及出入登记手续，保证在店内改建施工期间的安全，防止外来施工人员或其他人员带来的不安全事故发生。

二、门店治安管理

门店的治安管理工作主要是保证店内员工和顾客生命财产安全及商品的安全不受损害。

1. 员工与顾客的安全

连锁门店地址多处在闹市区和交通要道，人口流动性大。卖场内既有普通百姓，又有可能混杂着一些盗窃分子和其他不法分子，对店内员工和顾客构成潜在的威胁，给店内治安管理工作带来挑战。如何保证店内员工和顾客的人身和财物安全不受威胁，门店治安管理要做好以下工作。

首先，要建立一支训练有素、保障有力的治安保卫队伍。有效地针对治安问题展开工作，以避免门店所控制的区域内的打架斗殴和人身伤害事故的发生。

第二，门店应与所在社区管理部门和社区公安机关保持良好的沟通和协作关系，争取他们的支持和帮助，必要时请他们出面解决治安问题，涉及法律纠纷和人身伤害要尽快报案，不要使事态扩大或等到事态扩大后再报案，给店内工作造成被动。

第三，教育员工不要和顾客发生冲突。特别是对一些不法分子蓄意挑衅滋事要小心应对，尽量不要与他们发生直接冲突，争取由店内保安和公安机关来处理。

2. 现金的安全

由于电子货币使用还不普及，顾客购物多以现金支付，收银台现金流量比较大，特别是收银台又临近出口，大量的现金进进出出，是极易被犯罪分子盯上的目标，因此，要特别注意现金的安全管理，防止现金被抢劫。

3. 商品安全管理

商品安全管理主要是指商品的防盗工作。现代连锁企业门店商品防盗一般采用电子防盗系统和保安人员相结合的办法来控制。具体办法见门店防损管理部分。

三、门店陈设及员工作业安全管理

不安全的门店陈设与员工作业，容易使顾客或员工在卖场活动时发生意外，要经常检查是否存在不安全因素，一旦发现，要及时纠正。门店陈设及员工作业安全的不安全因素主要包括以下几种情况。

1. 商品陈列不安全

门店商品的陈列高度过高，或是在货架上摆放不整齐，都容易因人为碰撞而使商品倒塌或掉落，造成顾客或员工的意外伤害。

2. 门店装潢不安全

连锁企业经营者为了吸引消费者，往往在装潢上作相当大的投资。但是在美观之余，还必须注意安全。例如：部分连锁企业门店喜欢利用玻璃做装饰，但玻璃制品易碎，除了容易引起伤害之外，还不容易清理干净。

3. 货架摆设不安全

货架质量不好，货架摆设的位置不当、不稳固或是有突角产生，都可能使顾客在购物时发生意外事故。

4. 地面缺乏安全

地面湿滑或有水迹出现时，若未能立即处理，也会造成顾客或员工在行走时滑倒而导致受伤。

5. 员工作业方式不当

员工作业方式不当，可能会造成顾客或员工本身的伤害。例如：补货作业不当、大型推车使用不当、卸货作业不当，都可能造成商品掉落，砸伤或压伤顾客和员工。

四、防水、防风、防破坏管理

要防止自然现象带来的损失，尤其是严重的自然灾害，比如暴雨洪水、热带风暴等。我国南方容易发生水灾、风灾地区的门店以及一些开在地下的门店，更要随时注意预防，门店要分析自身面临的风险，制定洪水、风灾专项应急预案并进行演练，做好人员组织和物质上的准备。以免遭受巨大的财物损失和人员伤亡。为防止水浸给门店商品带来损失，店内所有商品（包括后备仓库商品）均须垫高摆放，不得直接放在地上。要注意天气变化，当有大雨预告时，须做好商品的垫高、遮挡、转移摆放或装上防水闸等工作；下水道容易淤塞的门店，要经常检视沙井、排水泵的情况，一旦发现有淤塞先兆，及时通知工程管理部门来安排人员进行清理，做好预防工作；当气象台发出台风讯号时，须检视门店灯箱招牌是否稳固；风暴过后，要及时检查门店的各项设施是否受到损坏，如有问题，即时上报工程管理部门修复。

要防止人为破坏造成的损失，比如发现有不明来历的可疑物品，即时上报，以作出适当的处理；如有人企图勒索、骚扰营业或破坏门店设施应及时报警。

五、安全检查

为防患于未然，门店安全管理人员要定期进行安全检查，并逐项填写《安全检查表》。（表 10－1 为某连锁门店的安全检查表），检查过程中发现属于《安全检查表》所列的安全隐患的，由门店店长跟踪整改。

表 10－1　　某连锁门店安全检查表

店铺名称＿＿＿＿＿＿	检查日期：＿＿＿年＿＿月＿＿日	
检　查　项　目		检查结果及整改情况
一、紧急出口	1. 所有紧急出口是否畅通？	
	2. 紧急出口是否上锁？遇紧急状况可否立即打开？	
	3. 紧急出口灯是否明亮？	
	4. 警报器是否性能良好？	
	5. 紧急照明灯插头是否插入电源？性能是否良好？	
二、灭火器	6. 数量是否符合要求？	
	7. 灭火器是否到位？	
	8. 灭火器指示牌是否挂好？	
	9. 外表是否干净？	
	10. 灭火器性能是否良好？	
	11. 灭火器有无过期？	
三、消防栓	12. 是否容易接近？	
	13. 有无被挡住？	
	14. 水源开关是否良好？	
	15. 是否可立即操作？	
四、急救箱	16. 有无放置急救箱？	
	17. 箱内的药物是否齐全？	
五、电气设备检查	18. 机房是否通风良好？里面有无堆放杂物？	
	19. 电器插座是否牢固？有无损坏？	
	20. 电线是否依规定设置？	
	21. 电器物品是否性能良好？是否正确操作？	
	22. 冷冻库温度是否正确？有无杂乱现象？	

续表

检 查 项 目		检查结果及整改情况
六、消防安全注意主要事项	23. 有无编制“应变处理小组”？员工是否知道自己的任务？	
	24. 是否张贴防火器材位置图及防火疏散图？	
	25. 员工是否知道如何正确使用灭火器材？	
	26. 紧急报案电话是否附在电话机上？	
	27. 是否定期举办防火演习？	
七、一般安全	28. 电梯是否正常使用？有无定期保养？	
	29. 新进员工有无实施安全教育？	
	30. 铝梯及推车有无损坏？	
	31. 商品堆放是否符合安全规定？	
	32. 卷闸门操作是否正常？	
	33. 员工是否有安全意识？	
	34. 下水道是否淤塞？	
	35. 收货方法是否符合规定？	
八、保安	36. 贵重商品管理是否符合规定？	
	37. 拿出超市的纸箱、垃圾，管理人员是否检查？	
	38. 货币现金管理是否符合规定要求？	
	39. 安全设施是否良好？	
	40. 各项记录本是否如实填写？	
	41. 办公室及柜子是否依规定管理？	
	42. 保险柜及收银机抽查是否长短款？	
	43. 商品验收作业是否符合规定？	
	44. 是否抽查员工储物柜及携带的手袋？	
	45. 员工及顾客盗窃案是否妥善处理？	
	46. 顾客滋扰案件是否妥善处理？	
	47. 其他有关安全事项的处理是否完善？	
门店经理：	检查人：	

项目五

突发事件的处理

一、突发事件的类型

在连锁企业门店营运过程中，即使做到了严密的防范，也会有一些意外的事件发生，这些意外事件造成的损失有大有小，造成的影响也有不同。应对突发事件进行分类，有针对性地制定处理方案。突发事件可按严重程度和可能造成损失的大小分为一般突发事件和严重突发事件。

一般突发事件包括政府机关检查、骗取现金商品、轻微意外伤害、资讯外泄、顾客取闹、顾客纠纷等。

严重突发事故包括火灾、抢劫、停电、严重意外伤害、台风、水灾、发现或怀疑爆炸物等严重事故。

二、各类突发事件处理原则

1. 预防为主，计划为先

做好日常的安全防卫工作，消灭隐患，减少紧急事件的发生。

2. 处理迅速、准确、有重点

发生紧急事件后，首先保持镇静，有序组织事件的处理，安排事情要职责分明，岗位准确，反馈迅速，一切行动听指挥，随时调整策略以应付情况的发生。

3. 以人为先，减少伤亡，减少损失

人的生命是最宝贵的，因此所有的救援工作首要任务是保全和抢救人的生命，其次才是财物的减少。

三、突发事件应急处理小组的建立

即使平时已有相当完善的防范措施，仍然会有一些无法控制的因素发生。因此，为了尽量避免和降低任何财物上的损失以及人员的伤亡，连锁企业各门店的安全管理应注重做好事前防范，除安全设施和措施外，最重要的是要有突发事件应急处理的预案，并有人员组织保证。通常是在门店内成立突发事件应急处理小组，事先明确各类人员的任务分工及处理办法，一旦发生突发事件，能够迅速作出应变处理。应针对重点进行有效的处理，而不至于发生混乱，将损失降低到最低程度。

“突发事件应急处理小组”的编制，如图10－1。

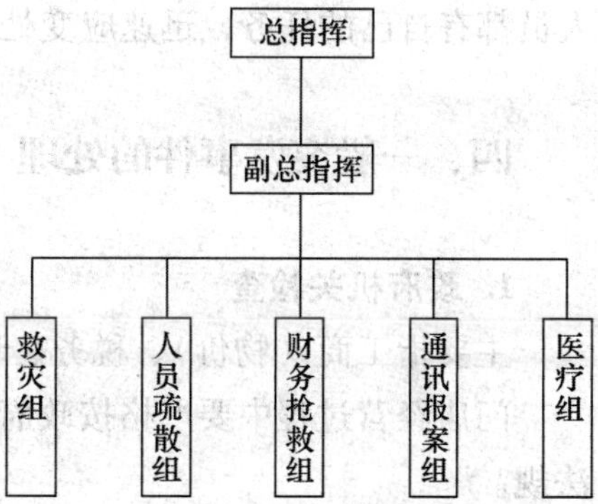

图10－1　门店突发事件应急处理小组

1. 总指挥

总指挥一般由门店店长担任，负责指挥、协调现场的救灾作业，掌握全店员工的动态，并随时将灾害的发展状况及应变处理作业向连锁企业总部主管部门报告。

2. 副总指挥

副总指挥由副店长或值班长担任，负责截断门店的所有电源，并协助总指挥执行各项任务。

3. 救灾组

救灾组主要负责各种救灾设施和器材的检查、维护与使用，水源的疏导，障碍物的拆除，以及灾害抢救等任务。各项救灾设施及器材应予以编号，并指定专人负责。

4. 人员疏散组

灾情一旦发生，应立即通过广播传达店内的危险状态，并迅速打开门店的各安全门和收银通道，协助顾客疏散到安全地带。同时要警戒灾区四周，防止不法分子乘机偷窃。

5. 财物抢救组

该组应立即关上收银机，将钱款、重要文件以及财物等锁入门店的保险箱，或带离现场另行保管。

6. 通讯报案组

报案人员应指定专人负责，主要负责对外报案以及内外通报联络等任务。

7. 医疗组

医疗组主要负责伤员的抢救及紧急医护等任务。

以上各小组应各设组长一名，负责各组人员的任务指派。店长则应将突发应急事件处理小组列成名册，并特别注明总指挥、通讯报案人以及重要工作的代理人姓名。同时将“防灾器材位置图”和“人员疏散图”张贴在店内指定位置。在事故发生时，每位人员都有自己的任务，迅速应变处理，进行有效的安全管理作业。

四、一般突发事件的处理

1. 政府机关检查

主要指工商（物价）、税务、环保、卫生（防疫站）、消防、城管等部门检查。

门店经营过程中要严格按政府部门的各项规定办理，经常自查自纠，防止触犯法律法规。

如有人来检查，首先要请对方出示证件；如果对方发出处罚通知书的，要立即通知总部，告知处罚内容，第一时间把处罚通知书送相关部门；对口头的要求，要记住原话，并表示门店无权处理此事，会尽快通知上级领导给予答复，事后立即报相关部门处理。事后要针对检查问题，全面自我检查并马上整改。

2. 骗取现金商品

当今社会，骗人的花样不断翻新，骗子的骗术可谓千奇百怪，因此门店员工应随时提高警惕，防止歹徒的诈骗。常见的案例有：要求兑换零钱、送货、以物抵物，或是声称存放在寄物柜内的贵重物品失窃等等。

在日常营运过程中，门店要对员工进行防骗的教育训练，以熟练防范技巧。店员应避免与顾客过于接近，以免发生被骗意外，收银员收到顾客所付钱财，应在确定顾客给付金额符合后，才可将钱放入钱箱，收到顾客大面值钞票时，应注意钞票上有无特别记号及辨识其是否为假钞，注意顾客以“零钱掉落法”及“声东击西法”等骗取已打开的钱财放置处或保险箱中的现金。收款一定要按既定程序进行，且必须唱收唱付。不可因人手不足、顾客拥挤等原因而自乱阵脚，疏忽了上述防范措施。

如果发生了被骗事件，要做成示范个案，通报门店注意，避免再中圈套。

【阅读案例】

收银台常见诈骗案例

场景一：

两顾客在结账时，故作熟识，给收银员造成一种二人认识、一起结账的假象。当扫描了一半商品时，前一位顾客将一部分已装袋的商品拎走，收银员结束扫描正要收钱时，后一位顾客说收银员多结账，他与前一位顾客根本就不认识，他没买过账单上半部分的商品。

分析：收银员在结账时，已扫描但尚未付款的商品千万不能离开自己的视线。

场景二：

两位顾客买了一推车的物品，乘过节商场拥挤，要求使用信用卡结账，但这张卡是坏卡，无法结算。顾客提出先将账单打出，然后去ATM取款，留下一人帮忙看商品。当一人去“取款”时，看商品的顾客趁收银员忙时不注意带着商品离开。

分析：收银员必须执行“一手交钱，一手交货”的原则，让保安或资深照看商品。

场景三：

一位顾客拿了一件10元的商品来结账，当他付给收银员100元整钞并在收银钱箱打开时，说有零钱并将这张百元纸币拿了回去。经过一番寻找后，该顾客说不好意思，没有零钱，那你找吧。然后就等收银员找零。收银员一大意，就在没有收到钱款的同时，又“找零”，而顾客说他钱已给了收银员。

场景四：

一位顾客买了很多商品，结账时，他先点了一遍现金然后交给收银员，收银员也点了一遍且辨别了真伪后，该顾客又说好像不能确认，要求自己再点一遍。当他再次清点时，趁收银员不注意，迅速换了一张假钞进来或抽调一张。而后装作很不好意思的样子说对的。当收银员再次收到这笔钱款时，误以为没问题，刚刚才点过无需再复点，便将这笔有问题的钱款大意地收下了。

分析：收银员当然不能拒绝顾客再次清点的要求，但一定要记住：已清点的钱款一旦离手，再次收到时一定要不怕麻烦，再次清点。

场景五：

两位外国顾客买了一些商品，结账时，其中一位以需换取特定号码的人民币或换钱为由（利用收银员不懂外语并感到困惑时），在收银员打开钱箱后，收银员拿出一沓现金让顾客自行挑选，顾客在收银员的注视下，迅速将人民币翻找一番，然后将钱还给收银员，离开收银台。等收银员醒悟过来核对现金时，发现已经少掉数千元。

分析：严禁顾客接触营业款，如发现顾客强行接触，一定叫资深店员和保安过来，在核实营业款无误后，才能让顾客离开。

3. 轻微意外伤害

轻微意外伤害指因门店设施造成轻微的伤害，如割伤、商品掉下砸伤、摔伤等。

门店要经常检查有无造成伤害的装潢和商品陈列，比如是否有破碎的玻璃，商品陈列架、POP展示架是否有突出的尖锐物，走道上是否有任何障碍物；要加强员工安全作业的管理，比如员工登高、搬运重物等的规定；要设置急救药箱，备有棉签、碘酒、止血贴等。

若受伤害者系本店员工，视情况后送医院治疗，并向连锁企业总部有关主管部门汇报，严重者还应通知家人。若受伤害者系顾客，若属轻微，则先为顾客做简单处理，并由店长赠送小礼物致歉；若须送医院治疗者，则须通报连锁企业总部有关主管部门，由上级出面及赠送礼物致歉，并负担医药费；严重者应立即通知其家人。以抢救、送医院治疗为第一，不要在现场争吵或追究责任是非。事后再检讨事情发生原因及实际处理的结果，并做成个案，通报总部，将处理的程序与结果传达给门店所有员工。

4. 资讯外泄

容易发生资讯外泄的情况包括：有人询问营业资料、假借国家机构调查情况、竞争对手调查商品价格。

为防止资讯的外泄，要对员工进行保密教育，教育的内容包括哪些资讯属于企业的秘密、遇到非法获取门店营业资讯的处理办法、企业的保密规定、违反规定的处罚等。

发现有人试图获取门店的营业资讯，可用以下办法处理：走上前去询问是否需要协助，阻吓其行为；查验对方证件，请示连锁总部如何处理；没有连锁总部的授权，不得提供任何资料。过后要及时检讨资讯管理办法是否得当，处理技巧有无失当之处。

5. 顾客取闹

容易发生顾客取闹的情况包括：商品发生问题，顾客提出索赔要求；价格错误，顾客与店员意见不一致；顾客遗失物品要求赔偿；顾客在现场受到伤害，要求赔偿；顾客被认为是小偷嫌疑人，发泄不满。

遇到上述情况，处理的原则是注意将谈判的技巧预先考虑周详，减少门店赔偿损失，处理的结果要尽量让顾客高高兴兴的回家。不要在刚开始时，由最高主管处理，而应在起初时，由中低级职员先行处理。

处理的程序：要先了解顾客现场取闹的原因，然后将顾客带离现场，跟顾客热情地沟通，若无法沟通，再请上级处理。若金额不大时（不超过100元），可以当场将事情解决，若金额数目巨大时，请上级处理。事后要安抚受委屈的员工，表扬其为了大局而克制自己的态度并与员工探讨处理类似事件的技巧和应采取的态度，并做成案例供员工学习提高。

6. 顾客纠纷

在门店购物过程中，顾客之间往往会发生纠纷，比如门店里顾客之间因购物、排队等引起的吵架、打斗等情况。

发生顾客纠纷时，向双方道歉，把顾客分隔开，让顾客平心静气，再耐心倾听顾客的叙述，了解发生事件的原因，但不要作判断；作适当的劝解，如顾客不听劝告，并控制不住场面，可打 110 报警。事后要检查门店的服务措施有无不当之处，如有，要及时改善。

五、严重突发事件的处理

1. 火灾

火灾的发生有轻有重，如果发生的是轻度火灾，即一般的小火警，发现人员应立即向店长报告，并利用就近的消防设施迅速扑灭火势。如果发生重大火灾，则必须按重大火灾处理程序进行。

（1）重大火灾的处理程序：

- 立刻拨打 119 火警电话，并报告店长，除电灯外，关掉所有电器设备。
- 通过店内广播告知全店员工，立即根据“突发事件应急处理小组”的编制执行任务。
- 以疏散人员为第一，立即疏散门店内顾客并迅速离开现场。
- 听从总指挥或消防人员的指挥，保持镇定，按平时消防演习抢救金钱、财物和重要资料等，并迅速将现金及贵重财物转移到安全位置。
- 将受伤的顾客和员工立即送往医院。

（2）处理重大火灾时应注意的事项：

- 人身安全第一。不要因为收集现金或救火，而危及自身安全。
- 避烟。如有浓烟出现时，应匍匐在地上爬行，迅速离开现场。（离地面 20 公分，氧气仍存在，不会妨碍呼吸）。尽量避开电器设备，不要用手触摸。
- 抢救的金钱、财物、重要资料要有专人负责看管，以防歹徒趁火打劫。
- 不要使用电梯，尽量由安全门或楼梯疏散。

（3）事后的检讨与改善。离开门店卖场后，应到附近指定地点集合，并迅速清点人数，店长应及时向上级主管报告，评估事件损失，配合公安、消防单位，调查火灾发生的原因、责任分析及应变处理过程，总结应变处理过程的缺失，并提出整改措施。

2. 抢劫

由于门店的现金流非常庞大，来往人员也非常复杂，门店的收银柜台又临近出入口的位置，难免引起不法之徒起歹心，发生抢劫事件。抢劫的对象，除了门店本身外，也会发生抢劫卖场顾客的事件，这会对门店的形象和声誉造成极坏的影响。

【开拓视野】

易遭歹徒抢劫的商店特征

商品堆放、陈列凌乱，这等于告诉歹徒“这是一家疏于管理的店”，所以遭抢的可能性就比较大。

灯光暗淡，卖场内一片昏暗，这是歹徒最喜欢的作案环境。

橱窗乱贴海报，遮住了视野，使歹徒在作案时不太显眼。

顾客稀少，服务员站在柜台内，这是最容易遭劫的时候。

太多钱财外露，因为门店未设保险柜，现金（尤其是大钞）直接存放于收银机内，很容引起抢劫。

店门外马路的岔路多，有容易逃走的路线。

为防止抢劫的发生，门店应随时避免歹徒最容易下手的以上六种状况的出现。高价值商品陈列量不宜太多，烟酒补品及小件高值商品应陈列在装锁的柜子内；建立投库制度，应规定收银机内的现金不得超过一定金额，超过则须投库，收到大钞则应立即投入保险柜内，保险柜的密码只能由相关管理人员知道；尽量保持店内的明亮度以及店内外的整齐、不凌乱；大门、玻璃上不得张贴太多海报、POP，不得堆置太高的物品，以免降低柜台区的能见度等。

遇抢时应冷静、沉着地处理，具体须注意以下几点。

（1）以确保顾客和店员的人身安全为主要原则，不作任意的惊叫以及无谓的抵抗。双手动作应让歹徒看得清楚，以免歹徒误解而造成伤害。

（2）在不影响人身安全的情况下，尽可能拖延时间，假装合作，尽可能使现金损失降至最低，也可谎称不知道保险柜密码。

（3）可趁歹徒不备时，拨打110报警，迅速按下报警器。

（4）保持冷静，尽力记住歹徒的特征（见表10－2）。

如现场没有报警，歹徒离开后应立即报警，并尽快通知连锁企业总部有关人员；注意保持犯罪现场的完整性，不要破坏歹徒双手触摸过的物品及设备的现场，待警方现场调查完毕，征得防损部门的同意，方能开始清理现场，清点财物损失情况，还应到报案单位作笔录，取得报案证明，并将事件发生经过及处理方法填写《门店严重事故报告书》（样表见表10－3），并呈送上级相关主管单位。

表 10－2　　　　**某连锁企业门店歹徒特征表**

店名：________ 地址：________		
填表人：________ 住址：________ 电话：________		
重要内容	1. 事发时间	年　月　日　时　分
	2. 歹徒人数	人（若超过两人以上，请个别填写资料）
	3. 性别	□男　□女
	4. 身高	□150cm 以下　□150～160cm　□160～170cm □170～180cm　□180～190cm　□190cm 以上
	5. 脸形	□圆形　□方形　□瘦长　□瓜子脸　□其他
	6. 口音	□国语　□粤语　□客家　□潮语　□其他
	7. 身材	□瘦小　□矮胖　□中等　□瘦长　□高壮
	8. 抢劫工具	□刀　□枪　□棍　□其他
	9. 年龄	□15～20 岁　□20～30 岁　□30～40 岁 □40～50 岁　□50～60 岁　□60 岁以上
	10. 发型	□男　□分头　□平头　□光头　□烫发　□戴帽　□其他 □女　□长发　□短发　□烫发　□戴帽　□其他
人	11. 服装样式	□西装　□休闲装　□运动装　□套装 □洋装　□夹克　□背心　□牛仔裤　□其他
	12. 服装颜色	上半身：　色；下半身：　色
	13. 鞋子	□拖鞋　□皮鞋　□球鞋　鞋子颜色：　色；鞋子品牌：
	14. 面貌特征	□戴眼镜　□戴口罩　□有痣　□有疤□镶牙　□蓄须　□其他
	15. 身体特征事	
事	16. 交谈内容物	
	17. 抢劫装备	手提袋　麻袋　其他
	18. 抢劫用车辆	□计程车　□摩托车　□单车　□人货车　□徒步　□其他 车辆颜色：　色；厂牌：　车号：
物	19. 逃逸方向	
	20. 损失财物	钱：　元；　首饰：
		货品：
		其他：

表 10－3　　某连锁企业门店严重事故报告书

档案编号：__________　收表日期：__________ 门店名称：__________ 事故类别（请在打□“√”） 火灾□　抢　劫□　发现怀疑爆炸物□　台风□ 停电□　严重意外伤害□　电话恐吓□　暴雨□　其他______ 事发时间：　年　月　日　时　分 在场人士： 发生经过及处理办法： 建议： 填报人姓名：　门店经理： 填报日期：　年　月　日 （本报告书一式两份：一份门店自存，一份送营运部）

被抢的店往往很容易再度成为歹徒目标，故更需检查事前防范的各项重点，改进原有的缺陷。

3. 停电

门店出现停电的情况有：供电公司有计划的线路检修；其他单位设备出现故障造成跳闸停电，跳闸致使同样使用该线路供电的门店停电；一些施工单位的不当操作破坏了电力设施；自然灾害（如水灾、台风）引起停电等。在门店营业时间突然停电给门店带来的不只是营业时间和营业额的损失，更可能给门店的财物安全带来威胁，所以，门店应该做好处理突然停电的准备工作，并在突然停电时冷静处理，保证门店商品和顾客的安全，妥善服务好正在购物的顾客。

门店应该掌握电力公司有计划的停电信息，并做好各项准备。门店内应备有紧急照明灯、手电筒等应急照明工具，有条件的店铺可装置自动发电机。

遇到突然停电时，应迅速查明停电原因，以便采取相应的对策。若长时间停电，应起用自动发电机；若停电是在晚上，且时间很长，可考虑停止营业；停电时收银机无法打出发票，此时可利用空白纸张填上购买金额，并盖上发票章，请消费者下次来店时凭证兑换发票；立即将门店的保险箱和收银机抽屉锁好并迅速将人员分配至收银台附近及卖场内，以保证现金及商品的安全；以客气的语调安抚店内顾客，请顾客谅解因停电所带来的不便，并在店外张贴告示，解释店外顾客不能进店购物的原因。

事后应检查门店内外是否有异常的状况，清查门店内的财物和商品，待一切恢复正常之后再开始营业。并填写《门店严重事故报告书》。

4. 人身意外事故

人身意外事故指顾客或员工在门店内发生的人身意外，包括因水灾、火灾、台风、停电等意外事故伤害，员工因抬物、攀高、跌倒等造成的意外伤害，一氧化碳中毒，电击以及个人健康问题导致的突发性晕厥、休克等事件。

当发生意外时，首先要在第一时间报告，顾客意外要报告给客服经理、安全主管，员工意外要报告给该部门管理人员、安全主管，并办理工伤处理程序中的相关手续。

如顾客有晕倒、突发病发生应立刻通知相关人员进行必要的紧急处理，尤其是老年人、残疾人、孕妇及儿童，并迅速拨打急救电话120，请派救护车，由店内人员送顾客到医院就医。

如属意外伤害、重大伤害时，员工应立即到医院就医，顾客应在客服经理的陪同下立即到医院就医，并将情况上报门店经理和连锁总部，以便更好地处理善后赔偿事宜。若为严重伤害，应迅速拨打120急救电话或打110寻求警察帮助，不得搬动伤者。事后应以关心的态度，了解顾客或员工的恢复原情况。当天将填写《门店严重事故报告书》。

5. 台风

门店的安全部门必须每日关注天气情况，注意台风的方向。这不仅是为了防范恶劣天气带来的灾害，更是提高为顾客服务、关注销售的一种体现。一般的恶劣天气，由气象部门的预警信号来体现。如遇台风来袭，并对门店所在区域造成威胁时，应立即做好各项防台风措施，比如检查各项设施是否完好、将商品离地堆高等。

如果碰到严重的水淹状况，应迅速将重要文件、账册、现钞、支票等设法转移到安全地带，再设法转移商品，并立即向上级报告，以便得到更有效的支援工作。

事后应立即检查店内各项设施，有无遭受损害的现象，检查仓库及店内陈列的商品，有无遭受损失；请总部职能部门及保险公司对损失情况进行调查取证；按台风侵袭造成的损失结果，填写《门店严重事故报告书》报总部相关部门。

6. 水灾

水灾即门店遭受水淹的情况，发生的原因可能是自然灾害，也可能是人为原因，比如施工中破坏自来水管等。

为减少水灾带来的损失，门店要做好预防工作，应做到以下几点：经常检查水沟有无阻塞，排水系统是否畅通；合理控制库存，尤其是容易发生台风、暴风雨的季节；处在低洼地带或泄洪区的门店，应在卖场预留较高的空间；小件商品尽量陈列在较高的位置；保持应急灯处于正常使用状态。

遇到水灾时先要拔掉靠近地面的电源，以免漏电伤人，若进水很大，总电源也须关掉。贵重商品优先转移到店内较高位置。重要的单据、报表、发票要收集起来，并装箱封好，以免丢失或渗水。

水退后，须请维修人员彻底检查开关、电线、机器设备等是否安全，待检查通过后才能开机运转。门店需协助职能部门、保险公司到现场对损失情况进行调查取证。检查商品受灾情况，清洗场地，整理商品，摆回原位，以便恢复营业。将损失情况填写《门店严重事故报告书》报告总部相关部门。

7. 发现可疑爆炸物

如果在门店发现可疑爆炸物，应立即汇报给管理层，经门店经理或在场的最高负责人许可后，立即拨打 110 报警，不可碰触可疑爆炸物，划出警戒区域，不准任何人接近。及时疏散店内人员及顾客，立即停止营业。处理过程中要以安全为原则，不可冲动行事，以免使员工和顾客受到任何伤害。静待警方处理直到危机解除后，再恢复营业。填写《门店严重事故报告书》。

>> 本模块小结

连锁企业门店作为人流聚集的公共场所，对其安全的防范责无旁贷。本模块分析了门店安全管理的重要性，介绍了门店日常安全管理的内容，着重介绍了门店一般突发事件和严重突发事件的处理办法和程序。

>> 本模块参考

参考文献

[1] 肖建中．王牌店长．北京：北京大学出版社，2008

[2] 陆影．连锁超市经营管理实务．北京：东北财经大学出版社，2009

[3] 崔太康，张光秀．连锁企业门店营运与管理．北京：北京大学出版社，2009

>> 思考题

1. 什么是连锁门店的安全？

2. 连锁门店安全的重要意义是什么？

3. 商品陈列不安全主要指什么？

4. 连锁门店安全管理问题处理办法主要有哪些？

5. 防抢安全管理的主要内容是什么？

>> 案例分析题

弯曲的货架层板

某日中午，某超市卖场内人潮如涌，二楼百货部的所有通道挤满了顾客和购物车，各供应商派驻的促销员也在起劲地做商品推销。此时，二楼洗化用品区域挤满顾客，纷纷抢购洗化用品，特别是香皂，天气炎热，消耗量相当大，商场准备了充足的货源，货架上摆得满满的。突然，洗化用品部传来“轰”的一声，引来一阵惊叫。值班经理马某马上赶到现场，发现香皂撒了一地，购物车都堵塞在通道上，促销员站在一旁发呆。后来据有关负责人指出：商场二楼楼层的承重指数为400KG/M2，按照门店的销售需要，二楼必须采用重型货架，但是二楼承重远远达不到要求，所以被迫采用中型货架。结果这种货架在洗化用品部、文体部都发生层板被压弯、脱落，导致压坏商品的现象，因此不得不经常更换层板和其他配件。马某赶紧指挥疏导顾客，迅速组织理货员整理商品，更换货架，幸好没有发生人员受伤的情况。

思考：

1. 对于安全管理工作，以上案例给我们什么启示？

2. 结合本模块内容，试分析如何避免上述事故的发生。

高等院校经济管理“十二五”规划教材·营销系列

书名：现代营销学（第2版）
作者：李东进　秦　勇　主编
书号：978-7-80234-742-7
定价：35.00元
简介：本书以通俗易懂的方式叙述现代企业营销的基本原理和概念，并结合我国企业营销发展的新趋势，从企业产品的渠道、价格、市场环境、促销、消费者行为等方面对现代企业的营销活动进行了较为深入的探讨。

书名：现代广告学（第3版）
作者：李东进　秦　勇　著
书号：978-7-80234-709-0
定价：36.00元
简介：本书充分借鉴国内外广告学最新研究成果，讲述了广告学的基本原理、概念和实务，还结合我国广告业发展的新趋势，对新媒体广告、电影（电视）植入式广告以及名人广告等热点广告问题进行了较为深入的探讨。

书名：国际营销教程
作者：陈祝平　编著
书号：978-7-80234-452-5
定价：32.00元
简介：本书系统地比较了国际营销与国内营销、国际贸易的区别，讲述了国际环境、国际市场策划、国际产品策划、国际渠道策划、国际沟通和国际定价等内容。适合高校经济管理类本科和研究生（包括MBA）学习用书，也可供工商企业管理层阅读和参考。

书名：市场营销学教程
作者：吴　涛　编著
书号：978-7-80234-452-5
定价：32.00元
简介：为了更好地适应高等院校市场营销学课程的教学需要，这次修订对原书进行了大幅度的调整，重新撰写了一些章节，包括更换书名。本教程旨在提供一本以案例教学为导向，突出本土企业营销管理实践，侧重实践应用能力的市场营销学教科书。

书名：市场调研与预测
作者：胡祖光　王俊豪　吕筱萍　编著
书号：978-7-80087-829-5
定价：30.00元
简介：本书从市场调研、市场预测、数据处理与分析三大方面系统阐述了市场调研的基本概念、方式方法和技术、调研资料分析、数据统计软件的应用以及市场预测的方式方法等。

书名：品牌管理
作者：陈祝平　著
书号：978-7-80087-803-9
定价：28.00元
简介：本书通过大量的中国本土企业的品牌实战案例，从心理学和经济学两个角度全面分析了品牌管理的各种问题，包括品牌资产的概念和结构、品牌形象和定位、品牌设计、品牌渠道和品牌传播等内容，具有很强的实用性。

书名：营销渠道管理：理论、方法与实践
作者：秦　勇　李东进　主编
书号：ISBN 978-7-5177-0283-2
定价：36.00元
简介：本书结合当前的营销新环境，系统介绍营销渠道的模式与设计、渠道成员的选择、渠道冲突与合作管理、营销渠道中的信息与物流管理、国际营销渠道等内容，为读者呈现了一个较为完整的渠道管理知识体系。

高等院校经济管理“十二五”规划教材·人力资源管理系列

书名：绩效管理
作者：付维宁　编著
书号：978-7-80234-726-7
定价：38.00元
简介：本书主要讲述绩效评价、绩效执行、绩效反馈、绩效计划、公关部门的绩效管理。本书可作为人力资源管理专业本科学生、正在从事或有兴趣从事人力资源管理的企业及社会人员的学习用书，也可作为高等职业院校、大专院校、成人院校企业管理专业的培训教材。

书名：劳动关系管理
作者：尚　珂　左春玲　著
书号：978-7-80234-710-6
定价：35.00元
简介：本书从宏观和微观两个角度，不仅讲述了劳动关系与劳动关系管理、劳动关系主体与劳动力市场等宏观理论，还详细讲述了企业劳动合同管理、企业劳动标准实施管理、企业集体合同管理、企业劳动争议管理等内容。

书名：人才测评教程
作者：寇家伦　编著
书号：978-7-80234-453-2
定价：40.00元
简介：本教材的第1版《人才测评》于2006年出版。本书是原书的第2版。为了更好地适应高等院校人力资源专业课程的教学需要，本次修订对原书进行了大幅度的调整，并且重新撰写了一些章节。

书名：人力资源管理教程（第2版）
作者：伍争荣　主编　缪仁炳　副主编
书号：978-7-80234-462-4
定价：36.00元
简介：为了更好地适应人力资源管理环境发生很大变化后的教学研究工作，特别是新的《劳动合同法》颁布实施后劳动关系领域新的变化，并反映理论的前沿和实践的进步，本书对第1版进行了一定程度的调整、补充和完善。

书名：组织行为学
作者：肖余春　主编
书号：978-7-80087-882-4
定价：36.00元
简介：本书运用心理学、社会学、人类学、经济学等知识，分别从个体行为、群体行为和组织系统等方面探讨研究一定组织中人的心理和行为的规律性，从而提高管理者对人的行为的预测和引导能力。

书名：人才测评技术（修订版）
作者：宋　荣　谷向东　宇长春　主编
书号：978-7-80234-853-0
定价：38.00元
简介：本书不仅介绍了人才测评的基本概念和基本原理，还全面系统地介绍了心理测验、面试、笔迹分析、无领导小组讨论、公文筐、角色扮演、360度反馈技术等目前国内企业所采用的人才测评技术。全书用大量的人才测评案例，对实际人才测评工作具有很强的实用性。

高等院校经济管理"十二五"规划教材·管理与MBA系列

书名：管理经济学
作者：戴庚先等　编著
书号：7-80087-860-0
定价：39.00元
简介：本书创造性地将Excel运用到管理经济学的决策分析当中，全面阐述了管理经济学的理论、方法和应用，系统讲述了管理经济学的数学模型、供应与需求理论、生产理论与决策分析、成本理论与分析、企业利润、生产结构分析、博弈论与竞争策略等内容。

书名：管理学原理（第3版）
作者：李东进　秦　勇　主编
书号：978-7-5177-0193-4
定价：42.00元
简介：这是本教材第三次修订，在保持前两版总体风格、特色和体系架构的基础上，对全书内容作了一定的更新。除了着重强调管理策略的重点——决策、计划、预测、组织、领导、激励、控制等外，还增加了组织文化和管理创新两章内容，使整个教材的知识体系更趋完整和合理，更适应我国管理学教学的需要。

书名：公共关系学
作者：秦　勇　主编
书号：978-7-5177-0209-2
定价：45.00元
简介：本教材追求简明、实用的写作风格，讲述了公共关系的定义与特征、公共关系的工作流程、公共关系广告、公共关系专题活动、公共关系危机管理、公共关系的CIS战略，以及网络公共关系等内容，内容丰富，结构清晰，实用性很强。

高等院校经济管理"十二五"规划教材·财务管理系列

书名：高级财务会计
作者：蒋德启　主编　王铁林　副主编
书号：978-7-80234-575-1
定价：35.00元
简介：本教材重点安排能够提升学生实战能办的内容——合并财务报表和中期财务报告的编制，以及企业清算会计、衍生金融工具会计、外币会计、物价变动会计、租赁会计等相关知识。在介绍这些内容时，加入了很多真实企业的案例。

书名：小企业会计准则释义与运用
作者：蒋德启　刘　诚　主编
书号：978-7-80234-749-6
定价：32.00元
简介：本书是第一本系统阐释小企业会计准则的书。它从基本理论、流动资产、非流动资产、负债的核算、所有者权益、收入、费用、利润及其分配、外币业务、财务报告等方面对小企业会计准则进行释义，并且相应地列举了大量案例，以供学习者的吸收、消化。

高等院校经济管理“十二五”规划教材·电子商务系列

书名： 电子商务实务教程
作者： 李东进　秦　勇　主编
　　　于　洁　朴世桓　副主编
书号： 978-7-80234-888-2
定价： 35.00元
简介： 本书介绍了电子商务的技术基础、电子支付、电子商务物流、网络营销、网络采购等内容，前瞻性地勾画出了电子商务专业理论知识的基本框架，旨在帮助读者理解电子商务商业模式和价值创造的原理。

高等院校经济管理“十二五”规划教材·国际商务系列

书名： 商务沟通教程
作者： 王慧敏　编著
书号： 978-7-80087-826-0
定价： 28.00元
简介： 本书是一本以能力培养为主线的理论与实务相结合的商务沟通教材。全书包括商务沟通概述、商务沟通的一般技巧、招聘与面试、演讲的技巧、会议沟通技巧、谈判技巧、与客户的沟通技巧、管理沟通、书面沟通等内容。本书具有很强的实用性。

书名： 国际贸易实务
作者： 王慧敏　编著
书号： 978-7-80234-519-5
定价： 35.00元
简介： 本书突出案例教学、启发式教学，主要讲述国际货物运输、国际货物运输保险、进出口商品价格核算、国际贷款的收付、国际货物买卖合同的签订、进出口交易的基本业务程序等内容，使学生在解决问题的过程中掌握课程教学内容。

书名： 商务礼仪教程
作者： 王慧敏　吴志樵　周永红　编著
书号： 978-7-80234-229-3
定价： 32.00元
简介： 本书系统地介绍了商务活动中的服饰妆容礼仪、语言行为礼仪、往来礼仪、交际礼仪、办公室礼仪、通讯礼仪、会议礼仪、谈判礼仪、求职礼仪、涉外礼仪等方面的知识。本书可以作为大学本科和高职院校学生的教材，也可以作为普通大众了解礼仪知识的通俗读物。

书名： 报关实务
作者： 王慧敏等　编著
书号： 978-7-80234-354-2
定价： 32.00元
简介： 本书详尽地介绍了报关从业人员需掌握和了解的各种进出口货物的报关程序、进出口商品的归类与税费的征收，以及进出口货物报关单的填制等相关知识。还根据教学的实践安排了练习题和案例分析，以培养学生的思维能力和动手能力。

连锁经营管理专业规划教材

书名： 连锁企业经营管理（第2版）
书号： 978-7-5177-0343-3
作者： 孙　静　孙前进　编著
定价： 35.00元
简介： 修订后的教材更具有实用性，使学习者掌握连锁经营的相关知识，并不断提高驾驭现代连锁企业的技能与素养，成为更优秀、更符合连锁企业需要的人才。

本教材适合连锁经营管理专业师生使用，也可作为连锁企业从业人员的培训教材。

书名： 连锁门店开发与选址（第2版）
书号： 978-7-5177-0341-9
作者： 李晓晖　弓秀云　杨洋　编著
定价： 32.00元
简介： 作者根据自身在教材使用过程中的体会和读者们的反馈意见，对全书内容做了一定的更新和充实。修订后的教材更具有实用性，是成功开发并有效管理一家门店所必须掌握的知识与技能。

本教材适合连锁经营管理专业师生使用，也可作为连锁企业从业人员的培训教材，具有广泛的适用性。

书名：连锁企业信息系统与管理（第2版）
书号：978-7-5177-0342-6
作者：杨　洋　孙前进　编著
定价：32.00元
简介：修订后的教材内容更新，案例更典型，使学习者能更快的掌握连锁企业信息系统运营维护及发展研究等内容。

本教材适合连锁经营管理专业师生使用，也可作为连锁企业从业人员的培训教材，具有广泛的适用性。

书名：连锁企业采购与配送管理（第2版）
书号：978-7-5177-0345-7
作者：胡贵彦　编著
定价：35.00元
简介：修订后的教材更具有实用性，力图使从事连锁企业的相关人员能够以最短的时间全面系统地掌握连锁企业采购和配送方面的知识和技能。

本教材适合连锁经营管理专业师生使用，也可作为连锁企业从业人员的培训教材，具有广泛的适用性。

书名：连锁企业门店管理（第2版）
书号：978-7-5177-0344-0
作者：隆　意　尚　珂　顾丽萍　编著
定价：32.00元
简介：本次修订在保留上一版总体风格、特色和体系架构的基础上，作者根据自身在教材使用过程中的体会和读者们的反馈意见，对全书内容做了一定的更新和充实。

修订后的教材在保持知识的完整性和系统性的同时，重点突出了对实践的指导和应用。

本教材适合连锁经营管理专业师生使用，也可作为连锁企业从业人员的培训教材，具有广泛的适用性。

高职高专旅游管理类规划教材

书名：旅行社经营管理实务
作者：陈道山　主编
书号：978-7-80234-421-1
定价：35.00元
简介：本书将旅行社的经营管理分为四大模块，即基础模块、实务模块、支撑模块、发展趋势模块，每个模块下又分为若干项目，详细讲述了旅行社的基本知识、旅行社经营管理基础等内容。

书名：酒店经营与管理
作者：李辉作　于　涛　主编
书号：978-7-80234-421-1
定价：35.00元
简介：本书以酒店经营与管理的理论及管理内容为框架，通过模块的形式，讲述了酒店经营管理概述、酒店接待业务管理、酒店内部管理和酒店日常管理等内容，建立起了酒店经营与管理的完整体系。其内容上“宽”、“新”、“实”并举，注重内容的科学性、系统性、创新性和实用性。

书名：导游实务
作者：仪孝法　冯　静　主编
书号：978-7-80234-389-4
定价：32.00元
简介：本书系统地阐述了合格的导游员应具备的素质、知识和技能。全书理论与实践相结合，侧重对学生实践技能的培养，主要体现在导游服务各种操作规程的介绍上，有很强的实用性和操作性。

书名：旅游学概论
作者：苟胜东　主编
书号：978-7-80234-424-2
定价：26.00元
简介：本书讲述了旅游的产生与发展、旅游的概念与特点、旅游者、旅游资源、旅游业、旅游组织、旅游市场以及旅游的影响等八个模块。这八个模块以旅游的自身性质和特点为主线，既有纵向旅游发展历史的介绍，也有横向旅游业的组成部分、旅游组织的讲述，使大家对旅游业发展有一个清醒的认识。

书名：旅游市场营销
作者：樊雅琴　主编
书号：978-7-80234-423-5
定价：35.00元
简介：本书分别介绍了旅游市场营销导论、旅游市场营销环境分析与运筹、旅游购买行为分析、旅游市场调研与预测、旅游目标市场营销等内容。

书名：旅游资源学
作者：杨学峰　主编
书号：978-7-80234-426-6
定价：35.00元
简介：本书系统阐述了旅游资源的概念，旅游资源形成的基本条件、基本特征、分类等基本理论，分析了地理、水体、大气及太空等自然旅游资源的成因、特征、主要类型等。

书名： 人力资源战略与规划
书号： 978-7-80234-038-1
作者： 寒　武　编著
定价： 28.00元
简介： 本书介绍了人力资源战略与规划的产生、人力资源战略及其制定与实施、人力资源规划、人力资源供求分析、操作技巧和成功案例的学习，可使读者充分掌握人力资源战略设计及人力资源规划的模式与方法，从而构建起一个完整的人力资源战略与规划体系。

书名： 劳动关系管理（修订版）
书号： 978-7-80087-983-8
作者： 左祥琦　编著
定价： 32.00元
简介： 本书可以作为专业的培训和教学教材外，还适合人力资源管理者、企业高中级管理人员、劳动行政部门的官员、各级工会干部、劳动法的研究人员、劳动争议仲裁员、负责审理劳动争议案件的法官，以及其他与劳动领域有关的从业人员。

书名： 薪酬福利管理
书号： 978-7-80087-963-0
作者： 胡昌全　编著
定价： 35.00元
简介： 作为“中国注册人力资源管理职业资格认证”的指定培训教材之一，本书以什业薪酬管理为主线，对薪酬体系与结构、付薪策略与原则、福利与保险做了完整深入的分析。

书名： 人才测评
书号： 978-7-80087-969-2
作者： 寇家伦　编著
定价： 36.00元
简介： 本书向读者全面介绍了人才测评技术的发展历程、基础理论与实践方法，重点阐述了人才测评技术中信用效度最高的评价中心技术的实践操作，向读者完整地呈现了组织人才测评活动的各个环节及关键控制点。

书名： 人力资源信息化管理
书号： 978-7-80087-962-3
作者： 洪　玟　编著
定价： 28.00元
简介： 本书能够帮助读者更好地理解e-HR究竟是什么，它在企业人力资源管理工作中能做哪些事情，以及如何选择和实施这项技术来实现预期的收益。

书名： 员工任用
书号： 978-7-80087-954-8
作者： 闫凤芝　编著
定价： 28.00元
简介： 本书从员工任用的角度，讲述人力资源规划、职位分析、员工招聘甄选、员工入职和辞职管理等内容，在传播人力资源管理技术的同时，将人力资源管理的理念与读者进行分享，从而引导读者全面、系统、实际地看待和解决企业的问题。

书名： 职业生涯管理（第2版）
书号： 978-7-80234-653-6
作者： 杜映梅　编著
定价： 35.00元
简介： 本书系统地介绍了职业生涯管理的相关理论知识，并提供了丰富的案例和测试，以期为广大读者提供具有高度可操作性的指导。

书名： 绩效管理（第2版）
书号： 978-7-80234-654-3
作者： 杜映梅　编著
定价： 35.00元
简介： 本书是作者对近年来国内外关于绩效管理的方法和在企业管理实践中的经验进行总结、提升而形成的关于绩效管理的操作理念，主要可供企业的实际管理工作者和从事人力资源管理工作的人士作为工作的参考，也可作为企业管理类教学和科研的参考书，对人力资源管理感兴趣的人士亦可作为自学之用。

书名： 企业培训
书号： 978-7-80087-961-6
作者： 于　虹　编著
定价： 25.00元
简介： 本书内容由三部分组成。第一部分重点介绍培训的涵义、目的、形式和企业培训管理的内容及培训体制的完善等内容，第二部分围绕着企业培训体系构成的核心内容展开说明，第三部分从培训前的准备、课程的开发方法、培训师授课技巧及企业培训中的经典游戏等方面做了介绍。